NO
PIERDAS
TU
FORTUNA

POR DOUGLAS R. ANDREW (EN INGLÉS)

MISSED FORTUNE: Dispel the Money Myth-Conceptions—
Isn't It Time *You* Became Wealthy?

NO PIERDAS TU FORTUNA

La Guía Inicial para Convertirte en Millonario

DOUGLAS R. ANDREW

BUSINESS PLUS

NUEVA YORK BOSTON

Copyright © 2005, 2008 por Douglas Andrew
Traducción © 2008 por Hachette Book Group USA, Inc.
Traducido por Mario Cisneros

Para más información en como optimizar sus bienes humanos, intelectuales, económicos y cívicos, visite www.missedfortune.com o www.empoweredwealth.com. También puede comunicarse con Douglas Andrew por media de correo electrónico a la dirección siguiente: info@pfs-inc.org, o llamarlo gratuitamente al 1-888-987-5665.

Business Plus
Grand Central Publishing
237 Park Avenue
New York, NY 10017

Visite nuestra página Web: www.HachetteBookGroupUSA.com

El nombré y el logotipo de Business Plus es una marca registrada de Hachette Book Group USA, Inc.
Business Plus es un sello editorial de Grand Central Publishing.

Impreso en los Estados Unidos de América

Publicado primeramente en inglés en 2005 como
Missed Fortune 101 por Hachette Book Group USA
Primera edición en español: enero 2008
10 9 8 7 6 5 4 3 2 1

ISBN 978-0-446-50501-7
LCCN: 2007026193

*A mi familia y posteridad,
quienes van a ser los herederos sucesores de
Nuestro Banco Familiar,
donde todos nuestros
bienes humanos, intelectuales y financieros
son depositados para hacer perpetuo el
enriquecimiento de la salud, felicidad y bienestar
de todos los miembros de la familia.*

*Deseo que los principios y alcances
contenidos en este libro te brinden
la **claridad**, el **equilibrio**, el **enfoque**
y la **confianza** para
que te ayuden a alcanzar
tus más **grandes sueños**.*

Agradecimientos

El trabajo que produce un escritor suele a resultar en una expresión original de ideas, las cuales raramente tienen su origen en una sola fuente, pues son el resultado de un gran número de encuentros con gente que influye el camino que uno toma.

Deseo expresar mi sincero agradecimiento a la gente maravillosa que me ha ayudado e inspirado a escribir este libro.

A mi increíble agente, Jillian Manus, le doy gracias por su impulso y confianza en mis habilidades de comunicación. Tus contactos en la industria son la prueba a tu increíble afinidad en ella y tu conocimiento. Tienes un corazón maravilloso. Gracias por tu buena voluntad.

A mi editor principal en Hachette Book Group, el señor Rick Wolff, le doy gracias por mantener conmigo una magnífica amistad profesional. Gracias, también, a todo su equipo, especialmente a Bob Castillo y Bill Betts, por su gran contribución para perfeccionar el trabajo final. Estoy agradecido con Mario Cisneros y Leticia Rodriguez por su trabajo dedicado en traduciendo *Missed Fortune 101* al español. Gracias tambien a Annel Lopez por su contribución. Y gracias especialmente a Tracy Martin y a todos de Business Plus por la ayuda en esta edición.

También ofrezco mi agradecimiento y profundo aprecio a Lee Brower, fundador y presidente de Empowered Wealth, LLC, quién me inspiró y sirvió de co-autor de las secciones del libro referentes a los conceptos de Empowered Wealth. También le agradezco a Marshall Thurber por haber respaldado el desarrollo de este libro.

Estoy extremadamente agradecido con Heather Beers, una amiga maravillosa y una editora talentosa. Es un gusto trabajar contigo. Sinceramente aprecio tus habilidades especiales y tu motivación.

Quisiera agradecerle especialmente a Toni Lock de tmdesigns, por su gran contribución a la planificación y al diseño de las ilustraciones contenidas en el libro. Gracias igualmente a Kristin Varner por su trabajo artístico profesional y excepcional. Ambos tienen un talento extraordinario que siempre se manifiesta de manera hermosa.

Estoy especialmente agradecido con todos los maestros y mentores que he tenido en mi vida: gracias a Dan Sullivan, Lee Brower, Adrienne Duffy y Leo Weidner, mis entrenadores. Gracias a John Unice, Craig Collins, Jerry Davis, Don Blanton, Todd Ballenger, Jack Tilton, Paul Barton, Mary Neumann y Philip Bodine por la lluvia de ideas que han contribuído a este trabajo. Expreso mi aprecio para mis compañeros en el programa de Entrenamiento Estratégico por su motivación.

Gracias a todos los miembros de mi equipo (TEAM) por compartir un sin número de ideas para perfeccionar la manera en que el mensaje de este libro es comunicado.

Expreso mi aprecio especial a Mark Victor Hansen y Pat Burns por su motivación, inspiración y consejos. Gracias por ponerme en contacto con gente maravillosa.

Expreso mi gratitud a mi talentoso y dedicado equipo, formado por Patrese Burke, Geoff Meyers y a mis seis hijos y a sus cónyuges por las incontables horas de ayuda y asistencia que han rendido a nuestros esfuerzos mutuos: Mailee, Adrea y Scott, Emron y Harmony, Aaron, Mindy y Brian y Ashley. Gracias a toda mi familia por su comprensión y motivación mientras me enfocaba en la culminación de esta obra. Juntos vamos a crear un millón más de recuerdos más para depositarlos en nuestro banco familiar.

Finalmente, a mi querida esposa, Sharee, gracias por treinta maravillosos años de vida juntos. Tu respaldo y motivación han sido increíbles. Gracias por las innumerables horas de ayuda en alcanzar todos nuestros sueños. Te amo.

Contenido

Prólogo

¿Alguna vez has intentado caminar por un largo período de tiempo mientras te azota un fuerte viento? Para avanzar en este tipo de ambiente uno tiene que mantenerse enfocado y ejercer un esfuerzo continuo. Frecuentemente, los esquemas tradicionales para crear riqueza crean este tipo de experiencia.

Este libro te anima a que cambies tu dirección y permitas que el viento del éxito te impulse. Con el viento a tu favor, la creación de riqueza se hace más fácil. Doug Andrew provee observaciones provocativas, métodos, predicciones y estrategias que, cuando se siguen al pie de la letra, te harán financieramente solvente.

Yo he conocido a Doug y he trabajado con él por muchos años. Recientemente, él ha servido como miembro del consejo de Empowered Wealth, LLC, una firma de capital intelectual que se especializa en la transferencia de riqueza a través de las generaciones. La superioridad de Doug en la creación de riqueza y herramientas de retención es extraordinaria. Como la luz del sol que evapora la neblina del amanecer, *No Pierdas Tu Fortuna* disipa muchos de los mitos sobre la creación de dinero.

Empowered Wealth se enfoca en el Sistema Cuadrante de Empowered Wealth, el cual enseña que la riqueza sostenible requiere de un «Cuadrante Viviente» que es la integración de tus bienes humanos, intelectuales, cívicos y financieros.

Doug comunica sus convicciones de que la tranquilidad viene a través de la optimización de todos tus bienes —no sólo de tus bienes financieros.

La riqueza financiera por sí misma no es sostenible sin la integración de otros cuadrantes. Es como un globo con muchos hoyos.

Felicito a Doug por su libro, el cual apunta directamente al cuadrante de los bienes financieros. Su minuciosa evaluación explora los secretos utilizados por muchos de los «financieramente» ricos. Tú debes, por supuesto, *usar* las herramientas y los conceptos provistos en este libro. El lápiz más grandioso del mundo, a pesar de su elegancia, nunca ha escrito una frase de poesía por sí mismo.

Muchos de los auto-creadores de riqueza han seguido el camino pronosticable de Doug sistemáticamente. Te invito a que tú hagas lo mismo.

Lee Brower, presidente
Empowered Wealth, LLC

Prefacio

Tienes frente a tí una guía inicial para convertirte en millonario, lleno de entendimientos y oportunidades que quizá no sabías que existían. *No Pierdas Tu Fortuna* contiene una colección de mitos comunes sobre el dinero que han sido sistemáticamente disipados por las estrategias utilizadas para mejorar su situación financiera.

No Pierdas Tu Fortuna ofrece principios de incremento financiero de manera simplificada y con explicaciones más detalladas que en mi otro libro *Missed Fortune*. Pero no confundan «simplificada» con «condensada». *No Pierdas Tu Fortuna* te va a proveer ampliamente con el conocimiento que necesitas para alcanzar independencia financiera.

Tienes la habilidad de usar algunas de las mismas estrategias utilizadas por los auto-millonarios. Vas a aprender como ser tu propio banquero. Te voy a enseñar lo que los bancos, las uniones de crédito y las compañías aseguradoras hacen para amasar riqueza. Vas a descubrir como desarrollar una Fomentación de bienes para una Vida Perpetua (P.L.A.N. por sus siglas en inglés) para crear una transformación significativa en cada aspecto de tu vida. ¿No es tiempo de que *tú* seas rico? ¡No pierdas tu fortuna!

Estoy seguro que estás familiarizado con la frase «los árboles no te permiten ver el bosque». Yo creo que hay ciertas oportunidades financieras que siempre han estado enfrente de nosotros, pero cuyo verdadero potencial no hemos podido reconocer. Este libro te va a levantar sobre los árboles, como si fueras un helicóptero, para que tengas una mejor perspectiva. Tus ojos se abrirán y empezarás a ver el panorama completo —un punto de vista que puede cambiar tu vida.

CONTRARIO A LA OPINIÓN POPULAR

Este libro contiene estrategias que van a lo contrario de los enfoques tradicionales de acumulación de riqueza, planeación de bienes, manejo de deuda y planes de retiro o jubilación. Pero, te aseguro que a medida que estudies los conceptos contenidos aquí, nunca vas a volver a ver tu casa, tu hipoteca, tus planes de retiro o jubilación, tus ahorros, tus inversiones y tu seguro de la misma manera —ya sea porque estos conocimientos te impulsen a tomar acción o te hagan cuestionar cuantos bienes financieros más tendrías si hubieras tomado acción.

La frase que menciono en mi primer libro, *Missed Fortune*, cita repetidamente: La peor forma de ignorancia ocurre cuando juzgamos o rechazamos algo de lo que conocemos poco o nada. Entonces, permíteme sugerirte algunas reglas antes de que te sumerjas en esta experiencia:

- Mantén la mente abierta a nuevas ideas que puedan resultarte contra-intuitivas.
- Ten la disposición de suspender tu incredulidad
- Detén tu justificación del por qué no hacer ciertas cosas de inmediato. Recuerda, lo diferente no es siempre mejor, pero lo *mejor siempre es diferente.*

Las estrategias contenidas aquí son buenas y están comprobadas, sin embargo no son del conocimiento común. Las ideas no son nuevas, pero el enfoque sí lo es. Cuando los consejeros financieros o contadores públicos estudian y entienden estos conceptos, no pueden refutar los números. La variable que va a asegurar el éxito o el fracaso depende de la disciplina de la persona que implementa las estrategias. Aquellos que son maduros y responsables con sus finanzas pueden crear una tremenda cantidad de riqueza y preservarla de manera segura. Pero te hago la misma advertencia que hice en mi primer libro: este libro no es para quién no tenga la responsabilidad o la madurez para manejar sus estrategias.

COMO LAS NARANJAS Y LOS CHOCOLATES

Para entender los conceptos completamente, el lector tendrá que ser paciente en ocasiones cuando trate de explicar ciertas leyes sobre impuestos o conceptos financieros. Para llegar al dulce y jugoso centro de una naranja, es necesario atravezar la cáscara amarga que rodea el corazón de la fruta. De la misma manera, el polvo de cacao es casi intolerable al gusto hasta que se le agrega un endulzante. Pero sin el amargo ingrediente no podríamos saborear el chocolate. Así sucede con las estrategias financieras que voy a revelar en este libro.

Tú vas a aprender todo lo necesario a través de ejemplos interesantes, casos de estudio e ilustraciones. Hay algunos detalles técnicos —explicados en términos simples— que van a educar a cada lector, desde el novato hasta el experto. Si tú prefieres aprender conceptos generales, no prestes atención a las tablas ni a las gráficas. Si quieres estudiar las evidencias, las tienes a tu disposición. Si quieres aprender más información, recurre a mi primer libro, *Fortuna Perdida*.

DESARROLLA TU SISTEMA DE APRENDIZAJE

Los libros educacionales se basan en información. Mi deseo para ti es que, durante la lectura de este libro, tengas una ilustración basada en experiencias. Mis metas serán alcanzadas si tu logras tener algunos momentos de «ajá», porque cuando algo se convierte en *tu* propio entendimiento, ¡tú cambias! La información no es escasa, de hecho, la cantidad de información que está disponible para la humanidad hoy en día se duplica cada dieciocho meses. En vez de ello, tenemos escasez de *tiempo* y *atención* en este mundo. Para que dediques el tiempo y la atención a instruírte, debe de haber en tí el interés de tener un *sistema*.

Estoy agradecido con un maravilloso amigo y asociado, Marshall Thurber, quien me advirtió: «Tú solamente vas a llegar hasta donde tu sistema te lleve». Mark Victor Hansen, un amigo y mentor personal, me enseñó a pensar en un sistema como un proceso que «cuida tu persona, tu tiempo, tu energía y tu dinero» (SYSTEM, por sus siglas en inglés.)

Te sugiero que empieces a usar el siguiente sistema:

- Define claramente por qué estás leyendo este libro.
- Determina qué es lo que realmente esperas obtener al estudiarlo.

- Establece claramente qué requieres para obtener una experiencia de calidad educacional.
- Identifica las barreras, los obstáculos y los estorbos que necesitan ser eliminados para tener una transformación exitosa.

Te sugiero que después de que leas cada capítulo, escribas los tres conocimientos más notables que obtuviste de la lectura de dicho capítulo. Entonces escribe la primera acción que vas a tomar para implementar cualquier nuevo concepto que esté en armonía con tus metas y objetivos. Si escribes estas tres cosas, tu pensamiento se va a cristalizar. Ya ves, si solamente estás *interesado* en algo, lo harás sólo cuando sea conveniente. Pero cuando estás *comprometido* a hacer algo, lo vas a terminar casi a cualquier costo —y una transformación significativa tendrá lugar.

¡BIENVENIDO A TU FUTURO!

Las estrategias que vas a aprender no son de «hacerte rico rápidamente», son esquemas seguros, sistemas metódicos para mejorar dramáticamente tus bienes, incrementar sustancialmente el ingreso de tu retiro y mejorar tu riqueza.

A medida que registras las acciones que vas a tomar como resultado de tu aprendizaje, la palabra más importante que debe venir repetidamente a tu mente es «mañana». En otras palabras, mi sincera esperanza es que cada día vuelvas a pensar en qué es lo que vas a *hacer* mañana como resultado de tus nuevos pensamientos, porque *mañana es el primer día del resto de tu vida.*

¡Bienvenido a tu emocionante y abundante futuro!

CAPÍTULO 1

Sólo porque todos los perros le ladran al mismo árbol, ¡no quiere decir que sea el árbol correcto!

Por qué el acumular dinero en IRAs y 401(k)s y pagar dinero adicional al préstamo de tu casa es contraproductivo.

¿**TE HAS PREGUNTADO ALGUNA VEZ** si vas por el camino correcto?

En mis viajes profesionales participo en conferencias y convenciones alrededor del mundo. Durante algunos años, viajaba a Chicago cada tres meses para reunirme con un grupo que aprendía sobre el programa llamado «El Entrenamiento Estratégico», fundado por el Sr. Dan Sullivan. Todo aquel que haya viajado al área de Chicago sabe que el aeropuerto O'Hare es uno de los aeropuertos más ocupados del mundo y puede ser muy confuso. Durante mis primeros viajes, recogía mi equipaje y caminaba al exterior para tomar el servicio de transporte del hotel. Yo seguía a la gente desde el área de reclamo de equipaje hasta el área de transporte terrestre, después la seguía a través de ocho líneas de tráfico hacia la parada del pequeño autobús. Frecuentemente esto ocurría en condiciones de vientos helados y sin portar ningún tipo de abrigo.

Un tempestuoso, frío y húmedo día, seguí a la multitud y llegué al centro de autobuses con mi cabello revuelto por el viento y mi traje empapado. Para mi sorpresa, me encontré con el caballero que había sido mi compañero de asiento en el vuelo. Su cabello estaba en su lugar y su traje estaba seco. Le dije: «¿Cómo es que llegaste aquí antes que yo y en tan buenas condiciones?»

Él me contestó: «Oh, ¿qué no sabes que hay una manera más fácil de llegar a este lugar? Además te mantienes fresco y seco». Me contó de un pasillo subterráneo que lleva a la gente a la parada del autobús, protegiéndola del tráfico y del clima desagradable.

La siguiente vez que volé a Chicago, aprendí que el pasillo que conduce a la parada del autobús siempre había estado ahí; sólo que nunca me había dado cuenta. Ahora yo decido cual camino tomar; el camino que sigue la mayoría de la gente o la ruta más segura y cómoda.

Un día le pregunté al servicio de transporte del hotel por qué no le decían a los pasajeros como llegar a la parada del autobús por la ruta subterránea. Ellos dijeron: «Oh, es muy difícil hacer que la gente entienda, así que sólo nos limitamos a decirles que sigan a los demás».

Las ideas presentadas en este libro no son nuevas; pero los enfoques sí lo son. Con el conocimiento que estás a punto de adquirir, espero que en el futuro no siempre elijas seguir la multitud, sino que encuentres el mejor camino en tu viaje hacia tu independencia financiera.

Como primer paso en ese viaje, vamos a evaluar los dos lugares, donde la mayoría de nosotros acumula más dinero: nuestra casa y nuestro plan de retiro.

EL PRIMER PASO

Nosotros seguimos el consejo mas común y ahorramos dinero en cuentas calificadas de jubilación, tales como los Plan de Pensiones (IRAs, por sus siglas en inglés) y 401(k)s, y disfrutamos de dinero deducible de impuestos en los depósitos y con crecimiento de los fondos en condiciones de impuestos diferidos. Al mismo tiempo, asumimos que la mejor manera de alcanzar la meta de pagar nuestra casa por completo y ahorrar dinero en los gastos de intereses es mandar pagos adicionales al capital de nuestra hipoteca.

Inconscientemente, como ingenuos e inexpertos conductores, avanzamos por el camino de la vida, persiguiendo una seguridad financiera, con un pie en el freno y otro en el acelerador. Es posible que algún día lleguemos a nuestro destino, pero lo haremos después de un viaje incomodo. Nos preguntamos, entonces, ¿por qué unos pocos llegan a la estación de la independencia financiera más rápido, alcanzando mucho más y en un viaje más placentero?

«¡PERO SI ESTOY HACIENDO TODO LO CORRECTO!»

De repente nos damos cuenta que durante todos esos años de generar dinero, destinamos una parte en cuentas de inversión que nos ofrecen una deducción de impuestos en la parte inicial, solo para despedazarnos a martillazos después. Al mismo tiempo, matamos a nuestro socio, el tío Sam, al eliminar una de las mejores deducciones de impuestos que tenemos como habitantes de este país —los intereses que pagamos en los pagos de nuestra casa.

Durante nuestros «años de oro» como jubilados, dolorosamente nos damos cuenta de que hemos incrementado nuestra deuda en impuestos por haberla pospuesto para una época donde ya no tenemos deducciones significativas. Con frustración nos quejamos: «¡Pero si yo hice todo lo correcto! ¡Todos los que se preocupan por su retiro ponen dinero en sus cuentas de retiro tales como los IRAs y 401(k)s, y a mi siempre me enseñaron que debes pagar tu hipoteca cuanto antes mandando pagos extras al banco!». Hay una lección muy valiosa que Marshall Thurber me enseñó: sólo porque todos los perros le ladran al mismo árbol, ¡no quiere decir que sea el árbol correcto!

¿Y qué tal si lo que tú crees ser la mejor manera de retirarte o de pagar tu hipoteca resulta *no* serla? ¿Cuándo quisieras enterarte? Ahora es el mejor momento para descubrir el mejor camino a tomar para acumular más dinero de la manera más segura. Entre más rápido te llenes con el conocimiento para alcanzar independencia financiera, más grande será tu patrimonio.

LA ATRACCIÓN DE LOS IRAs y 401(K)s

La mayoría de las personas se siente atraída a ahorrar en planes calificados de retiro, como los IRAs y 401(k)s. Estas personas son convencidas por sus asesores financieros a destinar parte de su ingreso bruto (dólares antes de impuestos) en planes de 401(k) o poner contribuciones deducibles de impuestos en IRAs por las ventajas fiscales durante las fases de contribución y acumulación de dicho plan. Todos ellos parecen ignorar las dos fases más importantes del proceso —cuando necesitas tu dinero como un ingreso en tu jubilación y cuando mueres se transfiere cualquier fondo remanente a tus herederos. Este libro te ayudará a entender como recibir beneficios fiscales durante las cuatros fases de los planes de retiro. Las fases de contribución, acumulación, distribución y transferencia.

Ninguno de nosotros quisiera que se nos acabe el dinero mientras estemos vivos, y nadie se escapa de morir. Cuando la gente muere, usualmente deja atrás algo de dinero en sus cuentas de IRAs y 401(k)s que es transferido a sus beneficiarios. Desfortunadamente, herederos que no sean el cónyuge de la persona fallecida, frecuentemente terminan con tan sólo el 28 por ciento de lo que queda en la cuenta de jubilación.

La mayoría de la gente y sus asesores sienten que las contribuciones deducibles o las contribuciones de dólares antes de impuestos a sus cuentas calificadas de retiro como IRAs o 401(k)s van a proveer los beneficios más grandes posibles porque crecen en condiciones de impuestos diferidos. Pero ¿será verdad esto?

Si tú fueras un granjero, ¿preferirías ahorrar impuestos en la compra de tus semillas en la primavera y pagar impuestos en la venta de tu cosecha en el otoño, o preferirías pagar impuestos en las semillas y vender tu cosecha sin pagar ningún impuesto en la ganancia? Yo preferiría pagar impuestos en la compra de la semilla y después vender mi cosecha libre de impuestos. En este libro, te voy a enseñar como hacer lo segundo.

El Roth IRA es una manera de lograrlo, pero creo que todavía tiene muchas limitaciones. Las contribuciones máximas que podían ser hechas por un individuo en los años fiscales del 2002 al 2004 fueron $3,000 y en los años fiscales, del 2005 al 2008, es $4,000. Los retiros no pueden ser realizados sino hasta cinco años después de que la primera contribución sea hecha. Además, los retiros tienen que realizarse cuando el dueño cumpla 59 años y medio, con la excepción de que la persona muera o sea discapacitada o por «gastos calificados para gente que esté en proceso de comprar su primera casa».

Figura 1.1

¿Será verdaderamente mejor posponer los impuestos?

RETIRO

DESPUÉS DE IMPUESTOS

Lee mis labios . . .

Los beneficios de tu IRA, pensión y 401(k) probablemente serán sujetos a una tasa más alta durante tu retiro.

- ¿Sabías que hay medios para evitar el pago de impuestos en hasta el 85 por ciento de los beneficios de Seguro Social durante tu retiro?
- ¿Sabías que hay medios por los cuales puedes retirar tu ingreso de retiro libre de impuestos?

¿Estás interesado en una estrategia que pueda lograr esto?

LAS VENTAJAS FISCALES QUE NO SON TAN VENTAJOSAS QUE DIGAMOS

Una de las enseñanzas originales del IRA sostiene que el posponer el pago de impuestos hasta la edad del retiro es beneficiosa porque los fondos seran considerados a una tasa de impuestos más baja. Eso ya no es tan claro. Tú bien puedes tener la misma o incluso una tasa más alta de impuestos si acumulas una cantidad considerable de dinero para tu jubilación. De hecho, las tasas efectivas de impuestos tienen muchas posibilidades de ser más altas en el futuro. Entonces, ¿por qué retrasar lo inevitable e incrementar tu responsabilidad en impuestos?

Como estratega financiero y especialista en jubilaciones, cuando descubrí todo el dinero que mis primeros clientes habían acumulado y que todavía tenía que ser sujeto al pago de impuestos, frecuentemente les preguntaba si planeaban su propio retiro o del tío Sam.

¿Será verdaderamente mejor posponer los impuestos e incrementar tu deuda? Tú debes de estar consciente que los beneficios de tu IRA, tu pensión y tu 401(k) probablemente pueden ser considerados a una tasa más alta de impuestos cuando te retires (Figura 1.1).

UNA MEJOR ALTERNATIVA DE RETIRO

En mi opinión, hay una alternativa mejor para alcanzar un ingreso de jubilación libre de impuestos, así como también para crear beneficios indirectos libres de impuestos en las contribuciones realizadas, sin todas las reglas y restricciones existentes.

Cuando yo ahorro dinero para mi fondo de jubilación, no hay restricciones sobre cuánto puedo meter a la cuenta. Si he tenido un año provechoso, puedo contribuir generosamente; y si no, no tengo que contribuir nada. Mejor aún, puedo retirar dinero si lo necesito, sin las penalidades del IRS mas no estoy obligado a regresarlo. Como dueño de mi casa, también he estructurado mi plan de retiro para obtener deducciones fiscales en mis contribuciones. Todavía más importante, mis fondos de retiro se acumulan libres de impuestos y puedo acceder mis fondos cuando yo quiera, libres de impuestos (incluyendo los intereses o ganancias generadas) sin que tenga que esperar a tener 59 años y medio. Si no uso ese dinero antes de morir, éste va a florecer en valor y se va a transferir libre de impuestos a mis herederos.

Hay medios por los cuales puedes tener una jubilación libre de impuestos. También hay medios para evitar el pago de impuestos en hasta el 85 por ciento de los beneficios de tu Seguro Social cuando te retires. ¿Te interesa saber cómo puedes lograr todo ésto?

A través de un plan apropiado, el dueño de una casa puede utilizar un plan de jubilación basado en la plusvalía de dicha casa, y así gozar de ventajas fiscales durante las fases de contribución y acumulación, y más importante aún, gozar de un ingreso libre de impuestos en los años de retiro y de poder transferir todos los fondos remanentes a los herederos también en un esquema libre de impuestos. ¡Esta estrategia puede incrementar tu ingreso neto de retiro por hasta un 50 por ciento! ¿Cómo es posible todo esto? Sigue leyendo.

EL VERDADERO COSTO DE LOS PAGOS ADICIONALES AL PRÉSTAMO

Un mito bastante común para el que desea tomar el camino a la independencia financiera es que la mejor manera de pagar una casa es haciendo pagos adicionales al capital de la hipoteca. Hay varios métodos que la gente usa para lograr esto. Algunos dueños de casa hacen pagos quincenales para acelerar el proceso de liquidarla. Otros usan hipotecas a quince años en vez de treinta años para alcanzar su meta de ser dueños de la casa lo antes posible. Yo te voy a comprobar que *de ninguna manera vas a alcanzar independencia financiera ni rápida, ni inteligentemente si abonas pagos adicionales.*

El dueño de una casa puede acumular el efectivo necesario para liquidarla igual de rápido o aún más rápido si usa un plan acelerado de hipoteca que sea conservador y ofrezca impuestos diferidos. Los elementos más importantes en el manejo de la plusvalía es mantener la liquidez y seguridad del capital, dando oportunidad de que la plusvalía crezca en una cuenta separada, en donde esté disponible en caso de emergencia.

Es esencial mantener el control de la plusvalía de tu casa para permitirle obtener un rendimiento a una tasa de retorno. La plusvalía de las casas no gana ningún tipo de interés cuando está atrapada en sus paredes, como lo voy a explicar en el capítulo 6. También explicaré por qué tu casa se puede vender más rápido y por un precio más alto si tienes un balance alto en tu hipoteca en vez de uno bajo.

Si aprendes a manejar la plusvalía de tu casa de manera inteligente podrás utilizar una de las pocas deducciones de impuestos que los habitantes de este país no caémos en cuenta que podemos usar —los intereses de nuestra hipoteca. *De hecho, si tienes una hipoteca con un plazo de treinta años, puedes pagar tu casa en trece años y medio con la misma cantidad de dinero que hubieses usado para pagar una hipoteca con un plazo de quince años.* ¡Y puedes lograr esto utilizando algo del dinero del tío Sam en vez del tuyo! Este libro te enseñará como mejorar tu patrimonio dramáticamente y generar un millón, o más, de dólares adicionales con solo utilizar el dinero que tienes atrapado en la plusvalía de tu casa.

Permíteme repetir y clarificar la razón por la cual muchas personas son incapaces de llegar a lograr cierto grado de independencia financiera que podrían haber obtenido de alguna otra manera. Mientras hacemos todo lo que esté en nuestro poder para deducir todos los impuestos posibles en nuestras contribuciones para la jubilación e inversiones, también eliminamos una de las pocas y mejores deducciones que tenemos: los intereses de nuestra hipoteca.

De esta manera, muchas personas se preparan para el futuro posponiendo el pago de impuestos, mientras se deshacen de todas sus deducciones.

EL P.L.A.N. PARA LOGRAR ACUMULAR RIQUEZA DE VERDAD

Para llegar a donde quieres, tienes que tomar el camino correcto. Yo he descubierto que el secreto para la acumulación de riqueza es utilizar el mejor P.L.A.N. Cuando aprendamos a fomentar todos nuestros bienes apropiadamente, podemos darles una vida perpetua, y para entender cómo lograr esto, primero debemos definir lo que queremos decir con «riqueza de verdad». Entonces levanta tu nave para que veas tu futuro desde un punto de vista más alto.[1]

La gente usualmente asocia la riqueza con la acumulación de bienes. Cuando le preguntamos a la gente cuales son sus bienes, la mayoría de ellos piensa en sus casas, su dinero, sus acciones, sus bonos, sus propiedades y su seguro. Esas *cosas* constituyen nuestros *bienes financieros* y representan nuestras posesiones materiales.

Pero si yo le pregunto cuales son sus bienes más valiosos, la mayoría de ellos piensa en su familia, su salud, sus relaciones, sus virtudes, sus valores, su moral, su carácter, sus habilidades únicas, su herencia y su futuro. Esta categoría representa los *bienes humanos* —o cosas no materiales y más bien asociadas con seres humanos.

Otra categoría de bienes toma en cuenta el *conocimiento* que ganamos en nuestras vidas: nuestros *bienes intelectuales*. La sabiduría es un producto de conocimiento multiplicado por experiencias, tanto buenas como malas. Los bienes intelectuales también incluyen la educación formal, la reputación, los sistemas, los métodos, las habilidades, las ideas, las alianzas y las tradiciones.

LOS BIENES QUE IMPORTAN

Imagina estas tres categorías —bienes financieros, humanos e intelectuales— en la «hoja de un plan familiar». Supongamos que tienes que dejar atrás una de esas categorías, pero puedes mantener las otras dos y transferirlas a tus futuras generaciones. ¿Cuál de ellas elegirías perder (Figura 1.2)? Le he hecho esta pregunta a bastantes personas que

1. En el 2001, me hice miembro de El Entrenamiento Estratégico, un programa de entrenamiento de emprendedores en Chicago manejado por Dan Sullivan. Lee Brower fue mi director técnico y me familiaricé con Empowered Wealth, LLC y fui invitado a servir como miembro del consejo consultor de la firma. La experiencia ha expandido mi horizonte sobre el significado de «riqueza de verdad» y la optimización de bienes. La optimización de bienes y la riqueza facultada son una parte integral de los conceptos a los que hago referencia a lo largo de este libro.

tienen bienes financieros desde $10,000 a $2,500,000,000 y la respuesta siempre es igual: todos ellos elegirían perder sus bienes financieros.

¿Por qué razón contestan todos de la misma manera? La respuesta es que todos podemos reconstruir los bienes financieros con nuestros bienes humanos e intelectuales. La mayoría de las religiones del mundo proponen que los seres humanos venimos a este mundo en posesión de cierto grado de bienes humanos e intelectuales. Mientras estamos vivos agrandamos esos bienes y cuando morimos, nos llevamos con nosotros esos bienes agrandados.

La mayoría de la gente no cambiaría sus bienes humanos e intelectuales por dinero. Cuando la gente no se cuida la salud por estar enfocada en crear mayor riqueza financiera, terminan con usar esa fortuna hacia gastos médicos. Si dejamos atrás nuestra moral y nuestra ética por obtener más dinero, pronto tendremos una bancarrota en la categoría de bienes humanos. George Bernard dijo: «Hay dos fuentes de infelicidad en esta vida. Una es no tener lo que uno quiere; la otra es tenerlo». El dinero no causa felicidad o sufrimiento; es tu relación con el dinero lo que te hace sentir uno o el otro.

Desafortunadamente, la manera tradicional de planeación sobre la herencia se enfoca en la categoría menos importante del plan familiar: los bienes financieros. A pesar de su complejidad, dicha planeación se ha convertido en un proceso de cuatro pasos, los de las cuatro D's: *divide* los bienes, *dilata* la distribución, *deposita* los bienes financieros en herederos incapacitados para manejarlos y, algún día, *desperdiciarlos*. En otras palabras, la riqueza es transferida sin responsabilidad y sin control. Lee Brower, presidente de Empowered Wealth, LLC, dice: «¡La planeación tradicional de bienes ha hecho más para destruir a las familias americanas que los impuestos federales sobre estos bienes!» ¿Por qué será?

- Estimula un consumo asombroso
- Desalienta el ahorro
- Lleva a las familias del «nosotros» al «yo».

Figura 1.2 ¿EN QUÉ CONSISTE LA RIQUEZA DE VERDAD?

BIENES

Humanos (Gente)

- Familia
- Valores
- Relaciones
- Salud
- Ética
- Moral

INTELECTUALES (Sabiduría)

- Conocimiento
- Experiencias (buenas y malas)
- Educación (formal)
- Reputación
- Sistemas
- Alianzas
- Habilidades
- Métodos
- Ideas
- Tradiciones

Financieros (Cosas materiales)

- Casa
- Dinero
- Acciones
- Bonos
- Seguros
- Propiedades

(Tus posesiones financieras y materiales)

Antes de ofrecer posibles soluciones, vamos a explorar una categoría final de bienes. Hay una sección de los bienes financieros que es tan importante como la ganancia sobre dichos bienes, si es que no es aún más importante. Esta es *elección* y *control*. Hay algunos bienes financieros sobre los cuales renunciamos tener la elección y el control en todos los aspectos prácticos. Estos son nuestros bienes cívicos o sociales. Cuando la mayoría de la gente piensa en bienes cívicos, usualmente piensa en los impuestos. Alrededor del mundo, la mayoría de los sistemas gubernamentales requiere que los ciudadanos de ese país, estado y municipio reembolsen a la sociedad en forma de impuestos. Por lo tanto, la mayoría de la gente ve los impuestos como una deuda; pero, como explica Lee Brower, los impuestos también son bienes financieros. Por ejemplo, una calle o una avenida —pagada con impuestos— es una fortuna pública.

En los Estados Unidos, el gobierno ha dado formas para que nosotros tengamos cierto control sobre como asignamos nuestros dólares sociales. Sin embargo, si decidimos no tomar control, ¡el gobierno lo hará! Una manera en la que puedes retomar el control sobre los bienes cívicos es cambiando la dirección de tus bienes financieros que estaban destinados al pago de impuestos hacia obras de caridad, o de ser posible, de preferencia a tu fundación familiar. Otra manera es destinando esa cantidad a inversiones que estimulen la economía mientras aumentas tus propios bienes líquidos. Este libro te enseñará como cambiar la dirección del dinero que de otra manera está destinado a ser pagado en forma de impuestos, a causas que tú patrocines, incluyendo tu retiro y la seguridad financiera de tu familia.

LA NECESIDAD DE UN P.L.A.N. CORRECTO

¿Cómo puede uno crear una Fomentación de Bienes para una Vida Perpetua? Yo le advierto a cada persona que identifique el método que mejor cubra sus necesidades individuales, y a la vez tener cuidado de no confiar en la teoría popular. Marshall Thurber, abogado y analista de renombre internacional dice que el «94 por ciento de todos los fracasos son por no tener un sistema adecuado». El sistema típico para acumular riqueza y transferir dicha riqueza a las generaciones futuras casi siempre asegura un fracaso.

De acuerdo con el Instituto de Familias Sólidas de Brookline, Massachusetts, «sólo un poco más del 3 por ciento de todos los negocios de familia sobreviven a la cuarta generación o más allá de ella». Alrededor del mundo, los bienes financieros se han desaparecido al final de la tercera generación que le sigue a la generación donde fue creada la riqueza. De ahí sale el dicho: «A remangarse la camisa cada tres generaciones», o sea que dado que la segunda generación acaba con la fortuna recibida, la tercera generación se encuentra en la misma posición que la primera, pues tiene que trabajar para volver a crear riqueza. Robert Frost dijo: «Cada padre rico quisiera saber como transmitirle a sus hijos la tenacidad que lo hizo rico a él.»

Cornelius Vanderbilt (1794–1877) fue el hombre de negocios más poderoso y exitoso (el Bill Gates) de su época. Él hizo su fortuna a base de barcos de vapor y ferrocarriles. Él ayudó a construir el sistema de transportación de los Estados Unidos. Vanderbilt no apoyaba obras de caridad, pero al final de su vida donó un millón de dólares a la Universidad Central en Nashville, Tennessee, ahora conocida como La Universidad Vanderbilt. Cuando murió, Vanderbilt dejó bienes valorados en 105 millones de dólares, la herencia más grande en la historia de los Estados Unidos en aquel tiempo. De acuerdo a Arthur T. Vanderbilt II, autor de *La fortuna de los niños: la caída de la casa de los Vanderbilt*, cuando 120 descendientes de Cornelius Vanderbilt se congregaron en una reunión en 1973, no había un sólo millonario entre ellos. La fortuna se había malgastado. Ésta había sido heredada sin ningún tipo de responsabilidad. William K. Vanderbilt, nieto de Cornelius, dijo: «Esto me ha dejado con nada que esperar, nada definido que buscar o por lo cual esforzarme. La riqueza heredada es realmente un impedimento para la felicidad».

Para contrastar, vamos a considerar a la familia Rothschild, una de las pocas familias que ha reproducido la riqueza familiar por varias generaciones. Mayer Amshel Rothschild (1743–1812) abrió un banco en Frankfurt, Alemania, donde él hizo valiosas inversiones para la realeza de diferentes países europeos y fundó una familia de banqueros. Él les enseñó a sus cinco hijos a manejar el dinero de manera conservadora, a hacer inversiones que les produjeran ganancias moderadas en vez de ganancias de proporciones inmensas. Sus métodos les generó una tremenda fortuna. Nathan Rothschild, el tercer hijo, se hizo agente financiero del gobierno inglés. Él decía: «Se requiere de gran esfuerzo y gran cautela para hacer una gran fortuna; y cuando la tienes, se requiere diez veces más de ingenio para mantenerla».

Basicamente los Rothschild utilizaron el siguiente sistema que ellos mismos establecieron:

- Ellos prestaban dinero a sus herederos o emprendían negocios en sociedad con ellos.
- Los préstamos tenían que ser pagados al «banco familiar»
- El conocimiento y las experiencias que los herederos habían adquirido tenía que ser compartido con los otros miembros de la familia.
- La familia se reunía al menos una vez al año para reafirmar sus virtudes e intenciones, de lo contrario no podían participar en el «banco familiar».

Por consiguiente, la riqueza de los Rothschild creció extremadamente a medida que fue pasando a futuras generaciones.

HACER QUE TU FAMILIA INVIERTA EN EL P.L.A.N.

Abraham Lincoln dijo: «La peor cosa que puedes hacer por aquellos que amas son las cosas que ellos pueden hacer por sí mismos.» Para ayudar a que tu familia invierta en tu legado de verdadera riqueza, es importante que ellos vean el valor de atesorar las cuatro categorías de bienes. Lee Brower enfatiza que la mejor manera de atesorar un bien es dándole nueva vida al compartirlo o regalarlo. Nosotros vamos a enfocarnos entonces en los siguientes cuatro puntos (las cuatro P's, por sus siglas en inglés): *preservar* los bienes, *proteger* la verdadera riqueza, *reproducirla* a las generaciones futuras y *fortalecer* a los miembros de la familia con la administración y responsabilidad de mucho más que sólo bienes financieros.

Cuando tenemos sobre nosotros una presa localizada en las montañas, ésta puede ser utilizada como una fuente de agua que nos ayuda, especialmente en tiempos de sequía. También puede ser utilizada como una área de recreo. Si instalamos algunas turbinas en la base de la presa, una gran cantidad de energía puede ser generada dando nueva vida a la ciudad entera, sin tener que renunciar el uso del agua para consumo y recreación. De la misma manera, los bienes humanos, intelectuales, financieros y cívicos pueden ser atesorados para darles una nueva vida.

Desde que descubrí esto, mi pasión ha sido la de asistir a familias a que identifiquen su administración hacia la verdadera riqueza a través de la creación de sistemas, estrategias y estructuras para tener una autoridad familiar y financiera, con responsabilidad constante, sin perder la elección y el control.

Estaría bien que las familias desarrollaran y utilizaran algún tipo de sistema designado a:

- Mejorar la salud, felicidad y bienestar de cada miembro de la familia.
- Respaldar y motivar el liderazgo familiar.
- Capturar las virtudes, recuerdos y sabiduría familiar.
- Proteger, optimizar y capacitar el capital intelectual y financiero de la familia.

Hasta ahora, te has de estar preguntando porqué estoy persiguiendo todos esos aspectos de capacitar a las familias, de felicidad, de bienes humanos, intelectuales y cívicos. ¿Qué no se suponía que éste era un libro para maximizar los bienes financieros?

Es muy simple. Es sumamente importante saber como manejar los valores, antes de aprender a como manejar y valorar los bienes. Y la gente —incluyéndote a tí y a tu familia— generalmente va a pagar más por algo que ellos descubren que tiene mayor valor. ¿Cómo se crea el valor? Es sólo un aspecto más.

CREAR VALOR, UNA HISTORIA PERSONAL

Hasta hace poco nuestra familia había tenido y operado un negocio de purificación de agua en el norte de Utah. El agua potable en la forma más sencilla que se encuentre tiene un valor aproximado de 1 centavo por cada ocho onzas. En nuestra planta, nosotros teníamos un equipo, con un valor de aproximadamente 1 millón de dólares, que procesaba el agua a través de un proceso de purificiación de seis pasos. Cuando liquidamos el costo del equipo a través del proceso de producción, el costo del agua se duplicaba a 2 centavos por cada ocho onzas. Nosotros empacábamos el agua en una pequeña bolsa plástica en lugar de en una botella, lo que añadía 2 centavos al costo.

Cuando empacábamos las pequeñas bolsas en cajas de carga con capacidad de diez unidades en cada una, se incrementaba el valor de cada bolsa a 7 centavos. Cuatro cajas de carga eran transportadas en cajas corrugadas incrementando el costo por unidad a 8 centavos. (El empaque frecuentemente es más caro que la mercancía). Los costos de personal en nuestra planta incrementaban el costo por un promedio de 4 centavos por unidad, de tal forma que el costo total por bolsa de agua al final era de 12 centavos. Transportar mercancía pesada, como lo es el agua, desde Salt Lake City a nuestros clientes en la Costa, añadía otros 4 centavos a nuestro costo. Si fijábamos el precio de venta un 25 por ciento sobre nuestro costo de 16 centavos, nuestro precio mayoritario resultaba en 20 centavos. Entonces, vendíamos agua de 2 centavos a 20 centavos, o diez veces más su valor, por que habíamos tomado un producto normal y lo habíamos convertido en un producto único.

Cuando nuestro producto único era vendido en tiendas al menudeo, a veces su precio era de hasta 35 a 40 centavos por bolsa. Cuando el producto era vendido en tiendas de conveniencia como estaciones de viaje o gasolineras, el precio era de hasta 60 a 75 centavos por bolsa. Cuando mis padres escucharon esto, exclamaron: «De ninguna manera. ¡Sólo por un trago de agua!», pero esperen, todavía no he terminado.

Hace pocos años, mi esposa y yo nos unimos a un grupo de amigos para pasar tres maravillosos días en Orlando, Florida, para visitar varios parques de diversiones. Era uno de los meses más calientes que jamás se hubiera registrado en esa área. Un día nos paramos tres veces en esos carritos que venden helados y bebidas y el costo por una botella de 20 onzas de agua era de $2.50. Saca la cuenta, hay 6.4 porciones de 20 onzas en un galón, 6.4 por $2.50 nos da un total de ¡16 dólares por galón de agua! Cuando nos retirábamos del parque al día siguiente, nos detuvimos a llenar el tanque de gasolina cuyo costo era de $1.6 por galón. Hace 25 años, si alguien me hubiera dicho que la gente pagaría lo mismo por el agua que por la gasolina, me hubiera reído, pero . . . ¿diez veces más? Además, ni siquiera dudamos al final del día en tirar el sobrante de agua caliente que quedó en la botella.

¿Por qué hace esto la gente? Es por la experiencia única que está teniendo. Los autores B. Joseph Pine II y James H. Gilmore explican este concepto en su libro *The Experience Economy*. Nosotros valoramos un producto excelente más allá que el producto por sí mismo. Nosotros valoramos una experiencia única más de lo que valoramos la conveniencia.

RECONOCIENDO EL VALOR, TU HISTORIA FUTURA

Hay un nivel que excede todo: una transformación reveladora. *Cuando podemos experimentar una transformación reveladora en nuestra vida que va a beneficiar a todos los miembros de nuestra familia, lo consideramos de mayor valor.* Mi meta es crear una transformación reveladora en tu vida a través de los conceptos, verdades y estrategias contenidas en este libro.

Muchos de los libros educacionales son basados en información. Este libro, por lo contrario, te va a proporcionar una experiencia basada en entendimientos. Cuando una persona experimenta descubrimientos personales es motivada a cambiar. A medida que continúes leyendo, mi más sincero deseo es que tengas una transformación significativa mientras aprendes como dar nueva vida a tus bienes humanos, intelectuales, financieros y cívicos.

CONCEPTOS CUBIERTOS EN EL CAPÍTULO 1

- Con los entendimientos obtenidos en este libro, elige no siempre aceptar los consejos convencionales en tu viaje hacia la independencia financiera.

- Ahorrar dinero en cuentas calificadas de retiro, como IRAs o 401(k)s, mientras tratas de liquidar la deuda de tu casa, es como ir por una avenida con un pie en el freno y el otro en el acelerador.

- Hay dos maneras de manejar información nueva: ignorarla, tomándola como falsa o aumentar tu nivel de entendimiento a través de nuevas ideas.

- Las fases más importantes en un plan de jubilación son la acumulación, distribución y el traspaso. En un plan de acumulación de ahorros, es mejor gozar de beneficios fiscales en la cosecha que en al semillar.

- Los Roth IRAs van un paso hacia la dirección correcta, pero todavía tienen muchas restricciones.

- *Los beneficios de tu IRA, tu pensión y tu 401(k) probablemente sean cargados a una tasa más alta de impuestos al momento de tu jubilación,* entonces no retrases lo inevitable, ni incrementes tu gasto en impuestos.

- *Hay maneras de recibir beneficios fiscales durante las cuatro fases* de un plan de retiro: la contribución, la acumulación, la distribución y el traspaso.

- *Dar pagos adicionales al principal del saldo de tu hipoteca no es la manera más inteligente ni más rápida de alcanzar independencia financiera.*

- Mejora tus bienes líquidos dramáticamente y genera hasta un millón de dólares adicionales, o más, con solo utilizar de manera segura los dólares que tienes atrapados en la plusvalía de tu casa.

- Cuando aprendemos a fomentar todos nuestros bienes de manera apropiada, podemos crear nueva vida para ellos que los llevará a la perpetuidad.

- «Riqueza de verdad» en la hoja del plan familiar incluye bienes humanos, bienes intelectuales, bienes financieros y bienes cívicos.

- *La planeación popular sobre la herencia se enfoca en la categoría menos importante en la hoja del plan familiar: los bienes financieros.* Dicha planeación se ha convertido en un proceso de dividir, demorar, depositar y desperdiciar en cuanto a que los bienes son transferidos sin responsabilidad y sin control.

- El gobierno nos ha provisto maneras de tener cierto control sobre cómo asignamos nuestros dólares sociales. Sin embargo, si nosotros decidimos no tomar el control, ¡el gobierno sí lo hará!

- El sistema típico para la acumulación y transferencia de riqueza a generaciones futuras casi siempre asegura un fracaso.

- Enfócate en las cuatro P's: *preserva* los bienes, *protege* la riqueza verdadera, *perpetuala* a las generaciones futuras y dale *potencia* a los miembros de la familia con la administración y la responsabilidad de mucho más que bienes financieros.

- Las familias deben desarrollar y utilizar un sistema diseñado a mejorar la salud, felicidad y bienestar de cada miembro familiar; respaldar y motivar el liderazgo familiar; capturar las virtudes, recuerdos y sabiduría familiar y proteger, optimizar y fortalecer el capital intelectual y financiero de la familia.

- *Es más importante que los valores sean entendidos antes de que los bienes sean valorados.*

- Nosotros valoramos más un producto único que un producto normal. Valoramos más la conveniencia que un producto único. Valoramos más una experiencia única que la conveniencia. Cuando nosotros experimentamos una transformación reveladora en nuestra vida, la valoramos más.

CAPÍTULO 2

Los impuestos son bienes de ventaja

Utiliza tus dólares destinados al pago de impuestos para mantener tu retiro y tu seguridad financiera

MUCHOS DE NOSOTROS ESTAMOS CONDICIONADOS a ver los impuestos como un gasto. Pero ¿realmente lo son? Sí es cierto que cuando le debemos al gobierno un pago de impuestos, éstos representan una deuda para nosotros. Sin embargo, el ingreso recibido a través de impuestos es gastado en bienes públicos: carreteras, escuelas, parques, aeropuertos, educación y protección.

Como explicaba en el capítulo 1, la mayoría de los sistemas gubernamentales en todo el mundo tiene algún método en donde el público de alguna manera es requerido a reembolzar a la sociedad en forma de impuestos. La mayoría de la gente no tiene ningún inconveniente en hacerlo mientras el gobierno cumpla con la parte de manejar estos fondos públicos con prudencia y buena administración. Cuando las cosas no suceden de esta manera y el gobierno desperdicia o tiene una mala administración de dichos fondos, es cuando nos sentimos irritados.

Lo que no se han dado cuenta la mayoría de los habitantes de este país, es que el gobierno nos ha dado la oportunidad de tener cierto control sobre el manejo de nuestros bienes cívicos y, si no ejercemos elección y control sobre dichos bienes, ¡el gobierno lo hará por sí mismo! Cuando nosotros tenemos responsabilidad sobre nuestro bienestar financiero, nuestra seguridad en la jubilación, cuando aseguramos nuestra propia salud o apoyamos organizaciones de caridad para los pobres y necesitados, el gobierno necesita intervenir menos. Generalmente, los programas de servicios sociales financiados por el gobierno son caros e ineficientes. El Código de Rentas Internas (Internal Revenue Code) contiene cláusulas por medio de las cuales los contribuyentes pueden cambiar el curso del dinero que de otra manera estaba destinado al pago de impuestos, a causas que les apasionen y que también beneficien a sus propias familias.

¿POR QUÉ ESAS OPORTUNIDADES CON LOS IMPUESTOS?

¿Por qué las leyes de impuestos permiten a los contribuyentes deducir las aportaciones de su ingreso bruto a una cuenta de IRA y dejar que ese dinero crezca en una cuenta de retiro en condiciones de impuestos atrasados?

¿Cuándo fue la última vez que lavaste un carro rentado o le cambiaste el aceite? La gente no lava los carros rentados; ellos lavan y cuidan sus *propios* carros. El secreto de la riqueza americana radica en la libertad de poseer bienes a través de escrituras y títulos de propiedad.

El gobierno entiende esta deducción y de manera similar te motiva a que tomes la responsabilidad financiera de tu propio retiro, de esta manera no serás un desagüe de los fondos públicos. El gobierno también te motiva a que retrases el pago de tus impuestos, por que de esa manera tu dinero se convertirá en una cantidad más grande sobre la cual pagar y posiblemente también sea impuesta a una tasa más alta, como lo explicaré en el capítulo 3 más a detalle.

¿Por qué las leyes de impuestos permiten a un contribuyente deducir los intereses de su hipoteca de su ingreso bruto? Porque los dueños de casas estimulan la economía, lo que crea más ingreso para el país que lo que esta dejando de recibir a través de esos impuestos. El gobierno prefiere que sus ciudadanos tengan su propia casa a que vivan en casas alquiladas o en casas de amparo. La gente cuida de sus cosas sólo cuando tiene posesión personal sobre ellas. ¿Por qué las leyes de impuestos permiten a los contribuyentes deducir dinero aportado a causas de caridad? Porque esos dólares cívicos benefician a la sociedad. Por lo tanto los programas gubernamentales de asistencia pública tienen menos demanda y menos gastos.

¿Por qué las leyes fiscales permiten concesiones en las devoluciones de impuestos por cada dependiente que hay en la familia? Porque es mejor que los padres cuiden de sus propios hijos a que el gobierno tenga que recaudar impuestos adicionales para destinarlos al pago de los servicios sociales. Todo esto es razonable, entonces, *cuanto más eleccion y control ejerzamos en nuestros bienes cívicos, el gobierno tiene menos necesidad de utilizar dinero de impuestos en servicios que podemos pagarnos nosotros mismos.*

¿Qué pasa si una pareja de 30 años puede aportar $500 al mes a su cuenta de retiro, de un dinero que de otra manera estaría destinado al pago de impuestos? Si ellos acumulan $500 al mes por 35 años (hasta que cumplan 65 años) en condiciones libres de impuestos a una tasa de interés compuesto del 7.5 por ciento anual, el fondo crecerá a $1,021,727. Ellos pudieran retirar $6,385 mensualmente en intereses a partir de ese momento ($1,021,727 x 7.5 por ciento = $76,630 / 12 meses) y jamás acabarse el principal. Este libro te enseñará cómo hacer ésto.

¿Te acuerdas de la dulce y jugosa naranja envuelta en una cáscara amarga que mencioné en el prefacio? Éste es uno de esos momentos en los que tenemos que atravesar la cáscara para llegar a la deliciosa esencia. Entonces quédate conmigo en este capítulo mientras te enseño algunas de las leyes y estrategias básicas en el manejo de impuestos, que son los ingredientes necesarios para lograr diferencias dramáticas en la optimización de todos tus bienes.

¿CÓMO TE IMPACTAN LOS IMPUESTOS, LAS TASAS DE INTERÉS Y LOS EVENTOS INESPERADOS?

No hay nada más constante que las siempre cambiantes leyes fiscales. Para la fecha de la publicación de este libro, los cambios más recientes ocurridos en materia de impuestos fueron con la Ley de Reconciliación de Crecimiento Económico y Alivio Tributario de 2001 y en la Ley de Reconciliación del Trabajo y Crecimiento de Alivio Tributario de 2003. Ambos fueron aprobados por el Congreso bajo la administración del presidente Bush y su intención era la de estimular una economía lenta en medio de la tormenta económica causada por la política fiscal y monetaria que ha seguido a la llegada del año 2000. Con todo el miedo acerca de la incompatibilidad de las computadoras al hacer la transición al año 2000, la Reserva Federal no quería que alguien fuera al banco o a la unión de crédito y que no fuera capaz de recibir su dinero a causa de los problemas por el cambio de siglo. A través de una serie de reducciones en las tasas de interés el suministro de dinero fue incrementado. Poco después del 1 de enero de 2000, la Reserva Federal sintió que había demasiado dinero en la economía y empezó a realizar una enorme liposucción de dinero del mercado a través de una serie de incrementos en las tasas de interés.

Los ataques terroristas del 11 de septiembre de 2001, revirtieron el proceso y la Reserva Federal de nuevo empezó con un segundo patrón en la reducción de las tasas de interés hasta haber alcanzado las tasas más bajas de los últimos cuarenta años.

Más allá de la inmediata y trágica pérdida de vidas, el desagradable «éxito» en un ataque terrorista es medido por el cambio en la psiquis de aquellos que han sentido que su libertad ha sido violada. El extenso daño a largo plazo ocurre cuando el público deja de consumir, invertir, viajar, comer afuera, construír y vivir normalmente.

Cuando dos aviones atacaron a las torres en Nueva York la gente en California empezó inmediatamente a perder sus trabajos, a pesar de estar a 2,700 millas de distancia, ésto nos recuerda la importancia de prepararnos financieramente contra fuerzas externas sobre las cuáles no tenemos control. Vamos entonces a entender los fundamentos fis-

Figura 2.1

TASAS DE IMPUESTOS FEDERALES

AÑOS	2000	2001 - 2002	2003 - 2010*
Primera tasa	10%	10%	10%
Segunda tasa	15%	15%	15%
Tercera tasa	28%	27%	25%
Cuarta tasa	31%	30%	28%
Quinta tasa	36%	35%	33%
Sexta tasa	39.6%	38.6%	35%

*Despues de 2010, tasas están programadas a regresar a niveles aplicados antes de la Ley de 2001.

LÍMITE MÁXIMO DE IMPUESTOS FEDERALES—2004
Ingresos imponibles

ESTADO CIVIL	10%	15%	25%	28%	33%
Individual	$7,150	$29,050	$70,350	$146,750	$319,100*
Parejas casadas	$14,300	$58,100	$117,250	$178,650	$319,100*

*Ingresos en exceso de estos límites son sujeto a tasas de 35%.

cales y monetarios para que puedas utilizarlos a tu favor en la creación de la seguridad financiera.

ENTENDER LAS TASAS EN LOS IMPUESTOS

Previo a las leyes de 2001 y 2003, las dos tasas más bajas de impuestos federales sobre la renta se mantuvieron constantes en el 15 y 18 por ciento desde 1986 hasta 2001. El límite del ingreso ante el cual dichas tasas aplicaban se fueron incrementando en un promedio de 3 por ciento anualmente durante esos años. La Ley de 2001 trajo consigo la implementación de una tasa del 10 por ciento que benefició a todos los contribuyentes. Bajo la Ley de 2003, el máximo ingreso ante el cual aplicaba la tasa del 10 por ciento fue modificado de $6,000 a $7,000 para personas solteras y de $12,000 a $14,000 para personas casadas que aplicaban de manera unida. La Ley de 2003 aceleró las deducciones en las tasas que estaban por encima del 15 por ciento. La tasa que anteriormente habia sido del 28 por ciento y que representaba la segunda posición, ahora se encuentra en la tercera posición y fue reducida al 25 por ciento.

Bajo la Ley del 2003, hubo una expansión temporal de la tasa del 15 por ciento para parejas casadas sólo durante los años 2003 y 2004. En 2003, la tasa del 15 por ciento para aplicaciones conjuntas aplicaba para ingresos arriba de $14,000 pero no arriba de $56,000. El límite en el 2002 era de $46,700, por lo tanto el aumento fue de un 21.6 por ciento respecto al típico incremento del 3 por ciento. (Ésto se hizo como una manera de bombear más dinero a la economía). Muchas de las cláusulas del acto de 2003 están programadas para expirar entre 2005 y 2008, aunque el Congreso pudiera extenderlas o hacerlas permanentes. No hay nada seguro sobre las futuras leyes de impuestos, especialmente cuando las cláusulas que están en su etapa final van a reactivar leyes anteriores y con los diversos retos que enfrenta el Congreso, como financiar la guerra contra el terrorismo.

Considerando que el límite máximo para la aplicación de la tasa del 15 por ciento pudieron haber sido $50,000 para el año fiscal de 2005 y que se puede revertir a la cantidad aproximada de acuerdo al acto de 2003, para mantener sencillos los ejemplos de este libro vamos a asumir que todo el ingreso sujeto a impuestos por encima de $50,000 para una pareja que aplica de manera conjunta y por encima de $30,000 para contribuyentes solteros será el inicio de la tasa federal del 25 por ciento. La siguiente tasa será la del 28 por ciento, que empezará a ser efectiva a partir de $117,250 para aplicaciones conjuntas y $70,350 para aplicaciones individuales ocurridas en el año fiscal de 2004. Hay todavía dos tasas más arriba de este nivel: la del 33 y 35 por ciento (Figura 2.1). La tasa del 35 por ciento aplica para ingresos superiores a $319,100 en 2004 y tiene una gran posibilidad de ser ajustada a un límite más alto de ingreso en el año fiscal de 2005.

NUESTRO EJEMPLO DE TASAS DE IMPUESTOS

Debido a que los principios mostrados en este libro son constantes independientemente de los cambios que ocurran en las diferentes tasas de impuestos, todas las cifras y ejemplos serán calculados utilizando un porcentaje combinado de impuestos marginales federales y estatales sobre la renta del 33.3 por ciento. Tú puedes interponer cualquier ilustración con la tasa de impuestos en la que tú te encuentras. *Para ilustrar conceptos, es matemáticamente más simple asumir que exactamente un tercio es destinado al pago de impuestos.* Ésta va a ser la tasa aproximada que aplica para todo ingreso superior a $50,000 bajo la suposición de que una pareja casada vive en un estado que tiene un 8.3 por ciento de impuesto estatal (25 por ciento de impuesto federal mas un 8.3 por ciento de impuesto estatal). También pudiera aplicar a todo el ingreso superior a $117,250 (para el año fiscal de 2004) para una pareja casada que vive en un estado que tiene un 5.3 por ciento de impuesto estatal (28 por ciento de impuesto federal más 5.3 por ciento de impuesto estatal). Por cierto, estos ejemplos no incluyen Impuestos de Seguro Social (FICA, por sus siglas en inglés) o Medicare. Esos impuestos se añaden sobre los impuestos federales y estatales en un 7.65 por ciento y son igualados por el patrón con un 7.65 por ciento adicional.

ENTENDER LAS DEDUCCIONES

Afortunadamente, tanto el impuesto federal como el estatal son calculados sólo sobre el ingreso «sujeto a impuestos». El impuesto sujeto a impuestos es calculado en base al ingreso bruto menos las deducciones y las exenciones. Las deducciones son permitidas usualmente para gastos o inversiones que directa o indirectamente contribuyen con los bienes cívicos o que de alguna manera estimulan la economía. Las exenciones son permitidas para los dependientes que viven en la casa del contribuyente. Esas deducciones y exenciones se restan de los últimos, no de los primeros dólares que ganas cada año.

Por lo tanto, si asumimos que una pareja casada, que aplica de manera conjunta, tiene un ingreso bruto combinado de $70,000 y tiene $20,000 en deducciones personales y exenciones, su ingreso sujeto a impuestos (la cantidad que el gobierno considera elegible para el pago de impuestos) sería de $50,000. Si ellos no pudieran presentar $20,000 en deducciones y exenciones, tendrían que pagar impuestos en conjunto por $6,666, o sea un tercio de los últimos $20,000. Ese es dinero que ellos le deberían al tío Sam y a su gobierno estatal si no hubieran utilizado dichas deducciones. Si la cantidad de impuestos que se les retuvo en sus recibos de nómina durante el año excede la cantidad de impuestos que deben, este dinero sería reembolsado una vez que hagan su aplicación conjunta de devolución de impuestos. Por lo contrario, si ellos deben impuestos después de completar su aplicación, simplemente pagarian $6,666 menos en impuestos.

Bajo las leyes actuales hay tres categorías elementales que los contribuyentes de este país deducen más comúnmente cuando quitan sus deducciones en la Sección A de la forma 1040 para la devolución de impuestos federales:

- Ingreso estatal e impuesto de ventas, así como impuestos locales como los impuestos sobre la propiedad.
- Contribuciones en efectivo y no efectivo.
- Gastos calificados en intereses por el pago de hipoteca.

En circunstancias de adversidad, costos médicos excesivos y pérdidas por accidentes o robo también pueden calificar como deducibles.

IMPUESTOS MARGINALES VERSUS IMPUESTOS EFECTIVOS

La tasa de impuestos a los que tus últimos dólares generados se hacen sujetos te colocan en lo que se le llama tasa «marginal» de impuesto. Tu tasa marginal de impuestos es diferente a tu tasa «efectiva» de impuestos. Tu *tasa efectiva de impuestos* es el porcentaje de impuestos que pagas respecto a tu ingreso total. Por ejemplo, un matrimonio con un ingreso combinado de $100,000 puede estar en una tasa marginal de impuestos federales del 25 por ciento y una tasa de impuestos estatales del 8 por ciento, una tasa combinada del 33 por ciento.

Pero, si tienes deducciones y exenciones por $30,000, combinadas quizá por intereses por pago de hipoteca, aportaciones a obras de caridad y a dependientes en el hogar que califican como exenciones, el ingreso sujeto a impuestos sería de $70,000. Tú puedes pagar entonces, 18 por ciento en los primeros $12,000 (que equivalen a $2,160), 23 por ciento de $12,000 a $50,000 (que equivale a $8,740) y 33 por ciento de los $20,000 restantes (que equivale a $6,600), todo esto por un total de $17,500. Esto es sólo el 17.5 por ciento de tu ingreso bruto de $100,000 y es a lo que se le llama tu *tasa efectiva de impuestos*. Tu *tasa marginal de impuestos* sigue siendo 33 por ciento. De nuevo recuerda que este sencillo ejemplo no incluye impuestos FICA o Medicare.

Cuando analices los beneficios reales de las deducciones de impuestos, debes usar tu tasa marginal en lugar de tu tasa efectiva para calcularlas. Por ejemplo, si tú deduces $10,000 en intereses por pago de hipoteca, éstos reducen tu ingreso sujeto a impuestos, porque los $10,000 vienen de tus últimos dólares generados. En este ejemplo, tú pudieras ahorrar el 33 por ciento de $10,000 ó $3,300 que de otra manera no hubieras podido ahorrar si no hubiera sido a través de la deducción. Aquí está la sencilla regla: *si tú quieres calcular los ahorros verdaderos alcanzados a través de deducciones, debes siempre utilizar la tasa marginal de impuestos y multiplicarla por la cantidad de la deducción*. Esto siempre aplica a menos que otras deducciones y exenciones hayan llevado tu ingreso bruto abajo del límite. En ese caso, tu querrías utilizar la siguiente tasa más baja para calcular el valor de tu nueva deducción.

Cuando los contribuyentes tienen sus devoluciones de impuestos terminadas por su preparador de impuestos, frecuentemente son informados que se encuentran en el límite para ascender a la siguiente tasa de impuestos. En otras palabras, su ingreso sujeto a impuestos está a punto de cruzar la línea del 15 al 25 por ciento, del 25 al 28 por ciento en la tasa de impuesto federal. Esto alarma al contribuyente por tener la idea equivocada de que todo su ingreso será impuesto en la tasa más alta. ¡Esto no es verdad! *Sólo se aplica la tasa más alta a la porción que exceda a la tasa original.*

¿POR QUÉ VAS A PERMITIR QUE EL IRS GANE INTERESES DE TU DINERO?

A través de treinta años de consultoría financiera, he revisado muchas devoluciones de impuestos. He visto que muchas personas obtienen consistentemente reembolsos de $2,000, $3,000 ó $4,000. Y no puedo evitar preguntarles: «¿Por qué cada año continúan pagando miles de dólares de más al IRS sólo para que más adelante se los reembolsen?» Ellos contestan: «Bueno, es una manera de forzarnos a ahorrar» o «Nosotros ahorramos año trás año de esta manera, así en primavera podemos hacer un gasto lujoso, ya sea comprarnos algo o tomar unas vacaciones, con el dinero obtenido a través de la devolución de nuestros impuestos». Si tú compartes estos pensamientos, te imploro que no utilices al IRS como tu vehículo de inversión. En caso de que no lo hayas notado, si tú le debes dinero al IRS, hay intereses y penalidades que se acumulan desde el momento en que debiste de haber mandado el pago de tus impuestos. Sin embargo, si el IRS te debe dinero, *¡ellos no te pagan nada por el uso que le dan!*

Muchos contribuyentes trabajadores no saben como manejar sus retenciones. El propósito de la forma W-4 Certificado de Concesión para las Retenciones de los Empleados, es que tu patrón pueda retener de tu pago el impuesto federal correspondiente. Esta forma es una hoja de concesiones personales. Algunas personas tienen la idea de que pueden solicitar tantas retenciones por exenciones como dependientes haya en la casa, además de ellos mismos. ¡Eso no es verdad! Esa forma es simplemente una guía. Algunas veces los trabajadores quisieran solicitar menos exenciones, por que si no lo hacen, van a terminar pagando mas impuestos el 15 de abril. Las exenciones reales que puedes solicitar para propósitos de retención pueden ser totalmente diferentes a las exenciones reales que puedes solicitar en el formulario 1040, tu declaración de impuestos. Si estás seguro que no vas a deber ningún dinero en impuestos federales en cualquier año debido a tus deducciones y exenciones, puedes solicitar las exenciones necesarias para evitar que impuestos innecesarios sean recolectados y que te puedan ser reembolsados a través de tu declaración de impuestos. (Para mayor información, acude al departamento de recursos humanos de tu compañía).

Desde la Ley de Reforma Fiscal de 1986, ha habido sólo tres formas de ingreso sujeto a impuestos:

- Ingreso de Trabajo: este es el dinero que se obtiene físicamente como resultado de proporcionar bienes o servicios.
- Ingreso pasivo: es el dinero obtenido a través de actividades financieras pasivas, como la renta de una casa o algún otro tipo de renta.
- Ingreso de inversiones: es el dinero que se obtiene en forma de dividendos o intereses, generados a través de ahorros o inversiones.

Ingreso de Trabajo, ingreso pasivo e ingreso de inversiones son clasificados como «Ingreso Ordinario» y es impuesto como tal. El ingreso pasivo y el ingreso de inversiones no están sujetos a impuestos de FICA (Ley de Contribución al Seguro Social) o Medicare, pero el ingreso generado sí.

Una ganacia de dinero no está sujeta a impuestos hasta que se ha realizado, que no es sino hasta que un activo se ha vendido. A ese punto, la diferencia entre el precio original de compra y el precio neto de venta es lo que se considera una ganancia. En 1997, la tasa máxima aplicada a estas ganancias fue reducida de un 28 a un 20 por ciento (10 por ciento para los contribuyentes en la tasa del 15 por ciento). Las tasas de impuestos aplicadas a estas ganancias a largo plazo aplican sólo para bienes mantenidos por más de doce meses. La ganancia en una venta, que resulte netamente de la depreciación de bienes capitales es «recapturada» y gravada al 25 por ciento. La Ley Tributaria de 2003 redujo la tasa máxima en ganancias capitales a largo plazo de un 20 a un 15 por ciento para bienes capitales vendidos después del 6 de mayo de 2003. La tasa del 10 por ciento para contribuyentes cuya tasa de impuesto sobre la renta es menos del 25 por ciento fue reducida al 5 por ciento para los años 2003 al 2007, a partir de 2008 la tasa será cero. Las tasas anteriores del 20 y 10 por ciento están programadas para regresar en 2009 a menos de que el Congreso decida extender la reducción temporal. La Ley de 2003 no cambia el manejo de las ganancias de depreciación no recapturada sobre propiedades reales. Esa tasa continúa en un 25 por ciento.

GANA MÁS EN CONDICIONES LIBRES DE IMPUESTOS

A través del resto de este libro, te enseñaré estrategias que pueden incrementar en valor tus bienes netos. Esas estrategias son dramáticamente mejoradas si la acumulación del dinero ocurre en condiciones libres de impuestos. El dinero que se acumula bajo condiciones de impuestos diferidos puede tener sus ventajas, pero en esas circunstancias, los impuestos sólo se posponen y, muy frecuentemente, el monto de la deuda se incrementa en el proceso. Las inversiones sujetas al pago de impuestos requieren que el inversionista incurra en riesgos mayores para alcanzar el mismo resultado neto que las inversiones no sujetas a impuestos.

¿Todavía te preguntas si es mucha la diferencia entre un crecimiento libre de impuestos y uno que paga impuestos a medida que obtiene ganancias? Considera esta ilustración de un dólar duplicándose durante veinte períodos sin pagar impuestos comparado con otro dólar duplicándose durante veinte períodos, pero pagando impuestos a medida que va obteniendo ganancias (asumiendo una tasa de impuestos del 25 por ciento).

Al inicio, tú tienes un dólar invertido en condiciones libres de impuestos que se duplica cada período por veinte períodos. Un dólar crece a $2 en el primer período, y después a $4 en el segundo período, $8 en el tercer período, $16 en el cuarto período y así sucesivamente (Figura

2.2). Al final de los veinte períodos, la cuenta habrá acumulado $1,048,576.

Ahora, en condiciones sujetas a impuestos, asumiendo una tasa del 25 por ciento, tu dinero pagará impuestos a medida que va obteniendo ganancias. Por lo tanto, al final del primer período, en lugar de tener $2, sólo tendrás $1.75, porque tu ganancia de $1 menos el 25 por ciento de impuestos equivale a $0.75, y así se siguen pagando impuestos en la ganancia obtenida hasta el vigésimo período. Al final de los veinte períodos, ¡tu inversión habrá acumulado sólo $72,401.17, no $1,048,576! Hay una ventaja tremenda en utilizar inversiones libres de impuestos, no sólo de impuestos diferidos, como lo ilustraré en los capítulos 4 y 11. (Por ahora, vamos a suponer que si la cuenta anterior habría estado bajo un esquema de impuestos diferidos, también habría acumulado $1,048,576. Sin embargo, al final —en lo que llamamos los años de la cosecha— habría tenido que pagar el monto correspondiente de impuestos de un 33.3 por ciento, por lo que su cuenta solo habría quedado con una cantidad de $699,085).

PAGA EL PEAJE O ENCUENTRA UNA RUTA ALTERNATIVA

Hay muchas deducciones legales de impuestos y muchas estrategias fiscales favorables que existen deliberadamente en el código de impuestos para el beneficio de los contribuyentes. Si esas leyes fueran comprendidas, usadas y aplicadas apropiadamente, podrían generar miles de dólares adicionales a tus bienes personales. Las estrategias de planeación de impuestos no son «evasiones», un término que da la indicación a los contribuyentes que evaden sus responsabilidades hasta que el IRS y el Congreso los descubren y los eliminan. La diferencia entre evitar el pago de impuestos y evadir el pago de impuestos son aproximadamente 10 años (¡en la carcel!). En serio, si una persona tiene que ir a trabajar y tiene la opción de pagar el peaje o una ruta alternativa sin costo, la opción está clara: o paga el peaje o evite pagarlo legalmente al decidir irse por la ruta alternativa. Sin embargo, si esta persona decide irse por el peaje, pero atraviesa la caseta de cobro sin pagar, entonces se sentiría culpable de evadir el pago correspondiente al uso de esa carretera. Yo recomiendo que siempre que sea posible, los contribuyentes eviten legalmente el pago innecesario de impuestos o los cambien de dirección hacia avenidas legales que han sido puestas a nuestra disposición.

En los capítulos 6 al 8, voy a enseñarles las dinámicas de como manejar la plusvalía de sus casas con éxito para incrementar la liquidez, seguridad, tasa de retorno y deducciones de impuestos. *Es importante entender que cuando un contribuyente obtenga dinero a través de un préstamo, como el dinero obtenido en una hipoteca, esos fondos no están sujetos al pago de impuestos.* Esto es un factor crítico cuando se utilizan planes de jubilación libres de impuestos, alternativos a los IRAs y 401(k)s, como se explicará más adelante. En otras palabras, el ingreso de una pensión que viene a través de un préstamo no entra en la categoría de ingreso de trabajo, ingreso pasivo o ingreso de inversiones, por lo tanto no es un ingreso que esté sujeto al pago de impuestos. Explicaré más acerca de ésto en los capítulos 9, 10 y 11.

Antes de seguir adelante, es importante entender dos conceptos más relacionados con impuestos: (1) la diferencia entre gastos de intereses especiales y no especiales y (2) la ganancia libre de impuestos permitida en la venta de una residencia personal.

INTERESES ESPECIALES Y NO ESPECIALES

En este libro, yo hago referencia a dos tipos de intereses: *intereses especiales*, que son gastos en intereses deducibles de impuestos. Por ejemplo, si un matrimonio con un ingreso combinado anual de $70,000 tiene $10,000 de intereses deducibles por concepto de intereses pagados en su hipoteca o en una línea de crédito sobre su residencia personal, su ingreso sujeto a impuestos se reduce a $60,000. En una tasa combinada de impuestos federales y estatales del 33.3 por ciento, esta pareja puede ahorrar $3,333 que, de otra manera, tendría que haber pagado en impuestos.

Los intereses no especiales son gastos en intereses no deducibles de

Figura 2.2	Un dólar duplicado cada período por 20 períodos libre de impuestos comparado a un dólar duplicado cada período por 20 períodos pagando impuestos a medida que el dinero genera ganancias*	
Período	**Libre de Impuestos**	**Pagando Impuestos a Medida Que el Dinero Obtiene Ganancias**
	$1	$1.00
1	$2	$1.75
2	$4	$3.06
3	$8	$5.35
4	$16	$9.36
5	$32	$16.38
6	$64	$28.66
7	$128	$50.15
8	$256	$87.76
9	$512	$153.58
10	$1,024	$268.76
11	$2,048	$470.33
12	$4,096	$823.08
13	$8,192	$1,440.39
14	$16,384	$2,520.68
15	$32,768	$4,411.19
16	$65,536	$7,719.58
17	$131,072	$13,509.26
18	$262,144	$23,641.20
19	$524,288	$41.372.10
20	**$1,048,576**	**$72,401.17**

*Asumiendo una tasa del 25 por ciento

¿BAJO QUÉ CONDICIONES PREFERIRÍAS ACUMULAR TU DINERO?

impuestos. Si la misma pareja no tiene hipoteca, pero han pagado $10,000 en intereses por concepto del pago del préstamo de su carro o tarjetas de crédito, ese monto representa un interés no deducible, por lo tanto, su ingreso sujeto a impuestos permanece en $70,000.

Si obtenemos dinero a través de un préstamo que califica como deuda especial porque el interés es deducible, entonces el verdadero costo de haber obtenido ese préstamo se calcula después de impuestos.

Por ejemplo, obtener un préstamo especial a un 9 por ciento en una tasa del 33.3 por ciento en realidad sólo nos cuesta 6 por ciento (un tercio menos); porque nos ahorramos un 3 por ciento, ya que lo obtenemos de regreso por parte del tío Sam a través de un reembolso o de una reducción en nuestra declaración de impuestos. Por lo tanto, si obtenemos un préstamo al 6 por ciento, el verdadero costo es un 4 por ciento. (Es esencial comprender esto cuando menciono la importancia de un control positivo que utiliza el arbitraje para acumular riqueza y aplica el mismo método que usan los bancos y las uniones de crédito. Ver capítulos 7 y 8).

ENTENDER LAS DEDUCCIONES

La deducción del interés por el pago de hipoteca es frecuentemente malentendida. El dueño de una casa puede deducir los intereses pagados en su hipoteca en el desglose de la Sección A en la declaración de impuestos, en préstamos de hasta $100,000 adicionales a la deuda de adquisición en una residencia calificada. Esto es cierto a menos que los fondos del préstamo sean utilizados para incrementar la deuda de adquisición al hacer mejoras a la casa. El Código de Rentas Internas (Internal Revenue Code) Sección 163 define el concepto de residencia calificada, deuda de adquisición y deuda de plusvalía de la casa.

Residencia calificada es la residencia principal del contribuyente y cualquier otra propiedad del contribuyente que sea utilizada como residencia también. Esta residencia secundaria puede ser un condominio, una cabaña, una casa móvil, un tráiler e incluso un barco siempre y cuando cumplan con ciertos requerimientos, como el de tener un baño.

Deuda de adquisición es cualquier deuda en la que se incurra al adquirir, construir o sustancialmente mejorar cualquier residencia calificada del contribuyente y que se encuentre garantizada por la residencia. El límite de esta deuda es de $1,000,000. El malentendido más común sobre la deuda de adquisición, es que, a pesar de iniciar en la cantidad recibida al comprar, construir o mejorar la casa, esta deuda se reduce a medida que se va liquidando el préstamo. Por ejemplo, si tú compraste una casa por $250,000 y financiaste el 80 por ciento del precio de compra, tu deuda de adquisición original fue de $200,000. Sin embargo, si tú liquidaste $100,000 del saldo, tu deuda de adquisición es ahora de $100,000.

Deuda de plusvalía de la casa es cualquier deuda (que no sea deuda de adquisición) garantizada por la residencia calificada, con el entendimiento que el valor total de esa deuda no exceda el valor del mercado de la residencia menos la deuda de adquisición. Esta deuda es usualmente el dinero que pides prestado sobre el valor de tu casa con propósitos que no sean el de mejorar la casa. Hay una limitación para deducir intereses sobre la deuda de plusvalía. El valor total de la deuda de plusvalía que pudiera calificar como interés deducible no puede superar los $100,000 ($50,000 en el caso de aplicaciones separadas en individuos casados).

Digamos que tu casa se ha apreciado en un valor de $400,000 desde su compra original. El valor original fue de $200,000 y la deuda se ha reducido a $100,000. Si tu refinancias la casa con una nueva hipoteca de $300,000 y usas la plusvalía con otros propósitos que no sean los de mejorar la casa, podrías deducir intereses sólo sobre $200,000 ($100,000 adicionales a la deuda de adquisición que ya has reducido a $100,000).

Un elemento clave de la Sección 163(h)(3) es que va de acuerdo a la Regulación Temporal 1.163-8T(m)(3), o sea que los intereses de una residencia calificada son permitidos como deducción sin importar la forma en que estos intereses fueron destinados bajo las reglas de esta sección. Es importante entender esas implicaciones fiscales cuando apliquen las estrategias contenidas en este libro. *El contribuyente siempre debe buscar consejo y confirmación sobre sus deducciones por parte de un asesor financiero competente, para que le ayude con sus circunstancias particulares.*

Para mantener la cantidad más alta de intereses deducibles en una casa calificada, lo mejor que puede hacer el dueño de la casa es utilizar una hipoteca de sólo interés y acumular en un fondo separado el resto del dinero que habría destinado a la reducción del capital de la deuda. Tal como les voy a mostrar en los capítulos 6, 7 y 8, esto les puede probar que es la mejor estrategia para tener su casa completamente pagada, al mismo tiempo que incrementa la liquidez, seguridad, tasa de retorno y las deducciones de impuestos. Cuando vendes una casa y compras otra nueva, lo mejor que puedes hacer es mantener la cantidad más alta posible de deuda de adquisición, al pagar un mínimo o nada de enganche. Esta estrategia no sólo establece las deducciones más altas sino que también te permite manejar la plusvalía de tu casa para mejorar tus bienes financieros dramáticamente con el tiempo. Sigue leyendo y vas a descubrir el por qué.

ENTENDER LAS GANANCIAS GENERADAS EN LA VENTA DE UNA RESIDENCIA PROPIA

La Ley de Alivio para el Contribuyente de 1997 cambió las reglas para el reconocimiento de la ganancia en la venta de una residencia principal. Esta ley anuló las reglas que permitían al dueño de una casa venderla y traspasar la ganancia hacia una nueva casa. Bajo esta ley, un contribuyente casado puede excluír hasta $500,000 ($250,000 si es soltero) de ganancia en la venta de su residencia principal. Esta exclusión puede ser utilizada generalmente una vez cada dos años. En el caso de la venta de una residencia principal debido a cambio de empleo, salud u otras causas inesperadas, el propietario es elegible para una exclusión reducida aún cuando los dos años todavía no hayan transcurrido. Gracias a la ley de 1997, los dueños de casas no tienen que preocuparse para mantener un historial de las ganancias traspasadas de una casa a otra. Desde luego, aún necesitan llevar un registro de las bases en la casa actual. Aquí hay algunos puntos para recordar:

- Las bases son el precio de compra más los costos por mejoras realizadas menos cualquier depreciación tomada sobre la casa.

- Cuando la casa es vendida, la ganancia generada es calculada como la diferencia entre las bases y el precio neto de venta.
- La exclusión de $500,000 ($250,000 si son solteros) es entonces aplicada.

Un malentendido común entre los dueños de casas es que, para evitar los impuestos en las ganancias capitales, tienes que utilizar todo el dinero posible del dinero obtenido de la venta de la casa anterior para la compra de la casa nueva. El hecho es, ningún dinero obtenido de una residencia anterior tiene que ser pagado para la adquisición de una nueva casa. La ley previa a 1997 solo requería que se tenía que adquirir una casa nueva de igual o más valor que la anterior para evitar ganancias generadas. Yo nunca he tomado ningún dinero obtenido de la venta de casas anteriores para invertirlo en mis nuevas casas —ni siquiera para dar el enganche. *De hecho, nunca he dado enganche en ninguna casa que haya comprado.* Te voy a enseñar por qué en los siguientes capítulos. Todo el dinero obtenido por la venta de casas anteriores lo he mantenido separado de mis nuevas propiedades. Esto no solo mantiene mi deuda de adquisión lo más alta posible para propósitos de deducción de impuestos, sino que además me permite generar miles de dólares a través del prudente e inteligente manejo de la plusvalía de mi casa, por lo tanto, incrementa la liquidez, seguridad y tasa de retorno.

Es responsabilidad del contribuyente investigar y entender todas las deducciones legítimas que pueden ser aplicadas o contratar a alguien que lo haga por ti. Para aquellos que no tienen la habilidad o el tiempo para hacer su propia investigación, quizá la asistencia de un contador público profesional es buena idea. Yo pienso que un contador publico certificado y agresivo vale la inversión. Un buen contador se reunirá contigo algunas veces al año para evaluar tu situación y discutir estrategias para aliviar impuestos innecesarios.

CONCEPTOS CUBIERTOS EN EL CAPÍTULO 2

- El gobierno nos ha dado la oportunidad de tomar cierto control sobre el manejo de nuestros bienes cívicos.

- El secreto de la riqueza americana radica en la libertad de poseer nuestros propios bienes a través de escrituras y títulos de propiedad.

- *Entre más elección y control ejerzamos sobre los bienes cívicos, menos será lo que el gobierno nos cobrará en impuestos por servicios sociales.*

- Los principios enseñados en este libro permanecen constantes a pesar de los cambios que determinen tasas de impuestos.

- El ingreso sujeto a impuestos se calcula del ingreso bruto menos deducciones y exenciones.

- La tasa de impuestos en la que tus «últimos dólares generados» te ponen es lo que se llama tasa marginal de impuestos. Para calcular los ahorros verdaderos obtenidos a través de las deducciones, utiliza la tasa marginal de impuestos.

- Tú pagas tasas más altas de impuestos sólo en la cantidad que excede los limites de cada rango.

- No utilices al IRS como tu cuenta forzada de ahorros.

- Si estás seguro de que no debes impuestos federales en ningún año por las deducciones y exenciones, puedes solicitar tantas exenciones como se necesiten para evitar que te cobren impuestos innecesarios.

- Hay sólo tres tipos de ingreso sujeto a impuestos: ingreso de trabajo, ingreso pasivo e ingreso de inversiones.

- Una ganancia generada no está sujeta al pago de impuestos hasta que la venta es realizada.

- El dinero que se acumula en condiciones libres de impuestos crece significativamente más que el dinero sujeto a impuestos —incluso a una tasa del 25 por ciento.

- En el Código de Rentas Internas hay muchas deducciones legítimas de impuestos y estrategias favorables para los contribuyentes.

- Cuando se obtiene un préstamo, la cantidad recibida no está sujeta al pago de impuestos.

- El interés especial es el interés deducible de impuestos.

- El dueño de una casa puede deducir los intereses pagados de su hipoteca en el desglose de la Sección A en la declaración de impuestos en préstamos de hasta $100,000 adicionales a la deuda de adquisición en una residencia calificada.

- Deuda de adquisición es cualquier deuda incurrida para la adquisición, construcción o mejora de una residencia calificada y está asegurada por la residencia. El límite es de 1 millon de dólares.

- El interés de una residencia calificada se permite como deducción, sin importar la forma en que dicho interés sea destinado.

- El contribuyente siempre debe buscar consejo y confirmación sobre sus deducciones con un competente consejero financiero.

- Un contribuyente casado puede excluír hasta $500,000 ($250,000 si es soltero) de ganancia en la venta de una residencia principal. Esta exclusión se puede realizar generalmente una vez cada dos años.

CAPÍTULO 3

Planea tu retiro, no el del tío Sam

Si piensas que posponer tus impuestos te va a ayudar a ahorrar dinero en tu retiro, piénsalo dos veces.

S I ESTÁS LEYENDO ESTE LIBRO, posiblemente es seguro asumir que estás listo para planear tu retiro utilizando algún tipo de fondo con ventajas de impuestos. Hay muchas posibilidades que sea un plan de impuestos diferidos. ¿Y por qué no? Muchos asumen que es mejor diferir el pago de impuestos hasta que se retiren; para entonces estarán en una tasa de impuestos mas baja, ¿no?

No necesariamente. Un mito común que creen las personas que piensan en la jubilación es que ellos estarán en una tasa más baja cuando se retiren. La realidad es que muchos de los quienes han ahorrado para la jubilación se encuentran en una tasa al menos igual de alta —si es que no más alta— que en la que se encontraban mientras trabajaban. Esto es por que los jubilados usualmente tienen menos deducciones y exenciones.

Desde un punto de vista financiero, hay tres fases en la vida de un adulto:

1. Los años de aprendizaje, cuando recibimos nuestra educación básica.
2. Los años de trabajo, cuando somos compensados por nuestras habilidades únicas en el mercado.
3. Los años de anhelo, cuando muchísima gente sufre por la falta de ahorros e inversiones suficientes para vivir como jubilado.

Sin embargo, lo que más sorprende es que aquellos que invirtieron su dinero en planes tradicionales de retiro, como IRAs y 401(k)s, casi maldicen el día en que iniciaron sus planes, por la cantidad de dinero que pagan al final a los impuestos que según ahorraron al principio.

LOS PROS Y CONTRAS DE LOS PLANES CALIFICADOS

Primero, vamos a definir lo que es un *plan de retiro calificado*. Es calificado ¿con quién? Con el IRS. Un plan de retiro calificado está calificado con el IRS bajo las reglas establecidas por el Congreso como se traza en el Código de Rentas Internas (Internal Revenue Code). Los planes tradicionales de retiro permiten a la persona ya sea a contribuir con dólares antes de impuestos o a recibir una deducción por las contribuciones. A la cuenta generalmente se le permite crecer en condiciones de impuestos diferidos. Los planes calificados incluyen, pero no estan limitados a, IRAs, 401(k)s, TSAs, 403(b)s, 457s, planes de pensiones y planes de repartición de utilidades.

Los planes calificados tradicionales tienen las siguientes ventajas:

- Financiamiento deducible de impuestos.
- Crecimiento con impuestos diferidos.
- Posibles contribuciones del patrón.

Los planes calificados tradicionales también llevan consigo las siguientes desventajas:

- Son totalmente sujetos a impuestos cuando los fondos van a ser utilizados.

- Las distribuciones de los fondos tienen que ser tomadas después de los 70 años y medio en cantidades mínimas anuales determinadas por la fórmula de expectativa de vida que maneja el gobierno.

- El remanente del dinero está doblemente sujeto a impuestos al momento de ser transferido a herederos que no sea el cónyuge del fallecido.

Todos los planes calificados traen consigo muchas restricciones. Hay restricciones y reglas para cada tipo de plan. Déjame parafrasear unas pocas de las reglas más sobresalientes de dichos planes:

- Sólo puedes contribuir hasta cierta cantidad de dinero y/o hasta cierto porcentaje de tu ingreso cada año.

- Si retiras dinero de tu cuenta calificada de jubilación antes de que tengas 59 años y medio (excepto en circunstancias especiales), vas a incurrir en una penalidad del 10 por ciento adicional a los impuestos a los que tu dinero ya está sujeto.

- Si pides un préstamo de los fondos de tu plan calificado (o lo utilizas como garantía) y no lo pagas, el dinero obtenido se convierte en una distribución sujeta a impuestos, con todas las penalidades aplicables.

- Si no empiezas a tomar al menos la distribución mínima a los 70 años y medio, se asignará una penalidad del 50 por ciento además de la cantidad normal de impuestos sobre la cantidad que debiste de haber retirado y haber utilizado como ingreso.

- Si eres el patrón de una empresa, la mayoría de los planes calificados requiere que los planes que otorgues a tus empleados estén bajo las mismas reglas de tu propio plan.

Cuando elegimos contribuir dinero a cuentas tradicionales de retiro, nosotros diferimos o posponemos el pago de impuestos. La gente

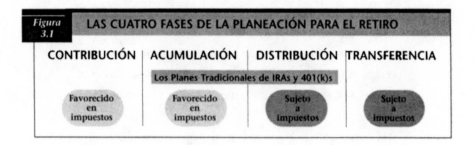

usualmente hace esto porque piensan que en su retiro se van a encontrar en una tasa mas baja de impuestos o piensan que sus dólares antes de impuestos van a crecer a una cantidad más grande y, por lo tanto, van a generar un ingreso mayor en el futuro. El simple hecho es que los impuestos diferidos equivalen a impuestos más altos. Cuando los impuestos son pospuestos y al dinero se le permite crecer en condiciones de impuestos compuestos diferidos, la deuda también se incrementa. ¿No sería maravilloso acumular dinero sin pagar impuestos? ¿Y utilizar ese dinero durante la jubilación sin pagar impuestos y seguir gozando de beneficios libres de impuestos en el dinero? Este libro te enseña como.

LAS CUATRO FASES DE LA PLANEACION PARA EL RETIRO

La gente tiende a atrapar su dinero en IRA(s) y 401(k)s porque nadie les explicó lo que ocurre en los años de la cosecha. Pero primero, vamos a entender las cuatro fases de la planeacion para el retiro completamente (Figura 3.1).

Primera fase: contribución

La primera fase de la planeación para la jubilación es la fase de contribución. Durante esta fase, hacemos contribuciones o depósitos en cuentas de inversión o ahorros. Si la cuenta es un plan calificado, se nos permite deducir de impuestos de dichas aportaciones ya sea de nuestro ingreso bruto en nuestra declaración de impuestos o contribuir con dólares antes de impuestos. (De otra manera las contribuciones tienen que hacerse con dólares después de impuestos.)

Segunda fase: acumulación

La segunda fase de nuestra planeación para el retiro se cubre con la primera fase. En esta fase, podemos acumular dinero a través del interés compuesto, apreciación de los bienes o la reinversión de los dividendos y ganancias capitales. En los planes calificados la acumulación ocurre libre de impuestos, ya que cualquier dividendo, ganancia capital o interes acreditado se mantienen y acumulan en la cuenta y no se reporta como un evento sujeto a impuestos en tu declaración anual de impuestos. Por lo tanto, el efecto acumulativo que tiene lugar en condiciones de impuestos diferidos permiten un crecimiento mucho mayor porque los «hijos» de las inversiones (los intereses) también permiten que tu cuenta florezca sin que sea sujeta a impuestos durante la fase de acumulación.

Este acuerdo parece ser ideal, ser capaces de aportar dólares antes de impuestos y que se acumulen y que crezcan sin que sean sujetos a impuestos durante el proceso de crecimiento. La mayoría de los consejeros en cuentas de retiro se enfoca sólo en las fases de contribución y acumulación. Sin embargo, yo pregunto: «¿Qué pasa entonces con la fase más importante: el tiempo cuando utilizarás tu dinero acumulado en tu retiro?».

Tercera fase: distribución

La tercera fase de distribución es cuando retiramos dinero para utilizarlo como ingreso de jubilación. Bajo los tradicionales IRAs y 401(k)s, debemos reportar el 100 por ciento de nuestra distribución en nuestra declaración anual para ser sujeta a impuestos. Cuando pensamos que vamos a estar en una tasa mas baja de impuestos, todos nosotros nos encontramos en una tasa tan más alta. Ya no estamos contribuyendo dinero a IRAs, ya no tenemos intereses de hipoteca que deducir por que nuestra casa ya esta pagada, ya no tenemos niños en el hogar (que calificaban como dependientes) y así sucesivamente.

Cuarta fase: transferencia

¿Qué pasa si no utilizas todo tu dinero antes de que te mueras? ¿Qué es lo que le pasa a tus fondos calificados de jubilación durante la transferencia a tus herederos ya sean cónyuges o no? La fase de transferencia es frecuentemente ignorada hasta que es demasiado tarde.

La gente no quiere sobrevivir a su dinero, así que tratan de mantener suficientes ahorros en caso de que necesiten cuidados de salud a largo plazo. (El grupo de edad con crecimiento más rápido en la sociedad americana, es el grupo con edades por encima de 100 años). Pero todos morimos, así que cuando la gente muere, usualmente termina dejando algo de dinero. Si ese dinero está en un plan de retiro calificado, los beneficiarios estarán sujetos a impuestos cuando utilicen ese dinero y pueden incluso estar sujetos a un impuesto adicional sobre el patrimonio. El impuesto sobre el patrimonio puede estar sujeto (dependiendo del monto de la herencia y de las leyes de impuestos que apliquen al momento de la muerte) a la muerte del segundo de los esposos, a medida que el remanente de dinero pasa a herederos que no sean el cónyuge de la persona fallecida, *el dinero en un plan de retiro puede ser sujeto a impuestos dos veces.*

Para evitar esto, muchos consejeros financieros recomiendan a los herederos usar un «IRA estirado» (stretch IRA) que significa que ya sea que el IRA continúe creciendo con impuestos diferidos o que las distribuciones se estiren en un largo período de tiempo. Bajo tal acuerdo, los impuestos pudieran ser menos cada año determinado a que si se hiciera la distribución total de la cuenta en un año. Pero atando la deuda fiscal de esa manera puede resultar en un incremento sobre la cantidad total de impuestos que es pagada. Es mejor afrontar la situación, pagar los impuestos a nuestra tasa actual y reposicionar el dinero obtenido después de impuestos en cuentas que a partir de ese momento ofrezcan condiciones totalmente libres de impuestos. Vamos a discutir esta estrategia en el capitulo 5.

CASO VERIDICO: LA LECCIÓN DE UNA MAESTRA

Déjame darte un ejemplo típico de por qué la gente se encuentra en su retiro con tasas de impuestos tan o más altos a los que se encontraban en sus años productivos. Una maestra vino a mí para la planeación de su jubilación después de que había trabajado para el sistema de retiro del estado por 30 años. Los beneficios de pensión a los que ella estaba sujeta le permitían recibir el 2 por ciento por cada año de servicio calculado sobre el promedio de sus tres mejores años de salario (de los últimos cinco años trabajados). El promedio de su mejor salario eran $60,000 y ella había trabajado por 30 años. Por lo tanto, el ingreso de su retiro serían $3,000 mensuales ó $36,000 al año (2% x 30 años = 60% x $60,000 = $36,000). Sabiendo que ella recibiría sólo el 60 por ciento de su ingreso, ella se preparó por 30 años para tener un fondo que compensara esa diferencia. Lo que ella hizo fue poner dinero en TSAs, 403(b) y en el 401(k) del estado, en donde recibía una aportación igual. Ella ahorraba $3,000 al año en esos vehículos a una tasa promedio de retorno del 8 por ciento, que resultó en una cantidad de $375,000 para cuando se retiró. Basados en que ella sólo retire el interés de esta cantidad, ella tendrá $30,000 al año (8 por ciento de $375,000) de ingreso sujeto a impuestos, adicionales a los $36,000 que tendrá por concepto de su pensión. Su ingreso total de retiro terminó siendo de $66,000 más $16,000 de ingreso de Seguro Social para completar un ingreso bruto de $82,000.

Suena bastante bien, ¿no? Lo que no suena nada bien es la paliza que le van a dar los impuestos amenazadores, porque ya no tiene hipoteca en su casa y ya no tiene dependientes. Ella se impactó cuando se dio cuenta que su tasa de impuestos era más alta que la que tenía en sus años productivos. Afortunadamente fuimos capaces de reducir sus impuestos sustancialmente a través de las estrategias explicadas en el capítulo 5.

IMPUESTOS: ¿AHORRA AHORA, PAGA MÁS DINERO DESPUÉS?

Es triste pero cierto; los planes calificados tradicionales son la mejor garantía en ahorros que el tío Sam jamás haya creado para *sí mismo*. Vamos a ver un ejemplo sencillo que nos dice por qué (Figura 3.2). Jaime y María Siguenalamultitud representan una pareja casada que empezó a ahorrar $3,000 al año cada uno en IRAs y 401(k)s cuando tenían 30 años. Ellos pensaron que era una buena idea porque entre los dos estaban ahorrando $6,000 antes de impuestos. En realidad esto sólo requería que ellos aportaran $4,000 en una tasa del 33.3 por ciento porque el tío Sam estaba contribuyendo con los otros $2,000 en ahorros de impuestos. Jaime y María se emocionaban cada año porque se estaban ahorrando $2,000 que de otra manera habrían tenido que pagar en impuestos —$2,000 al año por 35 años significa que ellos ahorraron $70,000 en impuestos sobre sus contribuciones. Vamos a asumir que ellos obtuvieron el equivalente a 7.5 por ciento de interés en sus cuentas calificadas —$6,000 invertidos por año para un total de 35 años (hasta llegar a los 65 años) equivale a un total de contribuciones de $210,000. Ellos están fascinados porque su inversión de $6,000 al año creció a la cifra de 1 millón de dólares en 35 años y un mes. Ahora están listos para jubilarse y disfrutar del fruto de la cosecha que ellos se dedicaron a cultivar.

Si Jaime y María fueran a hacer retiros sólo del interés (para no agotar sus ahorros de 1 millon de dólares), sus ingresos anuales serían de $75,000 asumiendo que ellos continúen obteniendo una tasa de retorno del 7.5 por ciento. Lo que ellos no podían creer era que este ingreso, además de su ingreso de Seguro Social y otros ingresos (más el hecho de que tenían muy pocas deducciones) los mantenían en una tasa de impuestos del 33.3 por ciento. Entonces de su ingreso anual del $75,000 proveniente de sus IRAs y 401(k)s ellos terminaron pagando al menos $25,000 en impuestos, y les quedó una cantidad disponible de sólo $50,000.

En los siguientes tres años de retiro, ellos le devolvieron al tío Sam cada dólar que se habían ahorrado en impuestos en los 35 años de contribuciones. Ellos se preguntaban: «¿Estamos planeando *nuestro* retiro o

Figura 3.2	¿POR QUÉ NO ME CONTARON EL RESTO DE LA HISTORIA?

Contribuciones Anuales al IRS/401(k) = $6,000 x 35 años = $210,000 Contribuciones Totales
Tasa de impuestos = 33.3%
Ahorros en impuestos: $6,000 x 33.3% = $2,000 x 35 años = $70,000 Ahorros
Totales en Impuestos

$6,000 por año al 7.5% por 35 años, 1 mes = $1,000,000+

$1,000,000
X   7.5%
$75,000   Ingreso por intereses
X   33.3%   Tasa de impuestos
$25,000   **Impuestos Anuales**

Por lo tanto $75,000   de Ingreso Suplemental para el retiro
Crea   (25,000)   de Impuestos Anuales Potenciales
RESULTADO   **$50,000**   **de Ingreso Neto Disponible**

el del tío Sam?» No sólo eso, pero si Jaime vive 20 años más hasta la edad de 85 años (la expectativa de vida para un hombre es de 65 años), ¡ellos habrán pagado $500,000 en impuestros sobre las distribuciones de sus IRAs y 401(k)s, respecto a los $70,000 que se ahorraron en 35 años de contribuciones!

EL VISLUMBRE DE ALGO MEJOR

¿Qué tanta diferencia habría sido si Jaime y María hubieran podido disfrutar la cosecha sin pagar impuestos? ¡Imagina si ellos hubieran tenido $75,000 de ingreso libre de impuestos, en vez de un ingreso neto después de impuestos de tan sólo $50,000!

Para ver la diferencia significativa entre cosechas sujetas a impuestos y cosechas libres de impuestos, vamos a asumir que Jaime y María necesitan tener un ingreso neto de $75,000 al año para alcanzar los gastos médicos y el estilo de vida que quieren disfrutar en su retiro (cómo visitar a sus hijos y nietos, jugar al golf y hacer uno o dos viajes al año). Si el fondo de ahorro de $1 millon que lograron estuviera obteniendo 7.5 por ciento por año en condiciones libres de impuestos, ellos estarían retirando sólo el interés cada año. Su capital permanecería intacto y el ingreso se extendería hasta la eternidad.

Sin embargo, si sus inversiones son sujetas a impuestos, en una tasa del 33.3 por ciento, Jaime y María necesitarían retirar $112,500 cada año, pagar $37,000 en impuestos (33.3 por ciento de $112,500) para tener la cantidad neta de $75,000 que necesitan. Si ellos retiran $112,500 por año de su fondo de $1 millón ganando el 7.5 por ciento, ¡la cuenta estaría totalmente agotada en 15 años! Esto es porque además del interés, ellos tendrían que sacar dinero del capital para cubrir la deuda de impuestos. Por lo tanto el dinero de los IRAs y 401(k)s de Jaime y María se acabaría al cumplir 80 años —probablemente algunos años (al menos) antes de que se acabe su vida.

¿Qué tal si en vez de lo que hicieron, ellos hubieran utilizado una inversión que arrojara cosechas libres de impuestos —una inversión que hubiera generado otro $1,500,000 de ingreso para el retiro por si alguno de los dos vivía hasta los 100 años ($75,000 al año por 20 años)?

En los capítulos 9, 10 y 11 te enseñaré como establecer un plan de retiro alternativo no calificado que puede ser financiado con dólares después de impuestos —con el dinero semilla (contribuciones)— y acumular dinero libre de impuestos. Entonces durante los años de la cosecha lo podrías acceder para tu jubilación libre de impuestos. Y todavía más, si hay dinero en la cuenta cuando tú fallezcas, éste será transferido libre de impuestos a tus herederos.

¿Te gustaría comerte todo el pastel? También te voy a mostrar como puedes obtener oportunidades indirectas en impuestos al principio del proceso equivalentes a las oportunidades fiscales que obtienes en los IRAs y 401(k)s sin tener que renunciar al acceso libre de impuestos en tu retiro. Esto puede incrementar tu ingreso neto disponible por un 50 por ciento, tal como lo verás en el siguiente capítulo.

¿Y QUÉ TAL LOS ROTH IRAS?

Muchas personas han reconocido la ventaja de tener cosechas libres de impuestos y han empezado a depositar su dinero o a convertir sus IRAs tradicionales en los llamados Roth IRAs, que fueron presentados bajo la Ley de Alivio para el Contribuyente de 1997. (Por supuesto que el tío Sam adora que la gente convierta sus IRAs tradicionales a Roth IRAs porque eso crea un ingreso fiscal inmediato para los cofres del país.)

Tengo que admitir que los Roth IRAs contienen una característica crítica de la que yo soy proponente. Como una regla, es mejor pagar impuestos en el dinero semilla que contribuye a un fondo de retiro y disfrutar de una cosecha libre de impuestos después, que contribuir con dinero favorecido por los impuestos y pagarlos después en los años de la cosecha. Por lo tanto, los Roth IRAs están a un paso hacia la dirección correcta. Sin embargo, estos vehículos todavía tienen muchas ataduras que el gobierno impone en forma de restricciones.

A los Roth IRAs también se les conoce como IRAs cargados al final. Las contribuciones hechas a un Roth IRA no son deducibles. *Pero todas las ganancias son libres de impuestos, siempre y cuando los retiros cumplan con ciertos requerimientos.* Un requerimiento es que la distribución no se hará hasta cinco años después de que la primera contribución fue hecha. Además, una distribución sin penalidad sólo podrá ser hecha bajo una de las siguientes condiciones:

- Cuando o después de que el dueño cumpla 59 años y medio.
- En caso de la muerte del dueño.
- Para la compra de una primera casa, con un límite de $10,000.
- En el caso de discapacidad del dueño.

Cuando los Roth IRAs fueron recién introducidos, la contribución máxima anual que un individuo podía hacer era de $2,000, que permaneció en ese límite hasta el acto de 2001. Entonces el límite en las contribuciones anuales fueron $3,000 para los años 2002 al 2004 y $4,000 para los años 2005 al 2007. (Esto también aplica para los límites en las contribuciones anuales de los IRAs tradicionales). Bajo las provisiones del acto de 1997, los límites del Roth IRA están reducidos para parejas cuyo ingreso excede $150,000 ($95,000 para aplicantes solteros). La elegibilidad para contribuir el límite completo anual está reducida entre $150,000 y $160,000 para contribuyentes casados aplicando de manera conjunta y entre $95,000 y $110,000 para aplicantes solteros. Después de dichos límites una persona no es elegible para un Roth IRA. El límite de la contribución anual está también reducido por las cantidades contribuídas a cualquier otro IRA. Hay un impuesto del 6 por ciento en las contribuciones que se hagan en exceso a un Roth IRA.

Los Roth IRAs pueden ser transferidos libres de impuestos a otros Roth IRAs. La transferencia está sujeta a las reglas de transferencia de los IRAs normales. Un IRA normal puede también ser transferida a un Roth IRA, pero sólo si el contribuyente cumple con las siguientes condiciones: el ingreso bruto ajustado del contribuyente para el año fiscal no puede exceder los $100,000 y el contribuyente no puede estar casado y aplicar de manera separada. Los Roth IRAs no están sujetos a las reglas de distribución requeridas para la edad de 70 años y medio que aplican para los IRAs tradicionales.

UN MEJOR PLAN DE RETIRO

Yo siento que hay mejores estrategias para alcanzar un ingreso libre de impuestos para la jubilación o para otros propósitos, así como también crear beneficios indirectos en impuestos sobre las contribuciones que se hagan en efectivo, sin todas las restricciones y reglas inherentes a los planes calificados.

Cuando yo contribuyo dinero a mi fondo de retiro no calificado, no hay casi ninguna restricción en la cantidad que debo invertir cada año. Durante los años de mejor provecho, puedo contribuir generosamente; durante los años difíciles, no tengo que contribuir con nada. De hecho, puedo retirar dinero si lo necesito sin penalidades del IRS y no estoy obligado a devolver ese dinero. Como dueño de mi casa, he estructurado mi planeación para la jubilación para obtener beneficios indirectos en impuestos en mis contribuciones. Lo más importante es que mis fondos de retiro se acumulan libres de impuestos y los puedo acceder cuando yo quiera sin pagar impuestos (incluyendo los intereses ganados) sin tener que esperar a cumplir 59 años y medio. Si no utilizo mis fondos de retiro para cuando yo muera, éstos florecen en valor y se transfieren libres de impuestos a mis herederos. Para entender como recibir beneficios fiscales indirectos durante las cuatro fases de la planeación para la jubilación —contribución, acumulación, distribución y transferencia— ¡por favor lee cada capítulo de este libro!

TODO LO QUE SUBE . . . SEGUIRÁ SUBIENDO

Yo he realizado seminarios financieros por más de treinta años. Frecuentemente le pregunto a mi audiencia: «¿Cuántos de ustedes piensan que las tasas futuras de impuestos van a ser más bajas?». Nadie levanta la mano. Entonces pregunto si alguien piensa que permanecerán igual. De nuevo, nadie levanta la mano. Finalmente pregunto: «¿Cuántos piensan que las tasas futuras de impuestos van a ser más altas?». La audiencia entera levanta la mano al unísono.

¿Por qué, siendo habitantes de este país, creemos que ésto es así? Es debido a la huella que ha dejado el récord del Congreso en las últimas décadas. Pero espera un momento, yo pensé que el Congreso había bajado los impuestos a través de los actos fiscales de 2001 y 2003. Así es. Pero tú y yo sabemos que esas son medidas temporales diseñadas para estimular la economía de tal forma que se pudieran generar ingresos a través de impuestos para financiar nuevos gastos, como medicinas para ancianos y la guerra contra el terrorismo. El gobierno lo da, y el gobierno lo quita.

LAS LEYES FISCALES QUE TE IMPACTAN

Cuando la Ley de Reforma Fiscal de 1986 fue aprobada para *simplificar* nuestra estructura de impuestos, los libros que contenían el código fiscal terminaron siendo el doble de gruesos. Algunas tasas de impuestos previas a 1986 fueron reducidas y simplificadas a dos tasas: una del 15 y otra del 28 por ciento. Desde 1986 hemos regresado a un total de siete diferentes tasas de impuestos. La tasa efectiva de impuestos que el contribuyente promedio pagaba antes de 1986 era del 13 por ciento de su ingreso. Ahora es aproximadamente el 20 por ciento de su ingreso, asociado a una cantidad menor de deducciones.

La Ley de 2001 hizo modificaciones sustanciales a los impuestos sobre el patrimonio, organización de los planes de jubilación e impuestos individuales. Los impuestos sobre el patrimonio, también conocidos como impuestos sobre la herencia, es la deuda de impuestos que se debe sobre los bienes cuando van a ser transferidos a herederos no conyugales. Previo a la Ley de 2001, el impuesto federal sobre la herencia y el impuesto sobre transferencia de regalos tuvo una exención sobre la transferencia de $675,000. Para bienes valuados por encima de $675,000 el impuesto sobre el patrimonio básicamente iniciaba en 37 por ciento y topaba hasta un 55 por ciento para bienes valuados por encima de $3 millones. La exención aplicada se incrementó gradualmente hasta que alcanzó $1 millón en 2006.

Lo más importante que hay que entender bajo la Ley de 2001, es que todos los cambios ocurridos en esta ley van a tener su fin o van a finalizar el 31 de diciembre de 2010. En otras palabras, el «fin» regresa la ley en 2011 hacia donde estaba antes de que la ley fuera firmada. Es por eso que es importante que entendamos las leyes tal y (a) como existían en 2001.

Bajo la Ley de 2001, la cantidad de la exención para el crédito unificado (la parte de la herencia que está exenta del pago de impuestos) se incrementó a $1 millón para los años 2002 y 2003, $1,500,000 para los años 2004 y 2005, $2 millones para los años 2006 al 2008 y $3,500,000 en 2009. ¡El impuesto sobre la herencia es entonces revocado en 2010 y la ley vieja de 2000 es reestablecida el primero de enero del 2011!

Nosotros le llamamos a eso la gran «tomada de pelo». Si el Congreso no hace nada respecto a la agonizante provisión, muchos de los ancianos ricos ¡van a planear convenientemente su muerte (o la van a planear sus herederos) en el 2010! El punto que quiero notar es que cuando se refiere a planeación de la herencia, todos parecen enfocarse en el ahorro de impuestos sobre los billones de dólares que van a ser transferidos de individuos económicamente solventes a la próxima generación. Sin embargo, hay un intercambio que la mayoría de la gente no considera.

Después de revocar los impuestos sobre los bienes transferidos, la ley actual que brinda el incremento del valor básico al valor actual en el mercado también será revocada. Esto significa que los bienes heredados que se aprecien van a ser sujetos al pago de impuestos sobre ganancias capitales cuando sean vendidos. Por ejemplo, asumiendo que tus padres hayan comprado acciones o una propiedad por $10,000, la conservaron por algunos años y cuando ellos murieron dicho activo tenía un valor de $100,000. Un incremento en el valor básico significa que cuando tú heredas el bien, no tienes que pagar impuestos en la ganancia de $10,000 a $100,000. Sólo tendrías que pagar impuestos sobre las ganancias obtenidas por encima de los $100,000 si tú lo vendieras más adelante. El nuevo valor básico para fines de impuestos es incrementado al valor actual en el mercado al momento en que el bien es heredado.

Se estima que sólo cerca del 1 por ciento de contribuyentes en este país se van a beneficiar de la revocación del impuesto sobre la herencia. Sin embargo, se estima que la revocación de la ley vigente que permite un incremento del valor básico al valor actual del mercado va a generar más ingreso a través de impuestos que los que se están dejando de ganar con la revocación del impuesto sobre la herencia. Esto viene a expensas de una base mucho más amplia de contribuyentes que sólo la del 1 por ciento compuesto por los individuos más ricos. Por lo tanto, el gobierno lo da, y el gobierno lo quita.

Si estamos convencidos entonces, que en el futuro las tasas de impuestos serán más altas que lo que están ahora, ¿tiene sentido entonces diferir o posponer el pago de impuestos hacia el futuro?

¿QUÉ HAY CON LOS BENEFICIOS DE LAS APORTACIONES DE LOS PATRONES?

Los patrones frecuentemente aportan cantidades en los planes calificados para crear «esposas de oro» —lazos diseñados para ayudar a mantener a los empleados fieles a la compañía al prepararlos para su retiro futuro. Las aportaciones del patrón pueden ser de beneficio para el empleado, pero la gente debe de examinar cuidadosamente esta facilidad, ya que estos beneficios tienen sus límites.

Frecuentemente la gente aporta a sus planes de 401(k) o algún otro plan calificado, la cantidad máxima permitida por ley al mismo tiempo que su patrón contribuye entre 50 y 100 centavos por dólar —pero sólo sobre los primeros 4, 5 ó 6 por ciento de su ingreso. Algunas veces el patrón incluso aporta un porcentaje del ingreso del empleado en una cuenta de 401(k) auspiciada por la empresa, sin importar si el empleado contribuye o no. El verdadero beneficio ocurre cuando el patrón está dispuesto a aportar dólar por dólar la misma cantidad que el empleado aporte sobre cierto porcentaje de su ingreso. Para tomar ventaja de esta igualación, es recomendable que el empleado aporte al menos la cantidad o porcentaje requeridos para calificar para el beneficio de igualación completa. Sin embargo, yo he encontrado muchos empleados que aportan más allá de esta cantidad, pensando que es la mejor manera de ahorrar para su retiro.

Como empleado, ¿debes contribuír no sólo hasta la cantidad aportada por tu patrón, sino por encima de ella? Esto es en realidad una función del rendimiento del dinero en el que el 401(k) (o algún otro plan calificado) está invertido. Si el mismo rendimiento puede ser alcanzado en un plan de jubilación personal no calificado que estará libre de impuestos durante la cosecha, yo generalmente aconsejaría a un empleado a que contribuya a un plan calificado sólo hasta la cantidad igualada por su patrón. Es más provechoso cuando el patrón ofrece el beneficio de igualar al menos el 50 por ciento de lo que el empleado aporta. Esta es solo mi regla general y no aplica a todas las circunstancias.

Hablando sencillamente, si tú contribuyes un dólar y tu patrón aporta 50 centavos sobre ese dólar, ahora tienes $1.5 de interés obtenido. La ilusión es que tú estás recibiendo el 50 por ciento de retorno sobre tu dinero. Es verdad que el capital se incrementó un 50 por ciento, pero la tasa de interés de ese punto en adelante es lo que sea que el dinero genere. A medida que la cuenta empieza a acumularse y a crecer, tú no recibirás un 50 de incremento en la cuenta. El 50 por ciento de incremento es solamente en el dinero semilla depositado en la cuenta. Si tú pudieras retirar tu dinero sin incurrir en un 10 por ciento de penalidad inmediatamente después de que ha sido contribuído, y la igualación de tu patrón haya sido inmediatamente colocada en una tasa de impuestos del 33.3 por ciento, tú pagarías en impuestos los 50 centavos que tu patrón aportó. En este ejemplo, tu patrón está más o menos pagando la porción que tú terminarás pagando en impuestos. Asumiendo que la cuenta continúe creciendo, la deuda en impuestos también crecerá. Aún así, la igualación de aportaciones por parte del patrón puede ser una parte atractiva de un plan de retiro si es propiamente utilizada y entendida.

Yo generalmente recomiendo que, *estando todas las demás cosas iguales, un empleado no debe contribuír con ninguna cantidad más allá de la necesaria para recibír la igualación en contribución por parte del patrón.* Si tu contribuyes a un plan calificado, debes de entender todas las ataduras que éstos conllevan y debes saber de que cualquier distribución en el extremo final, o en los años de cosecha, van a estar totalmente sujetos al pago de impuestos federales y estatales.

LA EDUCACIÓN DEL EMPLEADO Y DEL PATRÓN ES CRÍTICA

Desde la era industrial hasta la era de la información, la responsabilidad del retiro de un individuo siempre se pensó que recaía en el patrón. A medida que más emprendedores han incursionado al mercado laboral, esta responsabilidad recae más en el individuo. Yo siempre he creído que la seguridad se encuentra en el individuo y sus habilidades únicas —no en el trabajo y en los beneficios ofrecidos por un patrón.

Los patrones que quieren ofrecer beneficios, deben de estar dis puestos a igualar ahorros para la jubilación, sin importar si el empleado contribuye a un plan calificado o a un plan no calificado. Pero primero, los patrones necesitan estar educados acerca de las opciones, entendiendo que sus contribuciones pueden ser deducibles tanto para los planes calificados como para los planes no calificados.

BENEFICIOS DE LOS PLANES CALIFICADOS Y DEL SEGURO SOCIAL

En el capítulo 2, discutimos los tres tipos de ingresos que el IRS sujeta a impuestos: el ingreso generado, el ingreso pasivo y el ingreso de inversión. Bajo la ley actual, tener un ingreso pasivo o un ingreso de inversión, no reduce directamente la cantidad de tus beneficios de Seguro Social. Actualmente, los jubilados receptores de Seguro Social entre edades de 62 y 65 años tienen límites en lo que ellos pueden recibir antes de que se les reduzcan sus beneficios. Después de los 65 años, los receptores de Seguro Social pueden tener un ingreso ilimitado de ingresos generados, pasivos e inversiones sin que experimenten una reducción directa en sus beneficios. Sin embargo, hasta un 85 por ciento de los beneficios del Seguro Social pueden ser sujetos al pago de impuestos dependiendo del estatus de la aplicación fiscal del beneficiario y su «ingreso provisional». Para la mayoría de la gente, el ingreso provisional es el ingreso bruto ajustado más el ingreso exento de impuestos, más una mitad del ingreso por beneficios del Seguro Social.

Todo esto pudiera cambiar en el futuro (y seguramente lo hará). Y si ocurre, yo no creo que sea para mejor. No me sorprendería ver el regreso de algo similar al «impuesto sobre el éxito» que existía antes de la Ley de Alivio para el Contribuyente de 1997. El impuesto sobre el éxito era un impuesto especial del 15 por ciento gravado cuando la gente era muy exitosa en la acumulación de dinero para su retiro. En otras palabras, directa o indirectamente, podríamos ser penalizados con impuestos adicionales o reducir los beneficios de Seguro Social si hemos ahorrado dinero prudentemente y hemos tenido ingresos generados, pasivos o inversiones excesivas durante nuestro retiro.

El aprieto en el que se encuentra el gobierno federal es que cuando el Seguro Social fue establecido, había aproximadamente sesenta trabajadores por cada receptor de beneficios de Seguro Social. No muchos años después, cuando los beneficios fueron expandidos, había cerca de quince trabajadores por cada receptor de Seguro Social. En los años ochenta, el radio se redujo a seis trabajadores por cada receptor. Actualmente, hay aproximadamente tres trabajadores por cada receptor. *Y a medida de que los «baby boomers» empezaron a retirarse en 2006, ¡los Estados Unidos llegará rápido al punto donde sólo dos personas estarán jalando el carruaje por cada persona montándolo!* En otras palabras, dos tercios de los ciudadanos de este país estarán abasteciendo al otro tercio —muchos de los cuales contribuyeron fielmente por años— porque no hay suficiente efectivo a mano para pagar los beneficios sin que haya nuevas contribuciones de los trabajadores actuales. La generación más joven que reemplaza a los «baby boomers» es una fuerza de trabajo más pequeña. Ellos tendrán que generar los impuestos para el Seguro Social para entonces abastecer los beneficios de un grupo de retirados creciente que además están viviendo más tiempo. Como podemos darnos cuenta, el Seguro Social está en serios problemas.

TU BOLA DE CRISTAL FINANCIERA

¿Cómo definirías independencia financiera? La respuesta más común que yo he obtenido es «cuando tengo suficiente dinero guardado en condiciones estables que indefinidamente me va a producir el ingreso mensual al que estoy acostumbrado». Vamos entonces a utilizar esa definición como el estándar mínimo para determinar qué tantos ahorros necesitas acumular.

Tú puedes calcular cuál será el costo de vida a la edad de tu retiro al utilizar la regla del 72. La regla del 72 es generalmente utilizada para calcular el número de años que le toma duplicarse a un dinero invertido. Aplicado de esa manera, tomas la tasa de retorno, la divides entre 72 y el resultado es el número de años que tomará para que tu dinero se duplique. Esta fórmula, que requiere de aritmética sencilla, asume que no hay capital adicional añadido a la inversión en todos los años en los que ésta se mantiene. Por ejemplo, el resultado de 72 dividido entre 8 indica que a un 8 por ciento de tasa de retorno le tomará a tu dinero nueve años para duplicarse. Si tú puedes obtener una tasa de retorno del 10 por ciento, tu dinero se duplicará aproximadamente cada siete años.

Vamos a asumir que te estás retirando ahora y puedes vivir con un ingreso de $3,000 al mes. Si tú quieres saber cuánto necesitarás dentro de treinta años para vivir como vives ahora, considerando una inflación promedio del 2 por ciento, divide 72 entre 2. Eso te dice que el costo de vida se duplicará aproximadamente cada 36 años. Entonces, asumiendo un promedio de inflación anual del 2 por ciento, en 36 años tú necesitarás $6,000 al mes para comprar los mismos bienes y servicios que ahora compras con $3,000 al mes. Si yo tuviera $1 millón acumulado para mi retiro, a una tasa de retorno del 7.2 por ciento, generaría $72,000 al año ó $6,000 al mes de manera indefinida.

Afortunadamente, desde los años noventa hasta la fecha de publicación de este libro, la inflación ha estado muy baja. Pero durante los años setenta y a principios de los años ochenta, experimentamos niveles de inflación de hasta dos dígitos. Entonces para mantenernos seguros, vamos a utilizar una tasa promedio de inflación del 5 por ciento para los próximos treinta años —72 dividido entre 5 nos dice que el costo de vida bajo un 5 por ciento de inflación se duplicará cada quince años. Entonces, tú necesitarás $6,000 al mes dentro de quince años y $12,000 al mes dentro de 30 años para comprar la misma cantidad de bienes y servicios que compras ahora con $3,000.

Entonces, ¿cuánto dinero necesitas ahorrar en tu fondo de retiro para generar $12,000 dólares del mañana? Simplemente toma $12,000 al mes por doce meses, que equivalen a $144,000 en ingreso anual. Asumiendo que puedas obtener una tasa de retorno del 8 por ciento de tu cuenta, tu necesitarías acumular $1,800,000 ($144,000 / 8%) para generar $12,000 al mes. Esta es una solución tomando en cuenta sólo el retiro del interés, en donde nunca agotarías el dinero del capital de

$1,800,000, el cual sería de ayuda proteger ante los incrementos del costo de vida.

¿Qué tanto necesitas ahorrar cada año si fueras a ganar un promedio de un 8 por ciento de intereses para acumular $1,800,000 en 30 años? Una calculadora financiera vendría bien aquí. Ingresa $1,800,000 como el valor futuro, 8 por ciento como la tasa de retorno y 30 como el número de años, entonces resuelve para encontrar el pago anual. La respuesta es $14,712. Eso es lo que tienes que invertir obteniendo un 8 por ciento por año para acumular $1,800,000 en el trigésimo año. Asumiendo que pudieras obtener el 10 por ciento, entonces sólo necesitarías ahorrar $9,948 al año. Y al 12 por ciento de interés, sólo necesitarías ahorrar $6,660 al año.

Como regla general, usualmente aconsejo a mis clientes más jóvenes que tengan al menos 35 años para aportar a un plan de retiro que ahorrar un mínimo del 10 por ciento de su ingreso y ponerlo a trabajar a una tasa moderada de retorno (de un 8 a un 10 por ciento) en 35 años puede producir un ingreso para la jubilación que puede ser comparable a los estándares de vida disfrutados durante sus años productivos. Si quieren disfrutar de un estándar más alto del que gozaban en sus años productivos o si se quieren retirar antes, sería conveniente que ahorraran de un 15 a un 20 por ciento de su ingreso.

El factor más importante para la planeación para el retiro es elegir inversiones que les ofrezcan beneficios que los favorezcan en el tema de impuestos durante las fases de acumulación, distribución y transferencia. Es mejor pagar impuestos en el precio de la semilla y después disfrutar de una cosecha libre de impuestos. Si estás convencido que las tasas futuras de impuestos serán más altas, no retrases lo inevitable —posponer los impuestos usualmente los incrementa. Tú debes estructurar tus inversiones de la mejor manera posible para recibir beneficios fiscales durante todas las fases de la planeación para el retiro. Para entender como, ¡sigue leyendo!

CONCEPTOS CUBIERTOS EN EL CAPÍTULO 3

- Muchas personas que han ahorrado para el retiro se encuentran al final en una tasa igual de alta —si no más alta— que la tasa en la que se encontraban durante sus años productivos.

- Los planes calificados permiten que el contribuyente aporte dinero antes de impuestos o reciba una deducción por la cantidad contribuida.

- Los planes calificados incluyen IRAs, 401(k)s, TSAs, 403(b)s, 457s, planes de pensión y planes de repartición de utilidades.

- *Los planes calificados difieren los impuestos, lo que resulta en un incremento de la deuda fiscal.*

- Las cuatro fases de la planeación para la jubilación son las fases de contribución, acumulación, distribución y transferencia.

- Tú puedes establecer un plan alternativo no calificado para el retiro (financiado con dólares después de impuestos) con condiciones favorables de impuestos en las fases de acumulación, distribución y transferencia.

- *Si en el futuro las tasas de impuestos tienden a ser más altas, ¿por qué retrasar lo inevitable?*

- Todos los cambios fiscales ocurridos bajo el Acto Fiscal de 2001 terminan el 31 de diciembre de 2010.

- Si el impuesto sobre el patrimonio o herencia es revocado, la ley actual que permite un incremento del valor básico al valor actual del mercado posiblemente también sea revocado.

- *La igualación de aportaciones para el retiro por parte del patrón puede ser de utilidad para los empleados, pero la gente necesita examinar esta facilidad cuidadosamente —los beneficios tienen sus límites.*

- Los patrones que quieren ofrecer beneficios deben de estar dispuestos a aportar dinero para la jubilación, ya sea en planes calificados o planes no calificados.

- La generación más joven tendrá que generar el ingreso gravado para el Seguro Social para que se pueda abastecer el retiro de los «baby boomers».

- La regla del 72 es utilizada para calcular el número de años que le toma duplicarse a un dinero invertido.

- A un 5 por ciento de inflación, el costo de vida se duplicará cada 15 años, entonces dentro de 30 años se requerirá de un ingreso de $12,000 mensuales para tener el mismo poder de compra que hoy se tiene con $3,000.

- Dependiendo del estilo de vida que desees en tu retiro, *debes ahorrar del 10 al 20 por ciento de tu ingreso en inversiones a largo plazo.*

CAPÍTULO 4

Resuelve tu dilema sobre tu IRA/401(k)

Los planes calificados, como los IRAs y 401(k)s, no te brindan los beneficios de retiro más atractivos.

ANTES DE IR MÁS LEJOS, vamos a detenernos un momento para jugar un juego:

1. Piensa en un número entre el 1 y el 10.
2. Duplica ese número.
3. Súmale 8.
4. Divide el resultado entre 2.
5. Restale el número en el que pensaste.
6. Ahora toma el número resultante del ejercicio y selecciona la letra del alfabeto correspondiente a ese número. Por ejemplo si tu número es 1, la letra correspondiente sería la A. Si tu número es el 2, la letra correspondiente sería la B. Si tu número es el 3, la letra correspondiente sería la C y así sucesivamente.
7. Ahora elige el nombre de un país que empiece con esa letra.
8. Toma la segunda letra del nombre del país que hayas elegido y elige el nombre de un animal que empiece con dicha letra.

Cuando hago que la audiencia realice este ejercicio, ya sé la respuesta que obtendrá el 80 por ciento de ellos. Vamos a ver si tú estás entre la mayoría. Descifra las siguientes palabras que están escritas al revés: acramaniD anaugI. ¿Son esas las palabras que pensaste? ¿Cómo hice eso? simplemente practiqué hacer la predicción.

Las estrategias de planeación para el retiro no son diferentes a este ejercicio. Predeciblemente, los planes calificados de retiro motivan a la mayoría de la gente a invertir para obtener ventajas de impuestos en las fases de contribución y acumulación. Después, cuando los planes son liquidados y utilizados para la jubilación, producen los resultados sujetos a impuestos que el gobierno predijo y planeó. Siempre nos van a parecer mejores las oportunidades en impuestos que podemos tener de inmediato. *Pero yo sostengo que no tiene ningún sentido posponer los impuestos para obtener alguna ventaja percibida en el futuro.*

PROBLEMA MATEMÁTICO

Vamos a hacer otro ejercicio. Sigue detenidamente el desarrollo del problema en la historia. Tres hombres se fueron de pesca. Después del primer día que fue maravilloso, se detuvieron en un pequeño hotel para pasar la noche. Cuando se registraron, el recepcionista les cobró 30 dólares por el cuarto, por lo que cada uno aportó 10 dólares. ¿Vamos bien? Cuando se estaban instalando en el cuarto, el recepcionista se dio cuenta que les había cobrado de más. El cuarto sólo costaba 25 dólares por noche, no 30. Rápidamente tomó los 5 dólares que había cobrado de más y se los mandó con el mozo del hotel. El mozo, que no era nada honesto, se empezó a preguntar como le harían los tres hombres para repartirse 5 dólares por igual, así que terminó diciéndoles que se les había cobrado 3 dólares de más y le dio un dólar a cada uno, quedándose él con los 2 dólares restantes. ¿Entendido? Bien, vamos a hacer la cuenta ahora. Cada hombre pagó 10 dólares originalmente y a cada uno le regresaron un dólar, lo que significa que cada uno pagó 9 dólares por el cuarto, ¿correcto? Entonces 9 dólares multiplicado por los tres hombres equivale a 27, más los 2 dólares que el mozo se robó, son $29. ¿Dónde quedó el dólar que falta para completar los 30 dólares? Piensa en ello por un momento. Te voy a dar la respuesta más adelante.

¿POR QUÉ RETRASAR LO INEVITABLE?

En el capítulo 3, aprendiste que el retiro afecta la cantidad de impuestos que pagas. Hice desaparecer el mito de que posiblemente te encuentres en una tasa más baja en tu jubilación a la que estás cuando estás empleado. Vamos a seguir destruyendo el mito de que los planes calificados como los IRAs y 401(k)s brindan los beneficios de retiro más atractivos. La realidad es otra, vehículos *no calificados* de retiro pueden brindar un ingreso neto disponible más alto. Del capítulo 6 al 8 vas a aprender como el manejo apropiado de la plusvalía de una propiedad puede proporcionar deducciones indirectas que pueden ser comparadas a las contribuciones de los planes calificados. Los capítulos 10 y 11 te van a ilustrar como esta estrategia te puede permitir que tengas un ingreso libre de impuestos en tu retiro. Por lo tanto pregunto: «¿Por qué retrasar lo inevitable?». Los impuestos diferidos usualmente resultan en un incremento en los mismos. Vuelvo a enfatizar esto utilizando otra ilustración.

Asume que calculas que al jubilarte necesitarás $30,000 de ingreso neto disponible adicional al año para cubrir tus necesidades. Vamos también a asumir que te vas a retirar dentro de 25 años. En una tasa de impuestos del 33.3 por ciento, tú necesitarías generar un ingreso bruto al año de $45,000 para tener un neto de $30,000 ($45,000–33.33% = $30,000). En otras palabras, con $45,000 de ingreso suplemental para el retiro, incurrirías en una deuda fiscal de $15,000 y terminarías con sólo $30,000 para gastar. Te reúnes con tu asesor financiero. Él siente que pueden obtener un 7.5 por ciento anual en las contribuciones que hagas a tu plan de retiro. Para los años 2005 al 2007, la contribución máxima permitida para un IRA tradicional es de $4,000. Si tanto tú como tu conyúge contribuyen $4,000 cada uno para un total de $8,000 al año que obtenga 7.5 por ciento por 25 años y 4 meses, el saldo de tu cuenta al final del período será de aproximadamente $600,000.

Si continúas obteniendo el 7.5 por ciento de interés durante tu retiro y tomas todos los intereses generados cada año, $600,000 van a generar $45,000 de ingreso anual cada año ($600,000 x 7.5% = $45,000). Pero cada año, en una tasa fiscal del 33.3 por ciento, vas a pagar $15,000 en una combinación de impuestos federales y estatales. Este ingreso suplementario te fuerza a pagar impuestos sobre la renta en hasta el 85 por ciento de los beneficios de tu Seguro Social. De repente te das cuenta que ahorraste $2,666 en impuestos por cada uno de los 25 años en los que contribuiste los $8,000 ($8,000 x 33.3%) te da un total de $66,650 (25 x $2,660). Sin embargo, vas a pagar de vuelta cada dólar que te ahorraste en impuestos durante 25 años de contribuciones en los primeros 4.5 años de tu retiro (4.5 x $15,000 = $67,500). Si vives 22 años después de jubilarte, pagarás potencialmente 5 veces más en impuestos durante la fase de distribución que lo que te ahorraste en la fase de contribución.

Pero, ¿cuáles son las mejores opciones? Primero, debemos entender las diferentes fuentes de donde obtenemos dinero. Entonces podemos explorar las diferentes opciones de ahorro e inversión que van a generar los resultados más impresionantes.

¿DE DÓNDE OBTENEMOS DINERO?

Los seres humanos tenemos básicamente cuatro fuentes de dinero:

- Gente que trabaja
- Dinero que trabaja
- Dinero de otra gente (OPM, por sus siglas en inglés).
- Caridad.

Por más que pensemos que estamos en control de nuestra habilidad para ganar dinero al trabajar, hay ocasiones en que, por causas de discapacidad o incapacidad, el ganar dinero puede ser difícil, sino imposible. El dinero que trabaja es más confiable, especialmente cuando se invierte inteligentemente. El dinero crece con intereses 365 días al año sin que tenga que descansar. Los auto-millonarios usualmente dominan el arte de poner el dinero a trabajar. La gente más rica con un activo neto financiero sustancial también emplea el uso del dinero de otra gente (OPM, por sus siglas en inglés). Supongo que hay dos maneras de utilizar el dinero de otra gente: lo pides prestado y lo pagas anualmente, o lo robas y lo pagas dolorosamente. Yo recomiendo la penúltima opción. Obviamente el uso legítimo del dinero de otra gente manteniendo la más alta honestidad e integridad es un camino mucho mejor.

En los capítulos 6, 7 y 8, te mostraré como utilizar el dinero de otra gente para amasar una fortuna al hacer simplemente lo que los bancos y las uniones de crédito hacen. Por el lado de la caridad, usualmente es más gratificante estar en el lado de quienes dan que del lado de quienes reciben, no requiere de mucho ser caritativo. Tu cosecha general en la vida será mayor cuando compartes tu tiempo y tus talentos con otros, adicionalmente a cualquier contribución financiera. Dar al menos el 10 por ciento de tus activos humanos, intelectuales y financieros con propósitos de caridad va a crear la verdadera riqueza más duradera. Voy a discutir esto con mayor detalle en el capítulo 12. Por ahora, vamos a enfocarnos en diferentes alternativas para ahorro e inversión de dinero desde el punto de vista de impuestos.

LOS IMPUESTOS Y LAS CINCO OPCIONES DE AHORROS

Hay cinco opciones básicas que los contribuyentes tienen con respecto al tratamiento de impuestos en los ahorros. Las diferencias en los resultados a largo plazo son dramáticas, por lo tanto es importante entender a conciencia cada una de ellas. Generalmente, todas las veces en las que la gente trabaje para ganar dinero, éste es sujeto a impuestos. Cuando el dinero es puesto a trabajar, éste puede ser estructurado para ser sujeto o no a impuestos. Cuando obtenemos dinero a través de un préstamo, hay ventajas fiscales que pueden hacer que el dinero que trabaja obtenga un mejor desempeño a través de un apalancamiento seguro. Vamos a estudiar cada una de las cinco opciones cuidadosamente.

Antes de que lo hagamos, vamos a asegurarnos de que entiendes completamente la diferencia entre utilizar 66.66 centavos de dólar (después de pagar impuestos) y 100 centavos de dólar (antes de pagar impuestos) cuando ahorras, inviertes o consumes. Si tú, como contribuyente en una tasa del 33.3 por ciento, quieres comprar un automóvil que cuesta $20,000, tienes que destinar a ello $30,000 de ingreso bruto, entonces pagar $10,000 (33.3 por ciento) en impuestos, para obtener un neto de $20,000 para comprar el vehículo. En otras palabras, eres forzado a utilizar 66.66 de dólar después de impuestos la mayoría de las veces que gastas tu dinero. Lo mismo sucede cuando quieres ahorrar o invertir tu dinero en cuentas de ahorros e inversiones tradicionales. Cuando puedes depositar dinero en inversiones que te permiten utilizar tus dólares antes de impuestos o puedes deducir las contribuciones de tu ingreso bruto en tu devolución de impuestos, estás en esencia utilizando 100 centavos de dólar.

Primera opción

Puedes ahorrar o invertir dólares después de impuestos que ganaste trabajando (66.66 centavos de dólar en una tasa de impuestos del 33.33 por ciento) en instrumentos financieros que son sujetos a impuestos a medida que van generando intereses o dividendos, o realizando ganancias capitales. Las cuentas de ahorros tradicionales que no son calificadas, como las cuentas de ahorros de los bancos, cuentas en el mercado de valores y certificados de depósito, usualmente caen en esta categoría. Si inviertes en acciones y bonos o incluso en bienes raíces bajo situaciones no calificadas, usualmente se hace con dinero después de impuestos y los dividendos, intereses, ganancias capitales o ingreso de rentas son sujetos a impuestos a medida que se van obteniendo o realizando.

La deuda de impuestos que se obtiene en el incremento se categoriza ya sea como ingreso de inversión (intereses y dividendos) o ingreso pasivo (rentas). Como explicaba anteriormente, bajo la reciente reforma fiscal, la ganancia capital es calculada a una tasa más baja que los impuestos sobre la renta y no es pagable hasta que la ganancia es realizada a través de la venta del activo obteniendo una ganancia sobre el costo original.

Dependiendo de la tasa de retorno, puede tomar hasta 15 años antes de que alcancemos el punto de equilibrio con lo que tenemos que ganar o asignar cuando usamos 66.66 centavos de dólar después de impuestos en el extremo inicial y pagar impuestos en el incremento a medida que avanzamos. En otras palabras, es posible que tengamos que trabajar para generar $6,000 brutos adicionales, pagar el impuesto correspondiente de un 33.33 por ciento ($2,000) para tener un neto de $4,000 para invertir. Aún más, $4,000 invertidos cada año al 9 por ciento de interés sujeto a impuestos va a resultar en una ganancia después de impuestos de sólo un 6 por ciento. Similarmente, $4,000 invertidos cada año a una tasa de retorno neta del 6 por ciento va a crecer a $98,690 en 15 años. Compara ese resultado con el hecho de que tuviste que trabajar para ganar $6,000 de ingreso anual sujeto a impuestos por 15 años, resultando en $90,000 ($6,000 x 15) ¡para tener una ventaja de tan solo $8,690!

Cuando lo vemos de esa manera, todo el tiempo que pensamos que estábamos ganando el 9 por ciento, ganamos solamente el 1.16 por ciento de interés compuesto anual —porque estábamos invirtiendo dinero después de impuestos y pagando impuestos sobre los intereses a medida que éstos se generaban. En este ejemplo, si pudieras generar sólo el 6 por ciento de retorno (un neto del 4 por ciento después de impuestos), tomaría 20 años para que una inversión neta después de impuestos de $4,000 alcance el punto de equilibrio con lo que tendrías que ganar trabajando 20 años ($6,000/año x 20 años) para acumular un fondo de aproximadamente $124,000.

Por lo tanto, la primera opción puede ser una estrategia poco agradable. En mí opinión, es la peor forma de ahorrar e invertir y, sin embargo, es el método más común utilizado en los Estados Unidos.

Para hacer la comparación entre todas las opciones, vamos a utilizar un ejemplo parejo. Vamos a asumir que hemos acumulado un total de $150,000 de nuestro ingreso bruto por un cierto número de años para asignarlos a nuestros ahorros a largo plazo. Para mantener las cosas simples, voy a asumir que todos tenemos la cantidad total de $150,000 desde el principio. Tenemos la opción de utilizar al principio 66.66 centavos de dólar después de impuestos ó 100 centavos de dólar antes de impuestos, dependiendo de cuál de las cinco opciones elijamos. Vamos a asumir un 7.2 de tasa de retorno para todas las inversiones.

En la primera opción (Figura 4.1), nuestros $150,000 vienen de nuestro ingreso bruto obtenido por trabajar, por lo que tenemos que pagar impuestos en el extremo inicial por la cantidad de $50,000 (33.3 por ciento) para quedarnos con $100,000 libres para ahorrar o invertir. Nosotros sabemos por medio de la regla del 72 que si ganamos el 7.2 por ciento de interés, nuestra cuenta se va a duplicar cada 10 años. Sin embargo, si tenemos que pagar impuestos a medida que la cantidad crece, vamos a terminar con una cantidad neta de sólo $159,816 (ver la cuarta columna, décimo año, Figura 4.1). Asumamos que después de 10 años, queremos empezar a retirar nuestros intereses anuales para complementar nuestros otros ingresos. Si seguimos obteniendo el 7.2 por ciento de interés sujeto a impuestos, tendríamos $11,507 de ingreso por concepto de intereses. Sin embargo, tendríamos que pagar 33.3 por ciento de impuestos ó $3,835. Entonces, sólo tendríamos una cantidad neta de $7,672 como ingreso disponible anual.

Segunda opción

Puedes ahorrar o invertir dólares después de impuestos en inversiones que se acumulen en condiciones de impuestos diferidos y pagar impuestos en la ganancia cuando sea realizada en un futuro.

Las inversiones típicas de esta categoría incluye bienes raíces que no son apalancados y quizá algunas acciones o fondos de inversión para los cuales no hay dividendos pero crecen solamente a través de

$150,000 DE INGRESO BRUTO ACUMULADO DESTINADO A AHORROS A LARGO PLAZO

PRIMERA OPCIÓN

Inversión de dólares después de impuestos en Instrumentos Financieros (66.66 centavos en una tasa de impuestos del 33.3%) a una tasa de retorno del 7.2% sujeta a impuestos a medida que las ganancias son generadas.

Ingreso bruto $150,000
- ($50,000)   Menos 33.3% de impuestos
$100,000   Neto para invertir

Año	Ingreso Neto Generado (1)	Deuda en Impuestos al 33.3% (2)	Interés Neto Generado (3)	Saldo a Final de Año (4)
1	$7,200	$2,400	$4,800	$104,800
2	$7,546	$2,515	$5,031	$109,831
3	$7,908	$2,636	$5,272	$115,103
4	$8,287	$2,762	$5,525	$120,628
5	$8,685	$2,895	$5,790	$126,418
6	$9,102	$3,034	$6,068	$132,486
7	$9,540	$3,180	$6,360	$138,846
8	$9,997	$3,332	$6,665	$145,511
9	$10,477	$3,492	$6,985	$152,496
10	$10,980	$3,660	$7,320	$159,816

Convertido a Ingreso Anual

$159,816	Valor total de la cuenta en 10 años
x 7.2%	Ingreso Anual por Concepto de Intereses
$11,507	Ingreso Anual Sujeto a Impuestos
($3,835)	Menos: Deuda Anual de Impuestos al 33.3%
$7,672	**Ingreso Anual Neto Disponible**

Figura 4.1

ganancias capitales no realizadas hasta que el activo es vendido. Anualidades diferidas no calificadas también caen en esta categoría.

En la segunda opción (Figura 4.2), invertimos la cantidad neta de $100,000 (66.66 centavos de dólar después de impuestos) en una inversión con impuestos diferidos. Entonces, los $100,000 se duplican a $200,000 al 7.2 por ciento en 10 años. Si nos damos cuenta de nuestras ganancias, ahora podríamos deber $15,000 por el impuesto sobre ganancias capitales, sobre la ganancia de $100,000 que tuvimos, asumiendo

---

Figura 4.2

$150,000 DE INGRESO BRUTO ACUMULADO DESTINADO A AHORROS A LARGO PLAZO

SEGUNDA OPCIÓN

Inversión de dólares después de impuestos (66.66 centavos en una tasa de impuestos del 33.3%) en Instrumentos Financieros bajo esquema de Impuestos Diferidos

	Ingreso bruto	$150,000	
		- ($50,000)	Menos 33.3% de impuestos
		$100,000	Neto para invertir

$100,000 creciendo al 7.2% por 10 años = $200,000

Ejemplo de Ganancia Capital

$200,000	Valor total de la cuente en 10 años
($15,000)	Menos: Impuesto sobre Ganancia Capital del 15%
$185,000	Balance Neto para Reinvertir
x 7.2%	Ingreso Anual por Concepto de Intereses
$13,320	Ingreso Anual Sujeto a Impuestos
- ($4,440)	Menos: Deuda Anual en Impuestos al 33.3%
$8,880	**Ingreso Anual Neto Disponible**

Convertido a Ingreso Anual

$200,000	Valor total de la cuenta en 10 años
x 7.2%	Ingreso Anual por Concepto de Intereses
$14,400	Ingreso Anual Sujeto a Impuestos
- ($4,800)	Menos: Deuda Anual en Impuestos al 33.3%
$9,600	**Ingreso Anual Neto Disponible**

---

una tasa de impuestos sobre ganancias capitales del 15 por ciento. Si ésto se invierte en una cuenta que obtenga el 7.2 por ciento de interés sujeto a impuestos, generaría un ingreso anual en intereses de $13,320 cada año indefinidamente. Con una deuda en impuestos cada año de $4,440 sobre dicho ingreso, tendríamos un ingreso neto disponible de $8,880.

Si los $100,000 crecen a $200,000 en una anualidad diferida no calificada y generan el 7.2 por ciento en ingreso anual por concepto de intereses, el interés anual bruto sería de $14,400 ($200,000 x 7.2%). Este ingreso sería totalmente sujeto a impuestos ya que las anualidades reciben el tratamiento LIFO (último dinero que entra, primer dinero que

Figura 4.3

$150,000 DE INGRESO BRUTO ACUMULADO DESTINADO A AHORROS A LARGO PLAZO

TERCERA OPCIÓN

Inversión de dólares después de impuestos (66.66 centavos en una tasa de impuestos del 33.3%) en Instrumentos Financieros que son libres de impuestos y permanecen libres de impuestos cuando retiras el dinero, incluyendo la ganancia

Ingreso bruto	$150,000	
	- ($50,000)	Menos 33.3% de impuestos
	$100,000	Neto para invertir

$100,000 creciendo al 7.2% por 10 años = $200,000

$200,000	Valor total de la cuenta en 10 años
x 7.2%	Ingreso Anual por Concepto de Intereses
$14,400	Ingreso Anual Neto Disponible

sale, por sus siglas en inglés) en cuestión de gravamen de impuestos, como lo explicaré en el capítulo 9. Después de pagar el 33.3 por ciento de impuestos, que son $4,800 cada año, el ingreso neto sería de $9,600.

Tercera opción

Puedes ahorrar o invertir dólares después de impuestos en inversiones que se acumulen en condiciones libres de impuestos y después utilizar el dinero libre de impuestos, incluyendo la ganancia que se haya realizado. Ese tipo de inversiones incluyen Roth IRAs y contratos de seguro propiamente estructurados y utilizados (capítulos 10 y 11).

En la tercera opción (Figura 4.3), invertimos el neto de $100,000 (66.66 centavos de dólar antes de impuestos) en una inversión que es libre de impuestos durante la fase de acumulación. Por lo tanto los $100,000 se duplican a $200,000 al 7.2 por ciento de interés en 10 años. Sin embargo, ahora también disfrutamos de la ganancia y el ingreso que ésta puede generar libres de impuestos. Por lo que $200,000, ganando el 7.2 por ciento anual, nos da un ingreso neto disponible por año de $14,400 ¡continuamente!

Cuarta opción

Puedes ahorrar o invertir 100 centavos de dólar antes de impuestos o de dólares deducibles de impuestos en inversiones que se acumulan en circunstancias de impuestos diferidos. En el futuro, cuando utilices el dinero éste es totalmente sujeto a impuestos, no sólo la ganancia, sino también el dinero base invertido. Cuentas de IRAs tradicionales, 401(k)s y otros planes calificados entran dentro de esta categoría.

En la cuarta opción (Figura 4.4), podemos utilizar los 100 centavos de dólar por lo que nuestra cantidad global de $150,000 puede ser invertida en su totalidad en el extremo inicial. Al 7.2 por ciento de interés, esta inversión se duplica a $300,000 en 10 años. Sin embargo, si retiramos ese dinero, tenemos que pagar impuestos de los $300,000. Si para entonces, todavía estamos en la tasa de impuestos del 33.3 por ciento, nuestra cantidad neta disponible sería de sólo $200,000 ($300,000 − $100,000 = $200,000). Si en vez de ello decidimos retirar de nuestra cuenta de IRA con valor de $300,000 el 7.2 por ciento (los intereses anuales) en forma de ingreso anual, generaría $21,600 de ingreso sujeto a impuesto, dejándonos un neto después de impuestos de $14,400 ($21,600 − 33.3%).

¡Espera! ¿Te diste cuenta que todas las cosas permanecieron iguales, que *no hay ninguna diferencia* entre los resultados netos de la tercera y cuarta opción? Dado que no tengo la confianza de que en la vida las cosas permanezcan igual —de hecho, pienso que las tasas de interés estarán más altas en el futuro, especialmente si acumulo una cantidad admirable de dinero— yo optaría por elegir la tercera opción en lugar de la cuarta. La que me permite gozar de tener mi dinero libre de impuestos en los años de cosecha de mi vida.

Pero vamos a ver si podemos comernos todo el pastel.

Quinta opción

Puedes utilizar 100 centavos de dólar por deducciones indirectas de impuestos que puedes crear utilizando las estrategias contenidas en los capítulos 6 al 8. Puedes disfrutar

| Figura 4.4 | $150,000 DE INGRESO BRUTO ACUMULADO DESTINADO A AHORROS A LARGO PLAZO |

CUARTA OPCIÓN

Inversión de dólares antes de impuestos o dólares deducibles de impuestos en Instrumentos Financieros bajo esquema de Impuestos Diferidos y al Final Totalmente Sujetos a Impuestos

Ingreso bruto	$150,000
	($0) Libre de impuestos
	$150,000 Neto para invertir

$150,000 creciendo al 7.2% por 10 años = $300,000

Ejemplo de Distribución en una Cantidad Total

$300,000	Valor total de la cuenta en 10 años
– (100,000)	Menos: Impuestos al 33.3%
$200,000	Valor neto después de impuestos

Ejemplo de Solo Intereses

$300,000	Valor total de la cuenta en 10 años
x 7.2%	Ingreso Anual por Concepto de Intereses
21,600	Ingreso Anual Sujeto a Impuestos
– (7,200)	Menos: Deuda Anual en Impuestos al 33.3%
$14,400	Ingreso Anual Neto Disponible

además de una acumulación y un uso del dinero libre de impuestos utilizando los vehículos de inversión explicados en los capítulos del 9 al 11. No sólo eso, si utilizas contratos de seguro estructurados y utilizados adecuadamente puedes transferir a tus herederos cualquier fondo remanente libre de impuestos.

Bajo la quinta opción (Figura 4.5) podemos usar hasta los 100 centavos de dólar si somos capaces de obtener deducciones indirectas contrarrestadas por intereses en hipotecas. Si tenemos éxito al compensar todas nuestras contribuciones a través de ésta estrategia, los $150,000 completos estarían disponibles para ser ahorrados o invertidos desde el principio en el extremo inicial. Utilizando vehículos de acumulación de capital en un ambiente libre de impuestos como en la tercera opción, podemos tener un tratamiento favorecido de impuestos en todas las cuatro fases (contribución, acumulación, distribución y traspaso) de nuestro plan de retiro no calificado (Figura 4.6). De esta manera, los $150,000 se duplicarían a $300,000 el 7.2 por ciento en 10 años. Si tomamos el ingreso libre de impuestos de $300,000 al 7.2 por ciento, generaría $21,600 de ingreso neto disponible.

A medida que revisen las cinco opciones, fíjense como la quinta opción, casi triplica el ingreso generado de la primera opción. Es más del doble del ingreso neto disponible de la segunda opción. Y también ofrece el 50 por ciento más de ingreso neto disponible que la tercera y cuarta opción.

Después de ilustrar esas dramáticas diferencias, déjame enfatizar que hay algunos factores relacionados con cada una de esas opciones que crea verdaderos dilemas. Por ejemplo, en el capítulo 3, hablé de las ventajas de la igualación en las contribuciones por parte del patrón que pueden hacer que la cuarta opción resulte igual que la quinta opción. Es importante llevar a cabo un análisis cuidadoso para determinar si es adecuado o no participar en un plan calificado. No hay una regla general que diga «sí, sí deberías» o «no, no deberías» participar.

PODEMOS COMERNOS TODO EL PASTEL

«¿Alguna vez has tenido que decidirte?» como dice la letra de la canción de los Lovin' Spoonful «¿Elegir a una y dejar a la otra?». En la canción, un joven no puede decidir quién le gusta más entre dos hermanas con las quienes está saliendo. Con una licencia un poco poética, supongo que no es el único que ha amado a dos personas, ni que por el golpe del amor haya querido casarse con las dos.

A todos nos encanta la idea de no tener que pagar impuestos en nuestras inversiones en los años de jubilación, pero aún nos encantaría el tener beneficios de impuestos en el extremo inicial, en el dinero «semilla» con el que hacemos las contribuciones. Vamos a ver si de alguna manera podemos casar los conceptos y tenerlo todo.

¿Te acuerdas de Jaime y María Siguenalamultitud del capítulo 3?

Ellos estuvieron ahorrando $6,000 por año en IRAs o 401(k)s obteniendo ahorros de $2,000 anuales. Ellos ahorraron $70,000 en impuestos durante 35 años de contribuciones. Su inversión de $6,000 anuales creció al 7.5 por ciento de interés hasta alcanzar $1 millón en ese período. Pero cuando ellos empezaron a retirar dinero de su cuenta para su jubilación —$75,000 cada año— después de pagar impuestos solo obtuvieron una cantidad neta de $50,000. Este es un ejemplo de alguien que se prepara para el retiro utilizando la cuarta opción. Vamos a ver como el utilizar la quinta opción les permite incrementar el ingreso neto disponible por un 50 por ciento.

UN ENFOQUE ILUMINADO

Beto y Marta Iluminados representan una pareja especial que se aleja de la multitud a la edad de 30 años. Vamos a asumir que Beto y Marta tienen una casa valorada en $200,000 con un saldo por pagar en su hipoteca de $80,000. La diferencia de $120,000 representa la plusvalía de la propiedad. La mayoría de los prestamistas para hipotecas te presta hasta el 80 por ciento del valor de la casa en la primera hipoteca que tengas, en donde el dinero viene directamente del valor de la casa. Un préstamo del 80 por ciento sobre el valor de la casa sería entonces de $160,000, de los cuales se liquidarían los $80,000 del préstamo anterior y se quedarían con una cantidad disponible de plusvalía de $80,000, que han separado de la propiedad.

En los capítulos 6 al 8 vas a aprender que las razones principales para refinanciar o sacar una segunda hipoteca, son para incrementar la liquidez, para incrementar la seguridad y para incrementar la tasa de interés sobre la plusvalía de una casa.

Para mantener las cosas sencillas, vamos a decir que Beto y Marta obtienen los $80,000 adicionales de plusvalía a través de un préstamo de sólo interés al 7.5 por ciento de intereses. Por lo tanto sus pagos anualizados serían de $6,000.

A Beto y Marta les gustaría ahorrar un porcentaje de su ingreso para prepararse para su retiro, lo que incrementaría sus contribuciones cada

Figura 4.5

$150,000 DE INGRESO BRUTO ACUMULADO DESTINADO A AHORROS A LARGO PLAZO

QUINTA OPCIÓN

Inversión de 100 centavos de dólar a través de Deducciones Indirectas de Impuestos en Instrumentos Financieros que se acumulan libres de impuestos y permanecen libres de impuestos cuando retiras el dinero, incluyendo la ganancia

Ingreso bruto	$150,000	
	- [$50,000]	Menos 33.3% de impuestos
	$100,000	Neto ajustado
	+ $50,000	Más Ahorros en Impuestos como resultado de deducciones indirectas
	$150,000	Neto para invertir

$150,000 creciendo al 7.2% por 10 años = $300,000

Ejemplo del Manejo de la Plusvalía

$300,000	Valor total libre de impuestos en 10 años
x 7.2%	Ingreso Anual por Concepto de Intereses
$21,600	**Ingreso Anual Neto Disponible**

Figura 4.6

LAS CUATRO FASES DE LA PLANEACIÓN PARA EL RETIRO

CONTRIBUCIÓN	ACUMULACIÓN	DISTRIBUCIÓN	TRANSFERENCIA
Los planes tradicionales de IRA's y 401(k)s			
Favorecido en impuestos	Favorecido en impuestos	Sujeto a impuestos	Sujeto a impuestos
Alternativas no calificadas			
Sujeto a impuestos	Favorecido en impuestos	Favorecido en impuestos	Favorecido en impuestos
Plan de retiro con base en la plusvalía de la casa			
Favorecido en impuestos	Favorecido en impuestos	Favorecido en impuestos	Favorecido en impuestos

año por 35 años. Para evitar complicaciones en esta ilustración, vamos a asumir que ellos van a ahorrar no más de $6,000 al año, hasta que lleguen a los 65 años. Vamos a mantener también el préstamo original de $80,000 al 7.5 por ciento por los siguientes 35 años.

Si Beto y Marta van a incurrir en un costo anual de $6,000 por concepto de los intereses a pagar por el préstamo, esta cantidad es el equivalente a la misma cantidad que ellos estarían pagando anualmente en las contribuciones para un IRA o 401(k). Los $6,000 de gastos por intereses tienen el mismo impacto en el desglose de devolución de impuestos que lo que tienen las contribuciones de un plan calificado. Simplemente se anotan en diferentes secciones del formulario.

Si Beto y Marta tienen un ingreso anual combinado de $70,000, con contribuciones de $6,000 a sus planes de IRA/401(k), su ingreso sujeto a impuestos se reduce a $64,000. En una tasa de impuestos del 33.3 por ciento, ellos efectivamente ahorran 33.3 por ciento en los $6,000 que no tienen que reportar como ingreso. Eso equivale a un ahorro en impuestos de $2,000.

Si ellos tienen $6,000 en deducciones por concepto de los intereses de su hipoteca, van a recibir el mismo beneficio en sus impuestos. Su ingreso sujeto a impuestos va a ser reducido a $64,000 por concepto de tener $6,000 en deducciones en la Sección A en su forma de devolución de impuestos. En esencia, ellos se ahorran $2,000 en impuestos, por lo que su hipoteca en realidad sólo les cuesta $4,000. Los gastos de $6,000 por concepto de los intereses de la hipoteca tienen el mismo efecto para Beto y Marta como tienen las contribuciones de $6,000 a planes de retiro IRA o 401(k), ellos sólo tomaron $80,000 de la plusvalía dormida en su hogar y la usaron para abastecer los fondos de su cuenta de retiro en un sólo paso, a través de una contribución total de $80,000.

A una tasa de interés del 7.5 por ciento (el mismo interés al que pagaron su préstamo), los $80,000 van a crecer a $1,005,510 en los 35 años que faltan para llegar a la edad de jubilación de 65 años. Si ellos utilizaron un contrato de seguro de vida con grado de inversión (explicados en los capítulos 10 y 11) generando una tasa de retorno del 7.5 por ciento, tienen una serie de ventajas sobre un IRA o un 401(k):

- Pueden retirar dinero en cualquier momento si lo necesitan sin tener que esperar a llegar a los 59 años y medio, y sin estar sujetos al pago de impuestos.

- Pueden dejar su dinero en la cuenta tanto tiempo como quieran, sin tener que estar forzados a retirarlo a los 70 años y medio.

- No tienen restricciones en cuanto al porcentaje de su ingreso que pueden poner en el fondo, porque es una cuenta no calificada.

- Más importante que cualquier otra característica es la habilidad de tener acceso a un ingreso o a un flujo de efectivo al final, durante los años de cosecha en su jubilación, sin tener que pagar impuestos en esas distribuciones. (El dinero puede ser accedido libre de impuestos bajo las secciones 72(e) y 7702 del Código de Ingresos Internos probando que todos los códigos de impuestos y lineamientos de las compañias aseguradoras son cumplidos, como se ilustra en el capítulo 11.)

El fondo de retiro de Beto y Marta de $1,005,510 les permitiría hacer retiros sólo del interés del 7.5 por ciento por la cantidad de $75,413 al año. Ellos pudieran utilizar el total de $75,413 para gastarlo y consumirlo durante su retiro si así lo quisieran. Este ingreso no se reportaría en ninguna parte en su formulario federal de devolución de impuestos como ingreso generado, ingreso pasivo o ingreso de portafolio. Por lo tanto éste no sería sujeto a impuestos por ninguna de las leyes actuales. En caso de que no te hayas dado cuenta, ¡$75,413 es 50 por ciento más dinero que los $50,000 netos después de impuestos que Jaime y María Siguenalamultitud obtvieron en su cuenta de IRA/401(k)! Más aún, $75,413 de ingreso no sujeto a impuestos sería lo mismo que recibir $113,120 de ingreso bruto sujeto a impuestos teniendo impuestos reduciéndolo en una tercera parte. Finalmente, esta fuente de ingresos de Beto y Marta no los afectaría o descalificaría de otros beneficios recibidos como su cuota de Seguro Social o beneficios de Medicare, y tampoco afectaría el gravamen de su ingreso de Seguro Social.

PERO ¿QUERRÉ UNA HIPOTECA DURANTE MI RETIRO?

Los críticos podrían decir: «¡Pero Beto y Marta todavía tienen una hipoteca al jubilarse!» A medida que sigas leyendo este libro, verás por qué esa hipoteca será una ventaja significativa. Primeramente, ellos continuarán gozando de deducciones de impuestos en sus pagos de $6,000 de intereses anuales porque el costo neto en una tasa de impuestos del 33.3 por ciento sería de sólo $4,000. Asumiendo que ellos siguen obteniendo 7.5 por ciento de intereses libres de impuestos en los $80,000 que se requieren para liquidar su hipoteca, ellos tienen ingresos anuales de $6,000 lo que resulta en una ganacia anual de $2,000. Pero vamos a suponer que Beto y Marta llegan a un punto en donde a ellos no les importa maximizar su retorno; ellos pueden entonces retirar $80,000 libres de impuestos, de su fondo de $1,005,510 (creado a través del manejo de la plusvalía de su casa) y liquidar su casa.

Sin embargo, sería mejor para Beto y Marta continuar con su hipoteca de sólo interés y descontar el costo neto verdadero de los gastos anuales por intereses por la cantidad de $4,000 de su ingreso anual de $75,413. En ese caso, Beto y Marta Iluminados tendrían un ingreso neto disponible de $71,413 versus los $50,000 que Jaime y María Siguenalamultitud tienen disponibles cada año.

La ilustración más poderosa es comparar una distribución sujeta a impuestos de IRA/401(k) (la cantidad neta después del pago de impuestos) con los $71,413 de ingreso disponible. Una cuenta de IRA ó 401(k) con un valor de $1 millón, requeriría una distribución de $107,120 por año, para tener una cantidad neta de $71,413 en una tasa de impuestos del 33.3 por ciento. El IRA/401(k) obteniendo un rendimiento del 7.5 por ciento ¡se acabaría por completo en un período de 17 años, basado en los retiros anuales de $107,120! En otras palabras, si Jaime y María Siguenalamultitud viven más de 82 años (lo cual es muy posible), ¡él o ella se quedarían sin dinero, si quisieran vivir con un ingreso neto de $71,413 al año! Por otro lado, a través del uso de la plusvalía de su casa Beto y Marta Iluminados, a la edad de 82 años, todavía tienen su cuenta de $1,005,510 generando un ingreso anual tan sólo de intereses de $71,413 —¡hasta la eternidad!

En este ejemplo, el plan de retiro de Beto y Marta basado en la plusvalía de su casa, no sólo les proporcionó un ingreso 45 a 50 por ciento más alto, éste les proporcionó el ingreso por todo el tiempo que ellos vivieron y traspasaron el saldo libre de impuestos a sus herederos. De esta manera, a la edad de 82 años, el plan del manejo de la plusvalía sería $1 millón mejor que un IRA o un 401(k). Si ellos vivieran a los 92 años, el manejo de la plusvalía habría generado el equivalente a $107,120 de ingreso anual por 10 años más sin acabarse la base de $1 millón. Por lo tanto, a la edad de 92 años, el plan del manejo de la plusvalía sería efectivamente ¡$2 millones mejor que el IRA o 401(k)!

Esta estrategia de retiro superior fue alcanzada en este ejemplo sólo por separar $80,000 de la plusvalía de la casa (a través de un préstamo, utilizando dinero de otra gente) pagando un 7.5 por ciento por el préstamo y poniendo el dinero a trabajar a la misma tasa del 7.5 por ciento. ¿Tú crees que este ejemplo se hubiera mejorado si Beto y Marta hubieran pagado el préstamo al 6 por ciento y lo hubieran puesto a trabajar en un interés compuesto del 8 por ciento durante 35 años al llegar a la edad de 65 años y luego después por 20 ó 30 años más durante su jubilación? La Figura 4.7 ilustra lo que una inversión de una sola vez de $80,000 puede redituar a tasas de retorno del 6.5, 7.5, 8 y 8.5 por ciento. ¿Puedes imaginarte la fortuna que puedes crear si separas plusvalía adicional cada vez que tu casa aumenta de valor? Sigue leyendo y vas a tener un panorama de la fortuna potencial que puede ser creada simplemente por hacer lo que los bancos y las uniones de crédito hacen: toman prestado dinero de otra gente a una tasa y la invierten para obtener una tasa ligeramente más alta.

¿ESPERAR PARA TU RETIRO O ESPERAR PARA VIVIR?

Como estratega financiero y especialista en retiro, frecuentemente pregunto a mis clientes: «Si se fueran a retirar hoy, ¿que sería lo que inmediatamente empezarían a hacer?». La mayor parte del tiempo obtengo respuestas como: «Oh, construiríamos una cabaña en la montaña tal como lo hemos platicado por años», o «Compraríamos un condominio

Figura 4.7	$80,000 CRECIENDO A VARIAS TASAS DE INTERÉS DURANTE 35 AÑOS			
Final de Año	6.50% Compuesto	7.50% Compuesto	8.00% Compuesto	8.50% Compuesto
1	$85,200	$86,000	$86,400	$86,800
5	$109,607	$114,850	$117,546	$120,293
10	$150,171	$164,883	$172,714	$180,879
15	$205,747	$236,710	$253,774	$271,979
20	$281,892	$339,828	$372,877	$408,964
25	$386,216	$487,867	$547,878	$614,941
30	$529,149	$700,396	$805,013	$924,660
35	$724,980	$1,005,510	$1,182,828	$1,390,371

en una área de recreo». La siguiente pregunta que le hago es: «¿Y por qué no empiezan a disfrutar de esas cosas ahora mismo?». Ellos usualmente responden: «Bueno, nos gustaría, pero no podemos pagarlo, durante los próximos 20 años estaremos ahorrando todo lo que nos es posible en nuestros 401(k)s y IRAs para que cuando nos retiremos podamos tener ese dinero adicional para comprar todas esas cosas».

Por los siguientes 20 años Juan y Susy Quierenunacabaña van a destinar $500 al mes a sus planes calificados de retiro para acumular ahorros que les permitan comprar la cabaña de sus sueños. Vamos a asumir que a Juan y Susy les va muy bien y obtienen un 11.25 por ciento de rendimiento por veinte años —$500 al mes invertidos por 20 años generando un 11.25 por ciento crecen a $450,000. Ellos ya está listos para jubilarse y comprar su cabaña cuando dos hechos se atraviesan ante sus ojos: (1) su cuenta de ingreso suplementario para el retiro de $450,000 está totalmente sujeta a impuestos y ellos se encuentran en la misma tasa de impuestos en la que se encontraban en sus años productivos, por lo tanto les queda una cantidad neta de $300,000, y (2) la cabaña que ellos pudieron haber comprado veinte años atrás por $100,000 ahora les cuesta $400,000. Ellos se sienten desfallecer.

Vamos a imaginarnos (a manera de broma) las conversaciones de

Juan con Susy, sus hijos y sus nietos durante los 20 años que duraron acumulando dinero en sus 401(k)s. Es un típico viernes por la tarde y Juan le dice a Susy: «Querida, ¿qué tal si pasamos un fin de semana romántico en nuestros estados de cuenta de 401(k) y IRA? Va a ser emocionante ver dónde podemos reposicionar nuestro dinero para ganarle al mercado». Yo no creo que Juan vaya a acumular ningún punto con Susy ese fin de semana.

Puedes imaginar a Juan diciéndole a su hijo adolescente: «Ey Julio, quédate en casa conmigo éste sábado y te mostraré que tan bien les está yendo a nuestros 401(k)s —nuestros dividendos y ganancias capitales este año nos dieron el equivalente a 11.25 por ciento de interés compuesto anualizado».

«No, gracias, papá. ¿Me prestas las llaves?».

Imagina al joven abuelo Juan, llevando a su pequeña nieta en brazos y orgullosamente mostrándole el portafolio tan diversificado que ha creado y que dentro de cincuenta años le va a transferir a ella 28 centavos por cada dólar de cualquier sobrante que quede en la cuenta.

¿No crees que Susy Quierenunacabaña preferiría pasar fines de semana en una cabaña que estar revisando estados de cuenta de 401(k)s en su casa? Construir recuerdos con sus hijos y nietos en la cabaña familiar va a resultar en depósitos más valiosos en el banco familiar que en sus IRAs y 401(k)s.

MI CABAÑA 401 Y ALOJAMIENTO DE RETIRO INDIVIDUAL (IRA)

Déjame contarte sobre la cabaña 401 y alojamiento de retiro individual (IRA, por sus siglas en inglés) de mi familia. Nosotros compramos una cabaña para nuestra familia para empezar a disfrutar ahora con nuestros hijos y nietos, en vez de esperar hasta «nuestro retiro». Nuestra acogedora cabaña está situada en veinte acres en un extremadamente pacífico y sereno escenario montañoso. Nos costó originalmente $100,000, con derechos de agua y todo. Conservadoramente se ha ido apreciando al menos al 7.2 por ciento cada año. Basados en la regla del 72, nuestra cabaña va a aumentar de valor cada 10 años

(72 / 7.2 = 10). A esta tasa, nuestra cabaña facilmente valdrá $200,000 diez años después de haberla comprado, $400,000 en veinte años y $800,000 en treinta años.

Durante el mismo período de 20 años en los que Juan y Susy Quierenunacabaña están ahorrando $500 al mes (lo que equivale a $6,000 al año) en IRAs y 401(k)s nosotros estamos pagando un 6 por ciento de interés en una hipoteca de sólo interés sobre una cabaña que vale $100,000. La hipoteca de nuestra cabaña nos está costando $500 al mes ó $6,000 al año. Nosotros estamos obteniendo los mismos beneficios fiscales que Juan y Susy por que nuestro interés es deducible, ya que la cabaña califica como segunda residencia. En otras palabras, no importa si tu depositas $6,000 al año en un plan calificado de retiro o haces pagos de intereses por $6,000; los dos son deducibles. En cualquiera de los dos te ahorras $2,000 en impuestos (33.3 por ciento de $6,000) y tu desembolso neto al año es de sólo $4,000.

Compara los dos escenarios. Juan y Susy Quierenunacabaña necesitan generar 10.36 por ciento en su inversión de $500 al mes para que ésta crezca a $400,000 en veinte años. Pero después de impuestos, ellos van a tener una cantidad neta de sólo $266,666. Ellos tuvieron un mejor rendimiento de al menos el 11.25 por ciento en sus 401(k)s por lo que su cuenta creció a $450,000, pagaron impuestos, y obtuvieron la misma cantidad neta de $300,000 que nosotros obtuvimos. La hipoteca de nuestra cabaña es de sólo interés, por lo que al final de los 20 años nosotros todavía debemos $100,000. (Tu vas a aprender por que queremos hacer las cosas de esta manera en los capítulos del 6 al 8). En el vigésimo año, nuestra cabaña va a valer al menos $400,000, menos la hipoteca de $100,000, lo cual resulta en la misma ganancia neta que Juan y Susy esperan obtener.

Pero ¿quién es más «rico» al final de los 20 años? Nosotros tenemos una abundancia de recuerdos depositados en nuestro banco familiar y hemos cultivado relaciones a través del proceso. Nosotros tenemos álbumes de fotos llenos de recuerdos en nuestra cabaña, mientras que los cajones de Juan y Susy están llenos de estados de cuenta trimestrales. ¿Ves la diferencia?

Vamos a ver el escenario completo en 30 años. Al 7.2 por ciento de apreciación anual, nuestra cabaña va a tener un valor de $800,000 en 30 años. Juan y Susy necesitarían haber obtenido el 8.35 por ciento en su inversión de $500 al mes para acumular $800,000 en 30 años. Sin embargo, después de impuestos, ellos sólo obtendrían una cantidad neta de $533,333. Juan y Susy debieron de haber ahorrado $600 al mes al 9.43 por ciento de interés, para acumular el $1,200,000 necesarios para obtener una cantidad neta de $800,000 después de pagar impuestos. Si nosotros pagamos $600 en nuestra hipoteca de $100,000 por nuestra cabaña, los $100 extra hubieran pagado completamente la cabaña en 30 años. (Después te voy a enseñar una mejor alternativa para liquidar la cabaña. De momento, sería mejor depositar $66.65 al mes en un fondo conservador y dejarlo crecer libre de impuestos a $100,000 —lo suficiente para pagar la hipoteca en 30 años si así lo queremos). Lo más importante es que podemos arreglárnosla para disfrutar de los $800,000 de ganancia totalmente libre de impuestos en nuestra cabaña.

Don Blanton, un buen amigo y socio, me compartió que él tiene un «condo 401» para su familia. Un banco familiar correctamente facultado (ver capítulo 12) puede estructurarse para proporcionar una «cabaña 401» o un «condo 401» —a nombre de tus hijos si es necesario para obtener los beneficios fiscales. ¿Por qué esperar hasta tu retiro para hacer las cosas que realmente disfrutas? Probablemente tú puedes empezar a disfrutar mucho de lo que estás luchando por conseguir sin que tengas que renunciar a nada. De hecho, te puede ir mucho mejor.

Oh, casi se me olvidaba, quizá todavía te estés preguntando dónde quedó el dólar perdido en el acertijo de los tres pescadores que te conté al principio de este capítulo. Mi propósito es utilizar el acertijo para ilustrar que hay dólares que se pierden todo el tiempo por causa de una contabilidad inadecuada. Aquí tienes la respuesta: si estás contando los $30 que los tres hombres pagaron originalmente, tomas 3 multiplicados por $9 que fue lo que finalmente pagaron, te dio $27, más los $3 que les devolvieron, suma un total de $30. Si tu estás contando el costo real del cuarto de $25, tomas 3 multiplicados por los $9 que finalmente pagaron y te da $27, menos los $2 que el mozo se robó, te da $25. El punto es, no siempre sumes la ganancia en tus cuentas de jubilación si no restas los impuestos que vas a deber.

CONCEPTOS CUBIERTOS EN EL CAPÍTULO 4

- Predeciblemente, la mayoría de la gente es motivada a invertir en planes calificados para tener un tratamiento favorable de impuestos durante las fases de contribución y acumulación de la planeación para el retiro.

- Cuando los planes calificados son liquidados en el retiro, ellos producen los resultados en impuestos que el gobierno predijo y planeó.

- *No tiene ningún sentido posponer los impuestos para obtener alguna ventaja percibida en el futuro*

- *Los vehículos de retiro no calificados pueden proporcionar un ingreso neto disponible mucho mayor.*

- Si vives más de 20 años después de tu jubilación, potencialmente pagarás al menos cinco veces más en impuestos durante la fase de distribución que los impuestos ahorrados durante toda la fase de contribución.

- Básicamente, hay cuatro fuentes de dinero: gente que trabaja, dinero que trabaja, dinero de otra gente (OPM, por sus siglas en inglés) y caridad.

- La mayoría de la gente rica emplea el uso del dinero de otra gente.

- Básicamente, hay cinco maneras diferentes de ahorrar o invertir:

  1. Puedes invertir dólares después de impuestos en instrumentos que son sujetos a impuestos a medida que los intereses se van generando, los dividendos se van pagando o las ganancias son realizadas.

  2. Puedes invertir dólares después de impuestos que se acu-

mulen en condiciones de impuestos diferidos y que paguen impuestos en las ganancias cuando sean realizadas.

3. Puedes invertir dólares después de impuestos en inversiones que se acumulen libres de impuestos y que también permitan el uso del dinero libre de impuestos en el futuro.

4. Puedes invertir 100 centavos de dólar antes de impuestos o deducibles de impuestos en inversiones que se acumulen en condiciones de impuestos diferidos, y en el futuro paguen impuestos.

5. Puedes utilizar 100 centavos de dólar a través de deducciones indirectas y disfrutar de una acumulación libre de impuestos, un uso libre de impuestos del dinero y una transferencia a tus herederos de los fondos remanentes libres de impuestos.

• La quinta opción excede por mucho el resultado de la primera y segunda opción y puede generar un 50 por ciento adicional de ingreso neto disponible que la tercer y cuarta opción.

• Tener dinero que goce de beneficios fiscales en los años de cosecha tiene el potencial de generar una cantidad de ingreso eternamente, mientras que las inversiones sujetas a impuestos pueden requerir que los retirados tomen de su cuenta hasta un 50 por ciento adicional (en una tasa del 33.3 por ciento) para alcanzar la misma cantidad de ingreso neto disponible. Por lo tanto, las inversiones sujetas a impuestos se pueden agotar haciendo que las personas vivan más tiempo que lo que dura su dinero.

• Una tremenda riqueza puede ser creada al hacer lo que los bancos y las uniones de crédito hacen: toman dinero prestado a una tasa y lo invierten a una tasa más alta.

• Construir recuerdos en una cabaña 401 y alojamiento de retiro individual (IRA) puede resultar en depósitos más valiosos al banco familiar que los IRAs y 401(k)s, mientras se disfruta de los mismos beneficios fiscales y del mismo crecimiento.

CAPÍTULO 5

Libérate de la trampa del IRA y 401(k)

Como hacer una transferencia estratégica de tu IRA o 401(k) con el menor impacto posible en impuestos

E N CASO DE QUE YA TE HAYAS dado cuenta que estás siendo atrapado en un IRA o 401(k) que algún día va a ser sujeto a impuestos, ¡no retrases lo inevitable! Empieza ahora a desarrollar un plan para convertir tus fondos calificados estratégicamente en cuentas no calificadas. El posponer los impuestos que algún día se vencerán puede incrementar la cantidad de impuestos que terminarás pagando al fin de cuentas.

BENEFICIOS DE UNA TRANSFERENCIA ESTRATÉGICA

Mucha gente que se prepara para el retiro pospone la transferencia de fondos calificados a estatus no calificados hasta que cumplen 59 años y medio para evitar el 10 por ciento de penalidad. No se dan cuenta que lo único que quizá estén ahorrando al posponer la transferencia es ese 10 por ciento de penalidad. El impuesto sobre la renta adeudado seguirá siendo el mismo, no importa cuándo retiren el dinero.

Tal como has aprendido, la gente usualmente se encuentra en la misma tasa de impuestos que tenía durante los años en que trabajaron, a pesar de que tienen menos ingresos, lo que sucede es que en su retiro tienen menos deducciones. Algunas veces por procrastinar el pagar los impuestos y la penalidad, la gente se encuentra en una tasa mayor después de los 59 años y medio debido a los incrementos en las tasas propuestos por el Congreso o a un aumento en su ingreso personal. Con demasiada frecuencia, los jubilados no van a ahorrar impuestos al posponer su pago o estirar la deuda a la segunda generación, simplemente estan tratando de evitar el inevitable «día de pago» al tío Sam.

CONTROLAR LAS FLUCTUACIONES DE IMPUESTOS ANUALES

¿Cuál es la mejor manera para convertir tus fondos calificados en cuentas no calificadas? Una estrategia es hacer tus movimientos durante los años con ventajas de impuestos.

Algunas veces los contribuyentes experimentan años en los que tienen menos ingreso sujeto a impuestos. Por ejemplo, quizá por un cambio de trabajo su ingreso gravable tiene una caída de $25,000 por debajo de la tercera tasa de impuestos (la tasa federal brinca del 15 al 25 por ciento en la tercera tasa de impuestos). Esos contribuyentes deben aprovechar la oportunidad de convertir algunos de sus fondos calificados en cuentas no calificadas.

Si ellos toman ventaja del ingreso bajo ese año, pudieran retirar y reposicionar $25,000 de fondos de IRA o 401(k) y pagar impuestos que, de otra manera, pagarían a una tasa más alta en el futuro. Aún con el 10 por ciento de penalidad, el total de sus impuestos puede ser un 25 por ciento: 15 por ciento más la penalidad. Es lo mismo que la siguiente tasa en la que se encontrarían si continúan a posponer el pago de impuestos y su dinero se acumula bajo el estatus de «en espera de ser impuesto». Es mejor pagar esos impuestos y reposicionar el saldo en un vehículo de inversión que sea libre de impuestos de ese punto en adelante. Recuerda que tú le puedes pagar al IRS ahora o le puedes pagar después (sobre una cantidad mucho más grande).

Muchas parejas mayores de 59 años y medio fallan en tomar ventaja de una reposición de fondos calificados durante una tasa de impuestos baja. Por ejemplo, ellos pueden estar en una tasa del 15 por ciento con un ingreso sujeto a impuestos $10,000 por debajo del límite de la tasa del 25 por ciento. Eso significa que ellos pueden añadir $10,000 de ingreso (sin tener que gastarlo) a través de un retiro de fondos y aún permanecer en la tasa de impuestos baja. En este caso, pueden reposicionar $10,000 de fondos calificados a la baja tasa de impuestos del 15 por ciento. Su tasa de impuestos puede ser más alta en el futuro; si ellos no reposicionan ahora, la oportunidad se puede perder para siempre. Usualmente es recomendable sacar el dinero calificado y reposicionarlo en un ambiente libre de impuestos en vez de dejarlo en planes calificados acumulando el problema.

ENTENDER EL RIESGO DE LAS DISTRIBUCIONES MÍNIMAS

¿Qué pasa si una pareja de jubilados no necesita los fondos que tienen en sus IRAs y 401(k)s para cubrir sus gastos durante el retiro? Usualmente no es lo mejor posponer el pago de impuestos a la edad de 70 años y medio, cuando las personas deben de empezar a retirar las distribuciones mínimas basadas en la fórmula de distribuciones mínimas del Codigo de Ingresos Internos (Internal Revenue Code).

Si un individuo no empieza a retirar dinero a la edad de 70 años y medio, de acuerdo a la fórmula de distribuciones mínimas del Codigo de Ingresos Internos, el IRS penalizará al individuo por no retirar dichos fondos. (El IRS quiere obtener algo del dinero retirado y cobrar impuestos sobre él antes de que el retirado muera, así puede obtener ingresos mientras la persona viva y después, si no se han consumido, cobrar impuestos una segunda vez cuando estos fondos se traspasen a herederos que no sean el cónyuge del fallecido). Si un contribuyente después de tener 70 años y medio deja dinero en un plan calificado y no hace los retiros mínimos establecidos por la fórmula, un 50 por ciento de penalidad es impuesta al contribuyente en base a la cantidad que debió de haber retirado.

Vamos a estudiar un ejemplo sencillo, ilustrado en la Figura 5.1. Para un matrimonio en el que el esposo tiene 70 años y medio y la esposa es más jóven, dentro de 10 años de su edad, o cualquier edad mayor, el divisor es mostrado para un período de 21 años. Por lo tanto él debe de tomar la cantidad total de sus cuentas calificadas y dividirlas por 25.3 por ciento para obtener la distribución mínima requerida para evitar la penalidad durante el primer año después de haber llegado a los 70 años y medio. Si el total de sus cuentas calificadas suman $100,000, él tendría que haber retirado $3,952.57 ($100,000 / 25.3). Si el total de sus cuentas calificadas es de $1 millón, él tendría que haber retirado $39,525.70, ya sea que necesite el dinero o no. El siguiente año, él tendría que recalcular el valor total de sus cuentas calificadas y dividirlo por 24.4 para llegar a la distribución mínima. Como se ve en la Figura 5.1, el divisor cambia cada año a medida que la persona envejece hasta llegar a la edad de 90 años, que es cuando debe retirar un mínimo de aproximadamente 10 por ciento del valor de sus cuentas calificadas para evitar la penalidad.

La mejor página de Internet que he encontrado para ayudar a hacer estos cálculos es www.tiaacref.org. Busca bajo los cálculos de las tablas de distribuciones mínimas. Posiblemente te pidan que te registres antes de usar los calculadores, pero todo lo que necesitas para calcular las distribuciones mínimas son tu edad y las de tus beneficiarios, el valor de tus cuentas y la tasa de crecimiento que sientes que puedes obtener durante tus años de retiro.

Yo he descubierto con mucha frecuencia, que las parejas jubiladas pagan más del doble en la cantidad de impuestos en sus planes de retiro si se atan usando la fórmula de distribuciones mínimas del gobierno. Ellos pudieran pagar un 60 por ciento menos en impuestos si pagaran dichos impuestos en un plan sistemático de retiro o una transferencia estratégica durante 5 ó 7 años. Esto es cierto, siempre y cuando reposicionen esas distribuciones después de impuestos en un ambiente libre de impuestos de ese punto en adelante. (Como lo ilustraré más adelante en este capítulo).

Figura 5.1	CÁLCULO DE LA DISTRIBUCIÓN MÍNIMA					
[1] EDAD	[2] FECHA	[3] DIVISOR	[1] EDAD	[2] FECHA	[3] DIVISOR	
71½	Abr. 2005	25.3	82	Dic. 2015	16.0	
72	Dic. 2005	24.4	83	Dic. 2016	15.3	
73	Dic. 2006	23.5	84	Dic. 2017	14.5	
74	Dic. 2007	22.7	85	Dic. 2018	13.8	
75	Dic. 2008	21.8	86	Dic. 2019	13.1	
76	Dic. 2009	20.9	87	Dic. 2020	12.4	
77	Dic. 2010	20.1	88	Dic. 2021	11.8	
78	Dic. 2011	19.2	89	Dic. 2022	11.1	
79	Dic. 2012	18.4	90	Dic. 2023	10.5	
80	Dic. 2013	17.6	91	Dic. 2024	9.9	
81	Dic. 2014	16.8				

TRANSFERIR LOS FONDOS DE RETIRO A LOS HEREDEROS

A partir de la muerte del primero de los cónyuges, el sobreviviente puede heredar o ser el beneficiario de los fondos calificados. A este punto hay ciertas reglas que permiten que un beneficiario menor de 59 años y medio reciba esos fondos sin recibir el 10 por ciento de penalidad. Los fondos también se pueden convertir en un IRA bajo el nombre del beneficiario. Pero la distribución y los impuestos subsecuentes podrían entonces ser pospuestos. Esta opción es frecuentemente una tentación para los sobrevivientes o beneficiarios después de heredar una cuenta calificada. En muchos casos, pudiera ser mejor para ellos sacar el dinero, pagar impuestos a las tasas de hoy y acabar con la dueda fiscal. Ellos pudieran entonces reposicionar ese dinero después de impuestos en cuentas no calificadas y posiblemente acumular el dinero libre de impuestos de ese punto en adelante (como lo explico en los capítulos 10 y 11).

Para una pareja retirada, si todavía hay fondos en planes de jubilación calificados como un IRA o 401(k) a la muerte del cónyuge sobreviviente, el valor de la cuenta es incluída en el patrimonio del fallecido y debe ser considerada en la evaluación total de los bienes. Si el patrimonio es evaluado bajo la exención unificada de crédito (Figura 5.2) el impuesto sobre el patrimonio empieza en un 37 por ciento y algun día topa en un límite de un 45 a 55 por ciento, dependiendo del año. (Si la ley fiscal de 2001 no ha cambiado, la cantidad de la exención unificada de crédito se habrá incrementado a $3,500,000 para el año 2009, entonces será revocada en 2010 para ser reemplazada el primero de enero del 2011, ¡con las leyes fiscales efectivas durante 2001!)

Adjunto a la posible deuda del impuesto por transferencia de la herencia, se tiene que pagar el impuesto sobre la renta de dichos fondos a la tasa en la que se encuentre el beneficiaro si los fondos no se van a transferir a otra cuenta de IRA. Esa transferencia de dinero colocará al beneficiario en una tasa federal de impuestos sobre la renta más alta. Si asumimos que el beneficiario está en una tasa del 33.3 por ciento, el impuesto sobre la renta se tiene que pagar adicionalmente a los impuestos sobre el patrimonio. Mucha gente no está consciente del impacto de los impuestos en los planes calificados durante las fases de distribución y transferencia. Algunas veces, entre los impuestos sobre la renta y los impuestos sobre la herencia los herederos sólo reciben 22 centavos de cada dólar que quedó en la cuenta de IRA de sus fallecidos padres, después de pagar el 45 por ciento de impuestos sobre la herencia y 33 por ciento de impuesto sobre la renta.

Frecuentemente los ahorros para el retiro de una persona pueden parecer una fuente adecuada para proveer ingresos aún más allá de la muerte del dueño de la cuenta, pero después de que los creadores del fondo fallecen, los depredadores van a acabar con todo.

CUÁNDO HACER CONVERSIONES ESTRATÉGICAS

En mi práctica como consultor financiero, frecuentemente ilustro los posibles beneficios para los jubilados, de hacer una conversión estratégica de fondos calificados en alternativas de retiro no calificadas. Empezamos una conversión estratégica de las cuentas calificadas al hacer retiros anuales y haciendo que dichos retiros sean sujetos a impuestos e incluso hasta incurriendo en la penalidad si los dueños de la

Figura 5.2	MONTO EXENTO DE IMPUESTOS SOBRE EL PATRIMONIO DE ACUERDO AL CRÉDITO UNIFICADO EN TASAS DE IMPUESTOS SOBRE EL PATRIMONIO Y REGALOS	
Año Calendario (Enero 1)	**Monto Exento de Impuestos por Transferencia del Patrimonio al Momento de la Muerte**	**Tasas Más Altas de Impuestos Sobre el Patrimonio y Regalos**
2000	$675,000	55% + 5% Sobretasa
2001	$675,000	55% + 5% Sobretasa
2002	$1 Millón	50%
2003	$1 Millón	49%
2004	$1.5 Millones	48%
2005	$1.5 Millones	47%
2006	$2 Millones	46%
2007	$2 Millones	45%
2008	$2 Millones	45%
2009	$3.5 Millones	45%
2010	Revocado	Tasa de Impuesto Individual más Alta bajo el Acto (Sólo Impuestos Sobre Regalos)
2011	Las tasas del año 2000 serán reinstaladas el 01/01/2011	Las tasas del año 2000 serán reinstaladas el 01/01/2011

cuenta no tienen todavia 59 años y medio. (Recuerda que, al hacer eso, planeamos retirar ese dinero y mantenerlo en una tasa de impuestos igual o más baja que la que tendría si se pospone —e incrementa— su deuda fiscal). Si nos esperamos hasta tener 59 años y medio para empezar una estrategia, al hacer el retiro (no traspaso) de un plan calificado nos ahorramos el 10 por ciento de penalidad.

Algunas veces es mejor para la gente con menos de 50 años sacar su dinero bajo un plan estratégico, a pesar de la penalidad del 10 por ciento, porque la cantidad pagada por esa penalidad se puede recuperar con un mejor interés durante el periodo de 10 ó 15 años que falta para su retiro. No hay reglas fijas, ni rápidas. Generalmente, es mejor para la gente con edades entre 55 y 59 años y medio esperar hasta ésta última edad para empezar a hacer sus retiros. Otras personas entre 50 y 54 también deberían esperar y otras no. Hay algunas variables a considerar y esto tiene más que ver con el rendimiento que obtienen en su inversión que con la tasa de impuestos en la que se encuentran. Yo he visto como mucha gente que pospone hacer una conversión estratégica se encuentran a sí mismos pocos años después en circunstancias más dañinas en cuestión de impuestos que si no hubieran esperado —aún considerando el 10 por ciento de penalidad.

De nuevo te digo, tú le puedes pagar al IRS ahora o después. Así que si puedes obtener la misma tasa de retorno en una cuenta no calificada que en una calificada y disfrutar de un crecimiento y un acceso libre de impuestos de tu cuenta en el futuro, yo te recomendaría que detuvieras tus aportaciones a cualquier tipo de plan calificado (a menos que estés obteniendo aportaciones muy atractivas por parte de tu patrón y entiendas las consecuencias de la postergación de los impuestos). Como explicaba en el capítulo 4, deberías considerar seriamente el cambiar la dirección de tus aportaciones a vehículos de retiro no calificados, financiados con dólares después de impuestos al inicio (dinero semilla) que van a ser dólares libres de impuestos al final (en los años de la cosecha).

ÚSALO O PIÉRDELO

Como ya lo expliqué, me ha tocado ver gente que pospone y espera, por tratar de «ahorrar» los impuestos inevitables en su dinero calificado. Sin saberlo, mucha gente estaba evitando moverse de la tasa de impuestos del 28 por ciento al 31 por ciento antes de la terrible caída de la bolsa de valores del año 2000. Lo que ellos buscaban era ahorrarse sólo un 3 por ciento en $59,100 (el espacio disponible antes de pasar a la siguiente tasa de impuestos), que en este caso habría sido $1,773. Por el hecho de posponer el retiro, ellos perdieron el 30 por ciento de $59,100 que equivale a $17,730 ó 10 veces más la pérdida ¡porque ellos dejaron su dinero en el mercado durante una depresión económica! Y por si esto fuera poco, debido a la falta de liquidez muchos fueron forzados a retirar su dinero y a pagar impuestos sobre él. Si hubieran podido hacerlo de nuevo, con gusto hubieran cambiado el pagar $1,773 en impuestos adicionales y tener $17,730 adicionales en su cuenta de jubilación. Si no utilizas el espacio entre el límite de tu tasa actual con la siguiente tasa con posibles retiros de tus planes calificados, vas a perder la oportunidad en ese año. No puedes regresarte y enmendar una devolución con retiros retroactivos de fondos calificados.

Posiblemente ya estás altamente involucrado con un plan de retiro calificado. Si lo estás, lo mejor que puedes hacer es analizar que conversión estratégica de tus planes calificados a situaciones no calificadas puedes lograr para tus años de retiro a largo plazo, aunque quizá te pueda lastimar un poco en cuestión de impuestos a corto plazo. Yo preparo a muchos de mis clientes, así tan pronto llegan a los 59 años y medio empiezan con el proceso de conversión estratégica, incluso si no están listos para retirarse o si no necesitan el dinero todavía. La idea es crear un plan en donde ellos puedan empezar a retirar dinero estratégicamente de su plan de retiro en un período de 5, 6 ó 7 años y hacer que el dinero sea gravado con tasas de impuestos de hoy en lugar de las tasas posiblemente más altas del mañana. Ellos pudieran querer tomar ventaja de cualquier espacio que haya en el límite de su tasa de impuestos actual antes de pasar a la siguiente tasa.

Por ejemplo, para una pareja casada que aplica a una devolución de impuestos conjunta (bajo las tasas de impuestos existentes en el 2004), hay $43,800 de espacio para ingresos sujetos a impuestos entre $14,300 y $58,100. (El ingreso sujeto a impuestos es el ingreso neto después de todas las deducciones y exenciones.) Por lo tanto, si tú tienes un ingreso bruto de $70,000, pero tienes un desglose de deducciones por $12,000 en intereses de hipoteca, $7,000 en contribuciones a obras de caridad, $4,000 en impuestos estatales y locales más dos exenciones (esposo y esposa) con un total de $6,200, tu ingreso sujeto a impuestos sería sólo de $40,800 no de $70,000. Por lo tanto, puedes retirar $17,300 de una cuenta calificado (el limite de $58,100 menos el ingreso sujeto a impuestos de $40,800) y probablemente pagar una tasa de impuesto sobre la renta no mayor de lo que hubieras tenido que pagar si retiras ese dinero después.

Optimistamente, durante las edades de 59 años y medio y 64 años y medio —y no después de los 70 años y medio— la pareja puede tener todo o la mayoría de su dinero reposicionado y los impuestos pagados. La reposición de los fondos de retiro tiene que ser a vehículos libres de impuestos de ese punto en adelante que les permitan disfrutar de un ingreso libre de impuestos por el resto de sus vidas. Cuando los retirados hacen esto, generalmente se ahorran tanto como un 60 por ciento de los impuestos que si se hubieran atado a su deuda de impuestos hasta el fin de sus días. Adicionalmente, ellos pueden engrandecer el valor de esos fondos cuando son transferidos a los beneficiarios y reabastecer todo o algo del dinero que tuvieron que pagar en impuestos al hacer el retiro o el proceso de conversión. Te explicaré cómo en los capítulos 9 al 11.

ACCEDE A TUS FONDOS DE RETIRO LIBRES DE IMPUESTOS

Vamos a asumir que una pareja ha llegado a la edad de 60 años y se está preparando para un retiro total a los 65 años. Vamos a llamarles Benjamín y Sara Liberados a esta pareja. Benjamín ha trabajado para una corporación muy grande que ofrece como beneficio un plan de pensión definido basado en el número de años de servicio para la compañía. Sara ha sido maestra de escuela por 30 años y también recibirá una pensión basada en el número de años de servicio. Con esas dos fuentes de ingreso, más el Seguro Social, ellos sienten que por el momento no tienen necesidad de retirar dinero de sus IRAs o 401(k)s ya que todavía están trabajando, o que pueden recibir incentivos para una jubilación anticipada si decidieran retirarse antes de tiempo. Además de lo anterior, también tienen otras inversiones como fuentes de ingreso.

Vamos a asumir que esta pareja tiene al menos $100,000 en IRAs y (401(k)s. Si ellos hacen lo que hace la mayoría de la gente —que es lo que la mayoría de los consejeros les dice que hagan— continuarían posponiendo el hacer cualquier tipo de retiro de sus IRAs pensando que de esta manera están ahorrando impuestos.

Benjamín y Sara han estado obteniendo un rendimiento del 7.75 por ciento en sus IRAs y 401(k)s. Si dejan sus cuentas como están, sus fondos calificados de $100,000 van a crecer en condiciones de impuestos diferidos a $210,974 en 10 años (hasta que tengan 70 años). Para evitar la penalidad del 50 por ciento, deben de empezar a hacer retiros anuales equivalentes a los intereses generados del 7.75 por ciento. El ingreso anual de sus cuentas de IRA y 401(k) sería de $16,350 ($210,947 x 7.75%). Sin embargo, ellos tendrían que reportar esto como un ingreso sujeto a impuestos, entonces, asumiendo que tienan la fortuna de estar todavía en su tasa de impuestos del 33.3 por ciento, su deuda fiscal anual sobre el ingreso obtenido a través de su IRA/401(k) sería de $5,450 ($16,350 x 33.3%). Esto los deja con un ingreso neto disponible después de impuestos de $10,900. Vamos a asumir que al menos uno de ellos vive hasta los 90 años (20 años más). Su deuda fiscal anual de $5,450 por veinte años sería un total de $109,000 en impuestos pagados durante sus años de cosecha. Vamos a ver que es lo que Benjamín y Sara Liberados pudieron haber hecho mejor.

Benjamín y Sara han vivido en la misma casa por los últimos 30 años. Ellos la compraron por $125,000. La casa se ha apreciado a una tasa promedio del 5 por ciento anual. Basados en la regla del 72, esto significa que la casa se duplicó de valor dos veces en ese período (72 dividido entre 5 significa que la casa duplica su valor cada 14.4 años). La casa tiene un valor actual de $500,000 y está libre de toda deuda. Este es el hogar donde Benjamín y Sara criaron a sus cuatro hijos y sienten que ya no necesitan una casa tan grande. A ellos les gustaría venderla y comprar una pequeña casa de retiro para el verano así como también un pequeño condominio de retiro en alguna parte cálida, con el clima del sur, para utilizarla durante el invierno —ambas casas tienen un valor en conjunto de $500,000. Al principio ellos pensaron en vender su casa actual por $500,000 y pagar en efectivo por sus dos pequeñas moradas, pero estaban preocupados de que pudieran incurrir en una deuda en impuestos sobre una ganancia capital grande, como hicieron sus padres cuando vendieron su casa durante su retiro. Sin embargo, antes de incurrir en esos errores, Benjamín y Sara descubrieron sus alternativas al leer este libro.

Con motivo de la Ley de Alivio para el Contribuyente de 1997, Benjamín y Sara recordaron que pueden evitar hasta $500,000 de ganancia capital en la venta de una residencia principal una vez cada dos años. Así al pagar sólo el 20 por ciento de enganche en la adquisición de sus dos moradas de retiro, ellos utilizaron tan sólo $100,000 de los $500,000 del valor de su casa. Benjamín y Sara tomaron nuevas hipotecas para ambas propiedades por un total de $400,000 (préstamos del 80 por ciento sobre el valor de las casas). Después de estudiar los capítulos 6 al 8, ellos se dieron cuenta de la importancia de establecer la deuda de adquisición más alta al comprar una residencia primaria o secundaria. Ellos también aprendieron por qué es inteligente utilizar hipotecas sólo de interés en lugar de préstamos amortizados. Entonces vamos a asumir que las hipotecas sólo de interés por un total de $400,000 al 6 por ciento de interés requieren de pagos mensuales de $2,000 ó $24,000 al año. Como el pago mensual es sólo interés el 100 por ciento de él es deducible. Por lo tanto en una tasa de impuestos del 33.3 por ciento Ben y Sara reciben de regreso $8,000 en ahorros de impuestos que no estaban recibiendo anteriormente. Los pagos netos de la casa son entonces de $16,000 al año (por que el tío Sam está pagando la diferencia de $8,000 para llegar al pago de $24,000).

Al hacer lo que los bancos y las uniones de crédito hacen —tomar dinero prestado a una tasa baja y ponerlo a trabajar a una tasa un poco más alta— Benjamín y Sara pusieron los $400,000 restantes del valor de su casa a trabajar de manera segura ganando 6, 7 u 8 por ciento en condiciones libres de impuestos. Aún si obtuvieran el 6 por ciento neto, ellos fácilmente pudieran hacer el pago bruto de su casa por la cantidad de $2,000 al mes. Más adelante en este libro te mostraré como puedes obtener mejores rendimientos.

Benjamín y Sara han decidido no retrasar lo inevitable al posponer el pago de impuestos en sus IRAs y 401(k)s. En vez de ello, han decidido sacar todo su dinero durante un período de 5 años (de los 60 a los 65) y reposicionarlo en una cuenta no calificada que va a crecer libre de impuestos de ese punto en adelante. Asumiendo que ellos sigan obteniendo el 7.75 de rendimiento cuando estén haciendo su retiro estratégico de fondos, podrán retirar $23,091 cada año y estarán los fondos completamente convertidos a lo largo de cinco años. Dado que Benjamín y Sara tienen $24,000 de deducciones por los intereses de su hipoteca —que no tenían antes— pueden tener $24,000 adicionales de ingreso sin que tengan que pagar impuestos porque las deducciones por concepto de intereses y el dinero obtenido de los fondos de retiro, se compensan en el formulario 1040 de devolución de impuestos. En otras palabras, $23,091 de ingreso obtenido de la cuenta de IRA/401(k) se contrarresta con los $24,000 de los intereses de la hipoteca (Sección A). Lo que significa que los retiros realizados de las cuentas de IRA/401(k) fueron en esencia libres de impuestos.

Si asumimos que ellos puedan obtener la misma tasa de retorno de 7.75 por ciento en un plan de retiro no calificado con la alternativa de estar favorecido en impuestos, $23,091 al año por 5 años crece a $145,240 que al final de 10 años habrá crecido a $210,947. Es la misma cantidad que Benjamín y Sara hubieran acumulado en sus IRAs y 401(k)s si hubieran dejado su dinero ahí. *La diferencia significativa es que ahora Benjamín y Sara pueden retirar el total de los intereses anuales $16,350 completamente libres de impuestos, que es un 50 por ciento más que el ingreso neto después de impuestos de $10,900 que hubieran obtenido de haberse quedado con sus IRAs.* Otra ventaja es que si no necesitan el dinero, no tienen que retirar nada a los 70 años y medio porque el dinero ya no está en un plan calificado —y ya fue sujeto al pago de impuestos.

Si Benjamín y Sara lo quisieran, podrían liquidar en cualquier momento el saldo de las hipotecas de sus casas por $400,000, tomando el dinero que tienen en una bolsa (su inversión segura) y pasarlo a su otra bolsa (sus casas). Sin embargo, al no pagar esas hipotecas, ellos pueden continuar generando un retorno más alto que el costo neto de los intereses que están pagando cada año, que es sólo $16,000 o el 4 por ciento ($24,000 menos el 33.3% = $8,000 en ahorros de impuestos). Por lo que además de los $16,350 de ingreso libre de impuestos, Benjamín y Sara se pueden beneficiar de $8,000 adicionales ahorrados al continuar deduciendo $24,000 de intereses de su otro ingreso sujeto a impuestos.

Cuando sumamos todos los beneficios, Ben y Sara pueden estar recibiendo $24,000 por año en intereses favorecidos en impuestos de los $400,000 de plusvalía de su casa que tienen invertida, además de $16,350 de ganancias libres de impuestos obtenidas de la cuenta donde se reposicionaron sus fondos de IRA/401(k). Esas dos cantidades suman $40,350. Si restamos el costo neto anual de los intereses anualizados de la hipoteca $16,000, ¡ellos terminan con un ingreso neto disponible de $24,350 versus los $10,900 netos con los que hubieran terminado al dejar su dinero en sus IRAs y 401(k) y al haber pagado sus casas al contado! Si viven 20 años más, Benjamín y Sara van a obtener $269,000 más ingreso al utilizar esta estrategia ($24,350 – $10,900 = $13,450 x 20 años = $269,000).

La situación de Benjamín y Sara Liberados representa un ejemplo sencillo. La verdad es que yo he ayudado a numerosas parejas a prepararse para la jubilación, o a parejas ya retiradas, a aliviar o eliminar totalmente impuestos innecesarios en todas sus cuentas calificadas para el retiro, como los IRAs o 401(k)s. En el capítulo 9 de mi primer libro *Fortuna Perdida* explico en detalle tres escenarios diferentes involucrando a una pareja de 30 años, una pareja de 45 años y una pareja de 60 años. (Estudiar esos ejemplos te va a dar una comprensión más completa de esta estrategia.)

EL MÁXIMO CONTROL DE LOS FONDOS DE IRA/401(K)

Vamos a sumergirnos de una manera un poco más profunda en esos principios comparando tres diferentes enfoques del control de los fondos calificados.

Primero, vamos a asumir que tienes más de 59 años y medio, tienes dinero alojado (atrapado) en cuentas calificados como IRAs y 401(k)s y no necesitas ese dinero, al menos por el momento. Hay muchas personas que caen en esta categoria. Vamos también a asumir que tienes $100,000 de plusvalía disponible en tu casa la cual puedes acceder a través de una línea de crédito sobre el valor de tu casa que requiere pagos de sólo el interés (lo que significa que sólo tenemos que pagar el interés anual, no el capital). La línea de crédito tiene una tasa de interés del 7.5 por ciento.

Debido a que es un interés deducible sobre la deuda de plusvalía de la casa, el costo neto de los intereses es realmente de sólo el 5 por ciento en una tasa de interés del 33.3 por ciento (7.5 menos un tercio). Para cumplir con los requisitos de la Ley de Ingresos Técnicos y Misceláneos (TAMRA por sus siglas en inglés) de 1988 y hacer que nuestra inversión califique para beneficios de impuestos tanto en el crecimiento como en el acceso a los fondos (esto se explica en los capítulos 10 y 11), tomamos de la línea de crédito $20,000 al año durante 5 años hasta agotar el límite autorizado de $100,000. Por favor estudia la Figura 5.3. El primer año necesitamos pagar $1,500 en intereses (7.7 por ciento sobre el saldo del préstamo de $20,000). Al año siguiente necesitamos pagar $3,000 en intereses porque el nuevo saldo del préstamo es de $40,000. El tercer año pagamos $4,500 en intereses porque el nuevo saldo es de $60,000. El cuarto año pagamos $6,000 en intereses sobre el nuevo saldo de $80,000. Finalmente, al quinto año y cada año a partir de entonces, pagamos $7,500 en intereses cada año por el saldo corriente del préstamo de $100,000.

Como se ilustró, diez años de pago de intereses suman $60,000. Sin embargo, esos pagos de intereses son deducibles al 100 por ciento ya que representan sólo interés. Entonces, realmente no son $60,000 lo que tenemos que pagar sino sólo $40,000, porque el tío Sam paga un tercio de los intereses en una tasa del 33.3 por ciento. En otras palabras durante este período de 10 años, podemos tener un ingreso adicional de $60,000 totalmente libre de impuestos dado el espacio que brinda el pago de los intereses. Entonces vamos a tomar ventaja de ello haciendo un retiro de algunos de los fondos que tenemos en IRA/401(k). Si pagamos los intereses cada año con retiros de IRA/401(k), en esencia estaríamos obteniendo $60,000 libres de impuestos de nuestras cuentas calificadas. Vamos a ver que tan bien te puede ir utilizando esta estrategia.

Primer enfoque

Vamos a suponer que cada año haces retiros de tus cuentas de IRAs y 401(k)s por la misma cantidad de los pagos de intereses realizados en tu línea de crédito. Como se ilustró en el ejemplo anterior. Pagas el impuesto del 33.3 por ciento e inviertes el remanente cada año. Entonces el primer año tendrías una cantidad neta para invertir de $1,000, el segundo $2,000, el tercer año $3,000, el cuarto año $4,000 y del quinto al décimo año $5,000, para acumular un total invertido de $40,000 ($60,000 de retiros, menos el 33.3 por ciento, ó $20,000 de impuestos pagados a los largo de 10 años). Si asumimos que invertiste el neto después de impuestos del dinero en un ambiente de impuestos diferidos obteniendo un rendimiento del 8 por ciento, tu inversión tendría un valor de $58,179 al final de 10 años. ¡Ni siquiera ha crecido al valor original de $60,000 antes de impuestos con el que tú empezaste! Si en ese punto empiezas a retirar los intereses anuales a manera de ingreso, $58,179 al 8 por ciento generan $4,654 de ingreso anual por concepto de intereses. Pero también tendrás que pagar impuestos sobre ese ingreso por la cantidad de $1,551 al año (33.3 por ciento de $4,654), lo que te deja como neto solo $3,103 disponibles.

Segundo enfoque

El primer enfoque no parece una muy buena alternativa, por lo tanto decides posponer las distribuciones tanto como el IRS te lo permita. Es importante entender que si tus IRAs y 401(k)s estuvieran obteniendo el mismo 8 por ciento de rendimiento, requeriría sólo cerca de $40,000 al principio del período ilustrado de 10 años para generar el pago de intereses anuales mostrado en la Figura 5.3 que terminaría en un total de $60,000 a lo largo de los 10 años. Vamos entonces a tomar nuestros $40,000 y a dejarlos que residan en los IRAs. Al 8 por ciento de retorno, crecerían a $86,357 en 10 años. Eso luce mejor que

Figura 5.3

RETIRO ESTRATÉGICO DE UN IRA O 401(k)

	Inversión anual			Versus		Estrategia de inversión del retiro de la plusvalía		

Año	Monto bruto retirado de IRA/401(k)	Inversión Neta Después de Impuestos	Saldo al cierre del año al 8% de interés	Préstamo obtenido sobre la plusvalía de la casa	Pago bruto del 7.5%	Pago Neto después de impuestos al 5.0%	Saldo de la inversión de la plusvalía de la casa al 8%
1	$1,500	$1,000	$ 1,080	$20,000	$1,500	$1,000	$ 21,600
2	$3,000	$2,000	$ 3,326	$20,000	$3,000	$2,000	$ 44,928
3	$4,500	$3,000	$ 6,833	$20,000	$4,500	$3,000	$ 70,122
4	$6,000	$4,000	$11,699	$20,000	$6,000	$4,000	$ 97,332
5	$7,500	$5,000	$18,035	$20,000	$7,500	$5,000	$126,719
6	$7,500	$5,000	$24,878	$100,000	$7,500	$5,000	$136,856
7	$7,500	$5,000	$32,268		$7,500	$5,000	$147,805
8	$7,500	$5,000	$40,250		$7,500	$5,000	$159,629
9	$7,500	$5,000	$48,869		$7,500	$5,000	$172,399
10	$7,500	$5,000	$58,179		$7,500	$5,000	$186,191
		$40,000				$40,000	

↑ **Desembolso Idéntico para Invertir** ↑

Enfoque 1

Retiro total después de impuestos por diez años:	$40,000
Saldo de la cuenta después de diez años:	$58,179
Tasa de interés anual:	8%
Intereses anuales obtenidos:	$ 4,654
MENOS: Impuesto anual al 33.3%:	$ 1,551
Ingreso Neto Disponible Anual:	$ 3,103

Enfoque 2

Saldo Incial en las cuentas de IRA/401(k):	$40,000
Saldo al final de diez años a una tasa del 8%:	$86,357
Tasa de interés anual:	8%
Intereses anuales obtenidos:	$ 6,909
MENOS: Impuesto anual al 33.3%	$ 2,303
Ingreso Neto Disponible Anual:	$ 4,606

Enfoque 3

Saldo Inicial en las cuentas de IRA/401(k):	$40,000
Retiros estratégicos a lo largo de un periodo de diez años:	$60,000
Pagos brutos a la linea de crédito sobre la plusvalía de la casa:	$60,000
Pagos netos después de impuestos a la línea de crédito sobre la plusvalía:	$40,000
Total de la plusvalía invertida al 8% a lo largo de diez años:	$186,191
Saldo total aproximadamente un mes después:	$187,500
Tasa de interés anual:	8%
Intereses anuales obtenidos:	$ 15,000
MENOS: Pagos netos después de impuestos sobre la línea de crédito:	$ 5,000
Ingreso Neto Disponible Anual:	**$ 10,000**

el escenario anterior. Pero si empiezas a retirar tus rendimientos anuales del 8 por ciento sobre $86,357 por la cantidad de $6,909 te enfrentas con un pago de impuestos de $2,303 (33.3 por ciento de $6,909), obteniendo una cantidad neta de sólo $4,606.

Tercer enfoque

Vamos a volver a visitar la estrategia mostrada anteriormente. Con fines de inversión, tú pudieras obtener $20,000 al año de la plusvalía de tu casa a través de un préstamo por los primeros 5 años. Si asumimos que puedes lograr el mismo 8 por ciento de retorno, $20,000 al año crece a $126,719 al final de 5 años. Entonces la cantidad seguirá creciendo sin agregar nuevos depósitos (porque el total de plusvalía de $100,000 ha sido invertido completamente hasta ese punto) por 5 años más hasta llegar a $186,191. Si se seleccionan los vehículos de inversión apropiados, eso puede suceder en un ambiente libres de impuestos, como enseñaré más adelante. Aproximadamente un mes después del final del último año, pudieras empezar a recibir un ingreso libre de impuestos por concepto de intereses por un total de $15,000 al año. Tú pudieras seguir teniendo los pagos de intereses de tu línea de crédito por la cantidad de $5,000 (netos después de impuestos) ¡Esto te daría una cantidad neta $10,000 de ingreso disponible!

Vamos a dar de nuevo un vistazo a los tres escenarios. Si haces retiros anuales, pagas impuestos e inviertes la diferencia en una anualidad con impuestos diferidos, después de 10 años tu ingreso neto disponible sería de $3,103. Si pospones los retiros de tus IRAs y 401(k) por 10 años, tu ingreso neto disponible sería de $4,606. Sin embargo, si utilizamos la estrategia del manejo de la plusvalía de tu casa, tendrías $186,191 al final de 10 años, que te pueden generar un ingreso neto de $10,000.

¿Que tal si después de obtener tus fondos reposicionados de $60,000 libres de impuestos por virtud de la línea de crédito de $100,000 sobre la plusvalía de tu casa, tú simplemente quisieras pagar tu deuda? Puedes tomar $100,000 de tus inversiones si así lo eliges y liquidar la deuda de tu línea de crédito. Aún así te quedarías con un saldo de $86,191 que te generaría un ingreso anual de $6,895 (todavía sigue siendo una mejor alternativa respecto a las otras dos opciones) asumiendo la misma tasa del 8 por ciento de retorno. De nuevo, para lograr esto, yo recomendaría las inversiones libres de impuestos explicados más adelante en este libro. Sin embargo, para lograr un ingreso neto disponible más alto, sería mejor no liquidar la línea de crédito. Al hacer lo que los bancos y las uniones de crédito hacen —al ser tu propio banquero— puedes utilizar de manera segura el principio del arbitraje para generar un ingreso todavía mayor, tal como lo he mostrado. Al obtener dinero prestado a través de una línea de crédito a un costo neto del 5 por ciento y utilizando el dinero del préstamo para generar un 8 por ciento, tu estás ganando 3 por ciento más de lo que te cuesta obtener el dinero. En este ejemplo, esto equivale a $3,000 más, o cerca de $10,000 al mes de ingreso total. Tú tienes la elección. ¿Qué ingreso suplemental de retiro prefieres: $3,103, $4,604, $6,895 ó $9,895 por año?

En este ejemplo, primero hemos incrementado el ingreso sobre IRAs y 401(k)s cerca del 50 por ciento. Después, casi lo duplicamos e incluso lo triplicamos al usar esta estrategia en sólo $40,000 de dinero de IRA que estaba creciendo a $60,000. ¿Qué tal si tú tienes tanto como $400,000 atrapados en tus IRAs o 401(k)s? (Si esos fondos se dejan para que crezcan a $600,000 antes de que empieces a accederlos estratégicamente, vas a incrementar tu deuda futura en impuestos). Por lo tanto, hay muchas posibilidades de que también tengas una casa valorada entre $500,000 a $1 millón o tienes la capacidad de comprar una casa nueva (o dos casas) de ese valor. Recuerda que puedes deducir intereses hasta por $1 millón en deuda de adquisición, como lo explicaba en el capítulo 2. Yo sé que todos ustedes jubilados están buscando una buena y sólida razón para reemplazar su casa actual con una nueva casa de jubilación. ¡Aquí yace tu mejor razón y oportunidad! Usando esta estrategia, alguien con $400,000 atrapados en cuentas de IRA o 401(k) pueden transferir algo o el total de esos fondos a lo largo de un período de 10 años y sustancialmente reducir o eliminar la deuda fiscal si han creado nuevas deducciones fiscales al obtener hipotecas sobre residencias primarias y secundarias que sumen $1 millón.

Para entender como manejar la plusvalía de tu casa para incrementar la liquidez, seguridad, tasa de retorno, así como para maximizar los beneficios de impuestos como aquí se hace alusión, ponte el cinturón de seguridad y prepárate para un viaje increíble por los siguientes tres capítulos. Ellos te proporcionarán la oportunidad para un entendimiento todavía más poderoso en el incremento de la riqueza.

CONCEPTOS CUBIERTOS EN EL CAPÍTULO 5

- *Desarrolla un plan para convertir estratégicamente tus fondos calificados a cuentas no calificadas en el momento de ventajas de impuestos más oportuno.*

- Cuando la gente se retira, generalmente se encuentra en una tasa de impuestos igual de alta o más alta a la que se encontraban durante los años que trabajaron.

- Después de los 59 años y medio, es usualmente aconsejable sacar el dinero calificado, pagar impuestos y reposicionarlo en un ambiente libre de impuestos, en vez de dejarlo en el plan calificado acumulando el problema.

- Posponer los impuestos hasta la edad de 70 años y medio y después tomar las distribuciones mínimas, pueden resultar en un pago de impuestos sustancialmente más alto en el largo plazo.

- Una conversión estratégica de tus cuentas calificadas a un estatus no calificado —en un período de 5 a 7 años— puede resultar hasta en un 60 por ciento menos de impuestos que el mantenerte atado a la deuda por toda la vida.

- *Algunas veces entre los impuestos sobre el patrimonio y los impuestos sobre la renta, los herederos reciben sólo 22 centavos por cada dólar que quedó en la cuenta de IRA de sus padres.*

- *Tú puedes pagarle al IRS ahora, o le puedes pagar después sobre una cantidad más grande. Si puedes obtener la misma tasa de re-*

torno en una cuenta no calificada que la que tienes en una cuenta calificada —y a partir de entonces disfrutar de un crecimiento y un acceso libres de impuestos— *debes considerar el dejar de enviar contribuciones a cualquier tipo de plan calificado que tengas.*

- Si no utilizas el espacio disponible entre tu ingreso sujeto a impuestos actual y el límite para la siguiente tasa de impuestos para posibles retiros de planes calificados, perderás esa oportunidad en ese año fiscal.

- Los retiros de dinero de planes calificados te pueden lastimar en cuestión de impuestos en el corto plazo, pero pueden mejorar dramáticamente tu ingreso de jubilación a largo plazo.

- Los jubilados con edades entre 59 años y medio y 70 años y medio pueden arreglar que sus planes calificados sean gravados estratégicamente y reposicionados en un ambiente libre de impuestos para disfrutar de un ingreso disponible más alto.

- *Las personas preparándose para el retiro, o incluso ya en el retiro, pueden reducir o eliminar totalmente los impuestos sobre la renta innecesarios de algunas o todas sus cuentas calificadas de retiro, como IRAs y 401(k)s.*

- *A través del manejo exitoso de la plusvalía en tu casa, puedes reducir o eliminar los impuestos (a través de contrarrestar los intereses de la hipoteca) al acceder dinero calificado. Esta estrategia puede incrementar tu ingreso neto disponible sustancialmente.*

CAPÍTULO 6

Aprende a administrar exitosamente el valor líquido de tu casa

La plusvalía de tu casa no tiene líquidez, ni tampoco tiene tasa de retorno. ¡No es una inversión prudente!

CONSIDERA CUANTO DEPOSITARÍAS en una cuenta de inversión con las siguientes características:

- La persona puede determinar la cantidad de contribuciones mensuales y el periodo en la que va a contribuir.
- La persona puede pagar más de la contribución mínima, pero nunca menos.
- Si la persona se atreve a pagar menos, la institución financiera se queda con *todas* las contribuciones anteriores.
- El dinero en la cuenta no es líquido.
- El dinero depositado en la cuenta no está seguro ante una pérdida.
- Cada depósito hecho a la cuenta hace que el capital sea menos seguro.

- El dinero depositado en la cuenta no te genera ningún tipo de interés.
- La deuda en impuestos del cliente se incrementa con cada nueva contribución.
- Cuando la cuenta está totalmente consolidada, no hay un ingreso que se pague al cliente.

Cuando presento esta opción a potenciales inversionistas, las características la hacen muy poco atractiva. ¿Invertirías una cantidad fuerte de dinero a una inversión de este tipo? La verdad es que probablemente tú estés invirtiendo tu dinero en una cuenta similar: si tienes una hipoteca, entonces esa inversión ¡es tu casa!

El sueño de muchos en este país es el de pagar totalmente la propiedad de su casa —una meta muy valiosa. Desafortunadamente, la mayoría de la gente va y compra su casa de la manera equivocada —costándole miles de dólares de manera innecesaria, todo esto mientras piensan que están ahorrando dinero y que están invirtiendo inteligentemente.

Como cité en el capítulo 1, hay dos lugares en donde la gente acumula la mayor cantidad de dinero: en su hipoteca y en su plan de retiro. Hasta ahora hemos disipado mitos sobre vehículos de ahorro tradicionales para el retiro, como los IRAs y 401(k)s. Dado que una casa es la inversión más grande que la mayoría de la gente realiza durante su vida, vamos a explorar por qué la plusvalía de la casa no es una inversión prudente. También vamos a definir cómo puedes aprender a manejar mejor tu plusvalía para incrementar la liquidez, seguridad y tasa de retorno.

SACALE VENTAJA A TUS INTERESES

Los intereses de tu hipoteca son tus amigos, no tus enemigos. Los intereses de las hipotecas son una de las pocas deducciones de las cuales podemos tomar ventaja en nuestra devolución de impuestos. A pesar de que no quisiera incurrir en gastos de intereses sólo por el gusto de hacer una deducción de impuestos, hay situaciones en las cuales es inteligente pagar intereses para poder generar más intereses.

¿Cuál es la diferencia entre intereses preferidos y los no preferidos? Digamos que estás pagando intereses de tarjetas de crédito a una tasa del 12 por ciento, los cuales no son deducibles de impuestos. Por lo tanto, estás pagando $120 al año por cada $1,000 de deuda en tarjetas de crédito. En vez de eso, si tu cambiaras esa deuda por otra deuda producida al separar la plusvalía de tu casa al 9 por ciento de interés que sí es deducible, tal como aprendiste en el capítulo 2, el costo neto real en una tasa de interés del 33.3 por ciento es de un tercio menos, o un costo final del 6 por ciento. El neto de 6 por ciento de interés equivale a sólo $60 al año por cada $1,000 de deuda, por lo tanto es un ahorro de $60 comparado con el costo de $120 de intereses no deducibles. Los intereses ahorrados pudieran ser aplicados al capital de la deuda para poder liquidarla más rápido.

De la misma manera, si el dueño de una casa tiene $12,000 de intereses deducibles por medio de su hipoteca, ese interés se paga de su ingreso, por lo tanto, reduce el ingreso sujeto a impuestos por $12,000. En una tasa marginal de impuestos del 33.3 por ciento, los ahorros reales son de $4,000, dinero que de otra forma hubieran tenido que ser pagados en forma de impuestos (es el dinero que se tendría que pagar si no hubiera deducciones). Si un matrimonio que aplica de manera conjunta en su declaración de impuestos, tiene un ingreso bruto combinado de $72,000 dólares al año, $12,000 de intereses deducibles les ahorrarían $4,000 en contraste con los ahorros nulos que obtendrían con $12,000 de intereses no deducibles (Figura 6.1). (Esto es porque el ingreso sujeto a impuestos sería de $60,000 después de las deducciones, en lugar de la totalidad de $72,000 como un ingreso sujeto a impuestos). *Así que yo le llamo a los intereses deducibles intereses preferidos y a los intereses no deducibles intereses no preferidos.*

Figura 6.1	GASTOS EN INTERESES PREFERIDOS VERSUS INTERESES NO PREFERIDOS		
		A	B
• Ingreso		$72,000	$72,000
• Intereses no preferentes		-12,000	0
		$60,000	$72,000
• Intereses preferentes		0	-12,000
• Disponible antes de impuestos		$60,000	$60,000
• Ingreso sujeto a impuestos		$72,000 ↩	$60,000
Diferencia en ingreso sujeto a impuestos $12,000			
Diferencia en **IMPUESTOS AHORRADOS** $4,000*			

En una tasa marginal de impuesto del 33.3%

¿QUÉ TRAMA TU BANCO?

La verdad es que los banqueros y los prestamistas venden dinero. Ellos obtienen dinero «prestado» de nosotros cuando lo depositamos en una cuenta de ahorros de sus instituciones. ¿Qué es lo que ellos quieren que nosotros hagamos? Ellos quieren que lo dejemos ahí. Pero ¿ellos lo dejan ahí? No. Ellos prestan ese dinero a tasas de retorno más altas.

Cuando nosotros le pedimos dinero prestado a ellos, tendemos a enfocarnos en la tasa de interés que estaremos pagando y usualmente aceleramos la liquidación del préstamo mandando al banco dinero adicional para abono al capital. Piensa en esto: ¿Qué es lo que los bancos hacen cuando les liquidamos, digamos, el préstamo de un carro? ¿Se apuran y nos regresa el dinero de nuestra cuenta de ahorros diciendo que ya no lo quieren tener ahí? No, ellos con gusto nos pagan intereses y nos dan toda clase de incentivos para mantener nuestro dinero en una posición de «préstamo» con ellos, en una cuenta de ahorros o en alguna cuenta similar. Entre más tiempo los bancos tienen nuestro dinero en su sus manos —tanto el capital como los intereses acumulados— mayor es el dinero que ellos ganan. Nosotros podríamos estar ganando mucho si seguimos el siguiente ejemplo.

Por favor no malinterpreten lo que estoy diciendo. Es sabio salir de deudas. Este libro te enseñará la manera más rápida e inteligente para estar libre de deudas. Pero un banco se puede considerar libre de deudas y aún así tener millones de dólares en dinero ajeno. Si la institución tiene los bienes adecuados de una manera líquida, segura y ganando una tasa de interés más alta que el costo neto por haber adquirido esos fondos, entonces se justifica que se autodenomine libre de deudas. En realidad, si un banco tiene dinero depositado en él, todo ese dinero es ajeno. ¿Por qué entonces los bancos están dispuestos a cargar con esa responsabilidad? La deuda al utilizar el dinero de otra gente (OPM, por sus siglas en inglés) es el activo más grandioso del banco y el que le resulta más provechoso. ¿Por qué no puedes ser *tú* tu *propio* banco? ¡Se puede!

SÉ TU PROPIO BANCO

El mito prevaleciente es que hay sólo dos clases de gente en el mundo: los que ganan intereses y los que pagan intereses. En realidad hay una tercera clase de personas: los que hacen exactamente lo que hacen los bancos y las uniones de crédito, obtienen dinero prestado a una tasa de interés bajo y la invierten a una tasa de interés más alta. Esa gente acumula un nivel de riqueza mucho mayor que la mayoría de la gente, porque ellos han aprendido a ser su propio banco. Yo insisto que no tienes que terminar de pagar la deuda de tu casa para que te consideres «libre de deuda». Si tienes una cantidad más grande en bienes de manera líquida y segura que son suficientes para liquidar tu deuda, entonces el resultado final es positivo.

Es comprensible que una hipoteca con amortización a 30 años resulte un poco desalentador, porque después de 15 años pagando la hipoteca el propietario aún debe el 75 por ciento de la cantidad original del préstamo (Figura 6.2). ¿Por qué? Por los intereses. El pago de in-

tereses y principal en un préstamo de $100,000 en una amortización a
30 años a un 7.5 por ciento de interés es de aproximadamente $700 al
mes. Durante el período de 30 años $700 al mes van a acumular una
cantidad de $252,000 que es lo que el propietario tiene que pagar, o lo
que es lo mismo, pagar dos veces y media la cantidad originalmente
obtenida. Estos intereses lucen espantosos y frecuentemente motivan a
los compradores de casa a enviar dinero adicional al principal cuantas
veces les sea posible para eliminar a esos terribles intereses. De lo que
no se dan cuenta, es que en el proceso, están matando la deducción
que el tío Sam les da.

Cada vez que envías $100 extras a la compañía hipotecaria, estás
de hecho diciendo: «Aquí tiene señor Banquero, son $100 adicionales.
No me pague ningún interés por ellos. Si los vuelvo a necesitar, se los
voy a pedir prestados bajo sus condiciones y le probaré que en verdad
tengo la necesidad de tenerlos». Suena ridículo, ¿no?

¿QUÉ ES LO QUE HACE QUE UNA INVERSIÓN SEA PRUDENTE?

¿Qué es lo que constituye una inversión prudente? Hay tres elementos que un inversionista prudente debe buscar: liquidez, seguridad y tasa de retorno. Si una inversión ofrece además ventajas de
impuestos, eso ya es el broche de oro. Cuando estén considerando una
inversión particular, deben buscar la respuesta en al menos tres preguntas:

1. ¿Puedo obtener mi dinero cuándo lo necesite? ¿Mi dinero va a
   permanecer líquido?
2. ¿Qué tan seguro está mi dinero? ¿Está garantizado o asegurado?
3. ¿Qué tasa de interés espero recibir?

¿Cómo se compara a esas preguntas la plusvalía atrapada en una
casa? No muy bien. Estás a punto de ver que la plusvalía de una casa
no pasa las pruebas de liquidez, seguridad o tasa de interés.

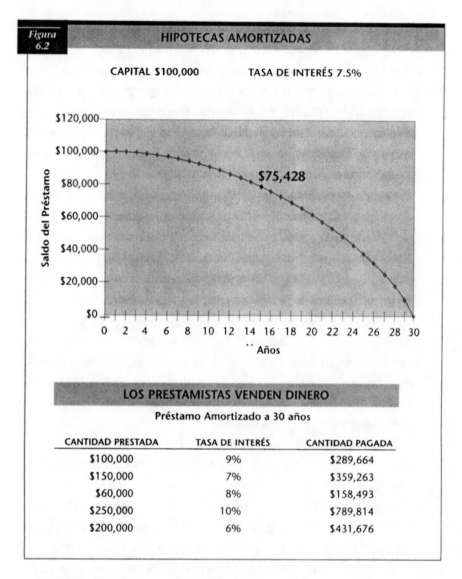

Figura 6.2

HIPOTECAS AMORTIZADAS

CAPITAL $100,000   TASA DE INTERÉS 7.5%

LOS PRESTAMISTAS VENDEN DINERO

Préstamo Amortizado a 30 años

CANTIDAD PRESTADA	TASA DE INTERÉS	CANTIDAD PAGADA
$100,000	9%	$289,664
$150,000	7%	$359,263
$60,000	8%	$158,493
$250,000	10%	$789,814
$200,000	6%	$431,676

¿QUÉ TAN LÍQUIDA ES TU PLUSVALÍA?

¿Qué tan importante es para un inversionista tener liquidez durante tiempos de crisis causados por factores externos? ¿Qué pasó cuando la bolsa de valores se desplomó en el año 2000? Pasaron dos años antes de que una ligera señal de recuperación se empezara a ver.

Aquellos que carecen de liquidez cuando los tiempos se ponen difíciles no tienen otra opción que liquidar sus bienes a bajos precios y sobrevivir lo mejor que puedan. Aquellos que poseen liquidez durante los tiempos difíciles pueden recurrir a sus dólares para mantener su buen crédito y cubrir sus gastos urgentes. De la misma manera, aquellos inversionistas que pueden superar las crisis por que tienen fondos líquidos disponibles, pueden evitar rematar sus inversiones y usualmente salen adelante hasta que el mercado complete su ciclo y se recupere. La primera razón por la que la plusvalía de una casa debe de ser separada de la propiedad es para mantener la liquidez.

Como ustedes sabrán, la plusvalía de una casa se determina por el valor actual en el mercado menos todos los préstamos en donde la propiedad esté de garantía. Por ejemplo, si tienes una casa valorada en $200,000 con una primera hipoteca de $100,000 y una línea de crédito sobre la casa de $20,000, los $80,000 restantes son la plusvalía. Por supuesto, si tu casa está completamente pagada, entonces el total del valor actual en el mercado representa la plusvalía. ¿Qué pasa con la plusvalía de una casa cuando el mercado se hace lento? (Un mercado lento es aquel en donde hay más casas en venta que compradores de casa). En esa situación, los precios de las casas se van reduciendo. Diferentes áreas del país experimentan mercados lentos y fuertes en varios ciclos y en diferentes tiempos.

En el capítulo 3, expliqué que la regla del 72 es útil cuando se calcula la cantidad de tiempo que toma duplicar tu dinero a un interés dado. También puede ser utilizada para calcular el interés compuesto que obtuviste al dividir el número de años que le tomó a tu dinero duplicarse entre 72. Por ejemplo, durante un incremento en bienes raíces, si el valor de las casa se duplica en un período de cinco años, como sucedió con algunas en Salt Lake City, Utah, a mediados de los años noventa, el interés compuesto equivalente representa una apreciación al año de aproximadamente el 15 por ciento (72 / 5).

En los años noventa, al mismo tiempo que los bienes raíces de la zona metropolitana central de Utah estaba en su apogeo, el mercado en el sur de California estaba lento. En contraste, después del 11 de septiembre de 2001, los bienes raíces en Utah estuvieron suaves por dos años, mientras que el mercado en el sur de California permaneció fuerte. En 2003, mucha gente que estaba construyendo una casa en Las Vegas, Nevada, podía vender su casa después de haberla construido por un 20 por ciento más del costo. Casas con valor de $200,000 fueron vendidas cuatro meses después por $240,000 porque la demanda de casas era más alta que las que había en venta.

Entonces, ¿cómo se calcula la tasa de interés de la plusvalía en los mercados cíclicos? ¿Acaso depende del área geográfica en la que se encuentre tu casa? ¡Absolutamente no! No importa si tu casa está ubicada en Newport Beach, California; Salt Lake City, Utah; Houston, Texas o Honolulu, Hawaii. *¡La tasa de interés de la plusvalía siempre es la misma: Cero!* Cuando la plusvalía de nuestra casa aumenta, cometemos el error de pensar que la plusvalía tiene una tasa de interés. La plusvalía crece en función de la apreciación del valor de la casa o de la reducción de la deuda de la hipoteca, pero la plusvalía por sí misma no tiene tasa de interés.

Vamos a explorar más a detalle por qué la plusvalía de una casa no pasa la prueba de liquidez, seguridad o tasa de interés para ser una inversión prudente. Cuando algo inesperado sucede, como la pérdida del empleo, discapacidad o una crisis financiera es difícil si no imposible liberar la plusvalía encerrada en tu casa. La gente trata con desesperación de obtener un préstamo. Ellos le explican a la compañía hipotecaria o al banco que han estado pagando dinero extra al principal de su deuda por años y preguntan: «¿No podrían darme espacio para dejar de pagar por unos meses? Debo de estar muy adelantado en mi programa de pagos». El hecho es que, no importa que tanto dinero extra hayas pagado de tu principal, el siguiente pago siempre se vence el próximo mes. Si tú tenías un saldo de $100,000 en tu hipoteca y diste una suma grande de $50,000 como abono al principal, el siguiente mes tienes que hacer tu pago como siempre. Y si dejas de pagar por tres meses seguidos, las escrituras en garantía que respaldan el préstamo le da derecho al banco a embargar tu propiedad.

Si pagamos un 20 por ciento de enganche en una casa de $200,000, tenemos $40,000 de plusvalía. El remanente de $160,000 está garantizado por la propiedad que tiene un valor de $200,000. ¿Qué pasa cuando empezamos a pagar la casa y a enviar dinero extra al principal? Más y más plusvalía va quedando atrapada en la casa. ¿Es eso bueno o malo? La plusvalía es buena, pero quizá no debería estar atrapada en las paredes de la casa.

Asume que tu casa se aprecia a un promedio del 5 por ciento anual. Ésta valdrá el doble, o $400,000, en 15 años. Mientras tanto vamos a asumir que no enviaste pagos adicionales al capital en tu hipoteca de 30 años por lo que tu saldo es ahora de $120,000 (que has reducido de $160,000). En ese punto quién está más seguro: ¿tú, o la compañía hipotecaria? La compañía hipotecaria esta una posición más segura por que aún tiene como respaldo una casa que ahora vale $400,000 y solo le deben $120,000. Por lo que la compañía hipotecaria está dramáticamente más segura, ¿quién está proporcionalmente menos seguro? ¡Tú!

¿QUÉ TAN SEGURA ES TU PLUSVALÍA?

Seguridad es la segunda razón por la cual la plusvalía debe de ser separada de la propiedad. Si tú vivieras en una ciudad que fue devastada por un terremoto, una inundación, un tornado o un huracán y tu casa hubiera sido destruida, preferirías tener el préstamo de tu casa hasta el tope con toda tu plusvalía separada y segura en una cuenta de banco, o preferirías tener tu casa totalmente pagada. Yo les aseguro que todos aquellos que tienen su plusvalía de manera líquida tienen mayor seguridad ante esas circunstancias. Ellos tienen muchas más opciones para conseguir otra propiedad que el dueño que prefirió dejar toda la plusvalía atada a la propiedad. (Es importante para todas aquellas personas que tienen sus casas totalmente pagadas que tengan un seguro amplio y adecuado contra los grandes daños a los que la casa está expuesta —es por ello que los prestamistas lo requieren).

Otro concepto que los dueños de casas no entienden es que en un mercado lento, una casa tiene mayores posibilidades de venderse más rápido y por un precio más alto cuando tiene una hipoteca alta con la plusvalía separada en un fondo aparte. Vamos a decir que dos casas idénticas valuadas a $200,000 están a la venta en el mismo vecindario, pero el propietario A tiene una hipoteca de $180,000, con sólo $20,000 atrapados en ella. Vamos también a asumir que este propietario tiene una cuenta líquida aparte de $160,000 que de otra manera estarían atrapados en su casa. Por lo tanto, esta persona tiene un total de $180,000 de plusvalía ($20,000 en la casa y $160,000 fuera de la casa).

Vamos a decir que el propietario B tiene un saldo de sólo $20,000 en su hipoteca y los $180,000 restantes están atrapados en su casa. Si yo soy un comprador interesado que me acabo de cambiar al área, pero por alguna razón no es conveniente que obtenga un financiamiento todavía (porque no he vendido mi casa anterior o he cambiado de empleo) yo estaría dispuesto a pagar un precio mas alto, quizá una tarifa mas alta por tu casa si estás dispuesto a hacer un contrato temporal o rentarme la casa con opción a comprarla. Si yo te doy $20,000 de enganche y tú eres el propietario A, ahora ya tienes en tu poder toda tu plusvalía. Si yo no cumplo (no hago los pagos), tu simplemente me desalojas, te quedas con los $20,000 y vendes la casa de nuevo (tú casi preferirías que no cumpliera). Por otro lado, el propietario B rechaza la oferta por que no tiene liquidez o seguridad —su plusvalía está todavía atrapada en su casa hasta que alguien venga y le de todo el dinero por ella. Por lo tanto, el propietario B deja su casa a la venta y gradualmente va bajando su precio hasta que al fin logra venderla.

En el capítulo 7, voy a compartir un ejemplo de cómo compré sin enganche una casa por $300,000, en un mercado lento, que había tenido un precio previo en el mercado de $505,000. Si los vendedores de la casa hubieran mantenido un saldo alto en su hipoteca, estoy convencido que la hubieran podido vender más rápido y por al menos $100,000 más. Yo he aconsejado a gente que está teniendo problemas para vender su casa en un mercado lento, que la refinancien con una hipoteca que les dé entre un 80 a un 90 por ciento del valor de la casa y que después la pongan de nuevo a la venta. Al vender la casa con un contrato de renta con opción a compra (en caso de contar con una cláusula de «pagadero a la venta» en el contrato de la hipoteca) ellos fueron capaces en la mayoría de los casos de vender la casa más rápido y por un precio más alto.

LAS DESVENTAJAS DE LOS PAGOS INICIALES

Con esto en mente permíteme preguntarte: «¿qué tanto interés te da la compañía hipotecaria sobre el monto de tu pago inicial o enganche?». El hecho es que no ganas ningún interés sobre tu pago inicial. Por esta razón, yo nunca he hecho un pago inicial por ninguna propiedad que haya comprado. (Mi primer libro *Missed Fortune* contiene estrategias sobre como comprar una casa con un pago inicial muy pequeño o sin pago inicial).

Primero, vamos a entender el por qué. Como expliqué en el capítulo 2, para propósitos de deducciones en impuestos, cuando se compra una casa es importante establecer la cantidad más alta de deuda de adquisición. Lo mejor sería optar por un préstamo de interés solamente así la deuda de adquisición nunca se reduce. Entonces puedes obtener un préstamo de hasta $100,000 por encima de la deuda de adquisición y deducir los gastos por intereses en tu devolución de impuestos. En los próximos dos capítulos, vamos a explorar por qué ésto te genera más dinero.

Si pagas tu casa en efectivo, sería como dar el pago inicial más alto que pudieras dar. De nuevo, ¿cuánto interés vas a obtener sobre ese enorme pago inicial? Déjame analizarlo desde otro ángulo. Si fueras a comprar una casa y obtuvieras una hipoteca a 30 años, ¿con qué dólares te gustaría pagarla? ¿con los dólares de hoy o con los dólares que tendrás en 25 ó 30 años? ¿Por qué a medida que los años pasan, el pago de una casa que antes parecía tan alto y que era el 30 por ciento de nuestro ingreso mensual parece más fácil de manejarse? Por el impacto de la inflación y los incrementos en nuestro ingreso que usualmente experimentamos a medida que pasa el tiempo. Los dólares que usamos a lo largo del camino son dólares más baratos que los que usamos hoy. Si esto es cierto, ¿cuándo seria el momento menos caro para pagar tu hipoteca, ahora o después? Tú no deberías de estar pagando tu hipoteca con dólares inflados.

¿CUÁL ES LA TASA DE INTERÉS EN TU PLUSVALÍA?

En una Navidad, cuando todavía era niño, recibí una bolsa de banco con los lazos para amarrarla tal y como lo hacían los banqueros para guardar el dinero en las cajas de seguridad. Yo podía esconder mis ahorros en la bolsa y después ponerla en un lugar secreto escondido entre las paredes de mi cuarto, detrás del interfono. Yo tuve cientos de dólares escondidos hasta que aprendí algo mejor. ¿Estaban los dólares en la pared de mi casa líquidos por si los necesitaba? Sí. ¿Estaban seguros? Sí (siempre y cuando mi hermano o mis hermanas no supieran en donde estaba el dinero). Pero ¿estaban obteniendo una tasa de interés mis dólares mientras estaban escondidos en la pared? No. De hecho, estaban perdiendo su valor debido a la inflación. ¿Cuál es la diferencia entre los billetes de dólar que tenía escondidos en mi casa y los billetes de dólar que cualquier propietario mantiene atrapados en sus ladrillos, cemento, madera y cimientos de su casa? Ninguna (con la diferencia que los dólares que yo tenía escondidos estaban líquidos y seguros, simplemente no estaban obteniendo ninguna tasa de interés).

Vamos a suponer que la casa de la Figura 6.3 representa tu casa, tiene un valor actual en el mercado de $100,000 y no has puesto tu primer dólar de plusvalía en ella. Si tu estuvieras llenando una declaración financiera para tu banco, como catalogarías tu casa: ¿cómo un activo o como un pasivo? Tu casa es un activo. Por lo tanto en la sección de activos pondrías el valor de $100,000. Ahora vamos a decir que tienes $100,000 en efectivo en una cuenta aparte. ¿Cómo listarías ese efectivo en tu declaración? También sería una forma de bienes. Entonces ¿cuántos bienes tendrías en total? Doscientos mil dólares. Es verdad, tienes $100,000 de la hipoteca que debes de la casa, por lo que pondrías la cantidad debida en la sección de los pasivos en tu declaración. Por lo tanto, $200,000 de bienes menos un pasivo de $100,000 equivale bienes netos sobre esos bienes de $100,000. Pero vamos a mirar los bienes con más detenimiento.

Si tu casa se aprecia a un 5 por ciento anual, ¿cuál es su valor al final del año? Correcto: $105,000. Qué tal si tu cuenta en efectivo creció un 10 por ciento durante el año, ¿cuánto valdría al final? Correcto de nuevo: $110,000. En este ejemplo, tú ganaste $5,000 por la apreciación de tu casa y $10,000 de la plusvalía que separaste de ella. Una ganancia total de $15,000. Qué tal si los $100,000 de efectivo hubieran sido depositados en la casa, ¿cuál hubiera sido el valor de la casa al final del año? Los mismos $105,000. ¿Por qué la respuesta es la misma de antes? Porque la plusvalía no genera una tasa de interés cuando se encuentra atrapada en la casa. No importa si la casa tiene la hipoteca hasta el tope o si está completamente pagada, la casa de cualquier manera aprecia —la cantidad de plusvalía en ella no tiene nada que ver. Sin embargo, la plusvalía liberada de la propiedad tiene potencial para ganar una tasa de interés. En este caso el resultado total fue tres veces más alto, o $15,000 en vez de $5,000. La tercera razón por la cual debes separar la plusvalía de tu casa es para permitirle a esos dólares que no trabajan y están disponibles a que generen una tasa de interés.

EL VALOR DE TU HIPOTECA

En este momento, seguramente estás pensando: «Pero, espera un momento: si debo de tener una hipoteca y hay un costo por tener esa hipoteca, entonces ¿cómo es que me beneficia eso a mí?». Es una buena pregunta y vamos a contestarla completamente. Pero primero, vamos a dejar perfectamente claro que *cuando separas la plusvalía de tu casa, incrementas tus bienes.* Si yo obtengo un préstamo de $100,000 de una casa que tiene un valor de $100,000 y no tiene ninguna hipoteca (toda la plusvalía se encuentra atrapada en ella), yo duplico mis bienes. A la misma vez, si yo pago el 20 por ciento del pago inicial, 50 por ciento del pago inicial o hago el pago completo en efectivo, yo disminuyo mis bienes. En el ejemplo dado, yo estaría combinando mi activo de $100,000 (el dinero en efectivo) y mi otro activo de $100,000 (la casa) para obtener un activo de $100,000. ¡Estoy reduciendo mis bienes por la mitad!

Por favor estudia la Figura 6.4. Yo le recomiendo a la gente que separe lo más que pueda de plusvalía de su casa como les sea posible para incrementar la liquidez, seguridad y la tasa de interés. Hay sólo dos maneras de separar la plusvalía de tu casa: vendiendo la propiedad o refinanciándola. Si asumimos que la meta es permanecer en la casa, tiene más sentido refinanciarla para separar la plusvalía. Si decidimos por un préstamo, vamos a tener gastos asociados con él. El gasto es el pago de los intereses. Pero, ¿de véras es tan malo tener que pagar ese interés?

ARBITRAJE E HIPOTECA: TUS NUEVOS MEJORES AMIGOS

Si tú fueras un banco, una unión de crédito o un negocio, ¿por qué estarías dispuesto a incurrir en el gasto de pagar intereses? Cuando obtenemos dinero prestado a una tasa de interés baja para ganar un interés más alto, nosotros ganamos la diferencia entre las dos tasas de interés. Esta estrategia se llama *arbitraje*.

El arbitraje es la estrategia que mantiene con vida a casi todas las instituciones financieras, y muchos auto-millonarios la han dominado. Al utilizar el dinero de otra gente obtenido en forma de préstamo, éste puede ser invertido para obtener tasas de interés más altos. Los bancos toman dinero prestado de nosotros cuando lo depositamos en sus CDs, bolsa de valores o cuentas de ahorros. Con gusto, ellos nos pagan 2, 3 ó 4 por ciento porque ellos saben que pueden invertirlo o prestarlo de nuevo y obtener 5, 6 ó 7 por ciento y a veces más. Después de cubrir sus gastos de personal, una institución financiera puede terminar con una ganancia neta de sólo un 1 ó 2 por ciento, pero ellos hacen millones de dólares al utilizar esta estrategia.

¿Le beneficia en algo al banco el obtener dinero de sus clientes y mantenerlo atrapado en sus bóvedas? No, pero de todas maneras eso es lo que te dicen que debes de hacer: mantener tu dinero en el banco. Tan pronto los bancos obtienen tu dinero se dan la vuelta y lo ponen inmediatamente a trabajar para ellos mismos; no pueden darse el lujo de no hacerlo. Y tu, ¿te puedes dar ese lujo?

Cuando pones tu dinero a trabajar, vas a incurrir en un *costo de empleo* —el costo de pedir el dinero prestado y pagar intereses. Cualquier

Figura 6.3

La Tercer Razón Más Importante para Mantener la Plusvalía Separada de la Propiedad es . . .

LA TASA DE INTERES

PLUSVALÍA

HOJA DE BALANCE

BIENES

Casa	$100,000
Efectivo	$100,000
Total de bienes	$200,000

PASIVOS

Hipoteca de casa	($100,000)

BIENES NETO

Activos - pasivos =	$100,000

negocio bueno está dispuesto a incurrir en cierta cantidad de costo de empleo para obtener una ganancia mayor que esos costos. (Si no estás obteniendo más dinero de lo que te está costando, ¡estás metido en un gran problema!). Así sucede al emplear la plusvalía de tu casa.

COSTO DE OPORTUNIDAD: NO LO PIERDAS

De lo que no se da cuenta la gente es que si elegimos dejar la plusvalía en la casa, como se puede ver ilustrado en la Figura 6.4, vamos a incurrir en el mismo costo —sólo que no nos referimos a él como costo de empleo, pues es un costo de oportunidad. *El costo de oportunidad* es el costo real incurrido por perder la oportunidad de invertir esos dólares disponibles y sin trabajar atrapados en la casa. Si yo tengo $100,000 de plusvalía que puedo separar de mi casa para ganar el 6 por ciento de interés, y no lo hago, yo he renunciado a una oportunidad de ganar $6,000. Ese es un costo real. Por otro lado, si yo separo $100,000 de plusvalía de mi casa e incurro en un costo de empleo del 6 por ciento de intereses, o $6,000, ese también es un costo real. Entonces de una u otra manera me cuesta $6,000. Sin embargo, si no tengo más opción mas que incurrir en uno de los dos costos, pero el costo de empleo es deducible y el costo de oportunidad no lo es, ¿cuál de ellos prefieres tú? Yo elegiría incurrir en el costo de empleo por ser deducible. ¿Por qué?

Porque en una tasa de impuestos del 33.3 por ciento, obtener un préstamo con el 6 por ciento de interés deducible (preferido) en realidad sólo me está costando el 4 por ciento, o $4,000, porque voy a tener un ahorro en impuestos de $2,000 por tener los $6,000 bajo un interés preferido o deducible de impuestos. Entonces, todo lo que tengo que hacer es obtener un 4 por ciento o más en el dinero del préstamo para poder tener una ganancia. ¿Podré hacer eso?

Vamos a suponer que separo $100,000 de plusvalía de mi casa a un 6 por ciento de interés deducible en un préstamo de interés solamente. A un interés del 6 por ciento mi costo anual de intereses es de $6,000. Mi pago mensual sería de $500. Debido a que los $6,000 son deducibles de impuestos, en una tasa del 33.3 por ciento recibiría una devolución de $2,000. Pero en vez de esperar hasta el final del año para tener esos ahorros, como lo expliqué en el capítulo 2, yo puedo cambiar mis exenciones para ajustar las retenciones en mi cheque de pago y tener el dinero ahora. Entonces, si recibo $2,000 ahora, dividido en doce meses, puedo incrementar mi ingreso mensual por $166.66. Por lo

Figura
6.4

DOS MANERAS DE SEPARAR LA PLUSVALÍA DE LA PROPIEDAD

1).- Vender le propiedad
2).- Hipotecar la propiedad

¿QUÉ COSTOS INCURRES?

Costo de empleo

Costo de oportunidad

CÓMO SEPARAR LA PLUSVALÍA DE UNA CASA

Bajo un esquema de interés simple, deducible de impuestos con un saldo en disminución y usar el dinero del préstamo hacia una inversión con ventajas en impuestos y con un interés compuesto acumulable.

Hipoteca

Préstamo
amortizado

Interés

Crecimiento
acumulado

tanto, mi costo anual sería solo de $4,000 ó $333.33 al mes. Entonces, si el costo de separar la plusvalía es de $4,000, vamos a ver que pasa con la plusvalía a medida que crece.

Si invierto los $100,000 de plusvalía separada en una cuenta conservadora en dónde gane el 6 por ciento, al final del año tendré $106,000. Ahora bien, si soy inteligente y elijo la inversión correcta para pasar la prueba de la liquidez, seguridad y tasa de interés, seré capaz de lograr ésto. Sin embargo, si además puedo encontrar una inversión que pueda acumular mi dinero con impuestos diferidos o incluso libres de impuestos, los resultados serán dramáticamente mejores, como lo expliqué en el capítulo 2. Podemos hacer un cálculo sencillo para ver que si ganamos $6,000 y nuestro costo fue de $4,000, tuvimos un 50 por ciento de ganancia. Pero si ganamos $6,000 sujetos a impuestos, vamos a tener una cantidad neta después de impuestos de $4,000 y no vamos a llegar a ningún lado. Entonces, si vamos a invertir a la misma tasa a la que estamos pagando, es importante invertir en condiciones libres de impuestos (en los capítulos 9 al 11 explico cuáles son las mejores inversiones para lograrlo). Si asumimos que hago eso, durante el segundo año, voy a obtener un 6 por ciento sobre el nuevo saldo de $106,000, que equivale a $6,360 de intereses obtenidos por el efecto del interés compuesto o interés acumulado.

Vamos a ver rápidamente como estaríamos en el quinto año. Al final de 5 años, mis $100,000 de plusvalía acumulados a un 6 por ciento de interés, con impuestos diferidos, habrían crecido a $133,822. Tuve una ganancia de $33,822. Mi costo de inversión fueron $4,000 al año por 5 años, un total de $20,000. Por lo tanto mi ganancia fue de $13,822 sobre los dólares sin trabajar y disponibles que solían estar atrapados en mi casa obteniendo el cero por ciento de interés. Al iniciar el sexto año, obtendría el 6 por ciento sobre $133,822 —que equivale a $8,029 al final del año. Entonces en el sexto año gané $8,029 y mi costo de empleo fue de $4,000 (porque todavía estoy pagando el costo de los intereses por un neto después de impuestos de sólo el 4 por ciento del saldo original del préstamo de $100,000). En el sexto año, incurrí en un costo de $4,000 para ganar $8,029, resultando en una ganancia neta de $4,029 o del 100 por ciento (Figura 6.5).

Déjame explicar esto más detalladamente. Vamos a asumir que eres el presidente de un banco, y el año pasado el banco reportó haber pagado $4 billones en intereses a los clientes en sus cuentas de ahorros (porque el banco «tomó prestado» su dinero), entonces el banco ha estado invirtiendo ese dinero e hizo $8 billones, resultando en una ganancia de $4 billones. ¡Serías un héroe! Al hacer exactamente lo que los bancos y las uniones de crédito hacen, puedes generar una tremenda cantidad de dinero a lo largo del tiempo.

En 10 años, $100,000 crecieron a $179,084 a una tasa del 6 por ciento —un incremento alcanzado de $79,084 con una inversión de $40,000 (10 años x $4,000). ¡Un inversionista debió haber obtenido un 12.1 por ciento de interés compuesto cada año de la inversión anual de un monto de $4,000 para haber llegado a la cantidad de $79,084 en 10 años! Vamos a suponer que puedo obtener el 8 por ciento de interés en los $100,000 de plusvalía separada. Mi fondo de inversión habría crecido a un total de $215,982 o un incremento sobre la cantidad recibida como préstamo de $115,982. Un inversionista habría tenido que obtener el 18.77 por ciento de interés compuesto cada año en una inversión anual de $4,000 para llegar a $115,982 en 10 años. En un período de 30 años, los $100,000 crecen a $1,006,266 a una tasa de retorno del 8 por ciento. Si puedo acumular más de 1 millón de dólares en 30 años por separar $100,000 de mi casa una sola vez, ¿qué tanto más podría acumular si pido más plusvalía al principio o separo más plusvalía a medida que la casa va aumentando de valor? Sueña conmigo.

El secreto para la acumulación de dinero, si utilizamos esta estrategia, es una inversión disciplinada —si hacemos lo que los bancos y las uniones de crédito hacen: obtener dinero prestado a una tasa e invertir conservadoramente a una tasa un poco más alta para obtener una ganancia neta, preferiblemente en condiciones libres de impuestos. El arbitraje es alcanzado de mejor manera cuando obtienes dinero prestado en condiciones deducibles de impuestos a un interés simple, e inviertes

Figura
6.5

OBTENER PRESTADO AL 6 POR CIENTO E INVERTIR EL DINERO AL 6 POR CIENTO

FINAL DEL PRIMER AÑO

COSTO DE LA HIPOTECA	CUENTA EN ACUMULACIÓN
$100,000	$100,000
x 6%	x 6%
$6,000 = Costo de intereses	$6,000 = Intereses generados*
$2,000 = Impuestos ahorrados*	
$4,000 = Costo real	

DURANTE EL SEXTO AÑO

$100,000 = Saldo de la hipoteca $133,822 = Saldo de la cuenta

$4,000 = Costo real en el sexto año* $8,029 = Intereses generados en el sexto año

*Si asumirmos una tasa marginal de impuestos del 33.3% y un rendimiento libre de impuestos o después de impuestos del 6%.

el dinero en condiciones libres de impuestos a un interés compuesto (que se acumule). Siempre recuerda que debes separar la plusvalía sólo para conservar, no para consumir. La verdadera clave para incrementar tus bienes con el tiempo dramáticamente es aprender a controlar y a manejar la plusvalía de tu casa exitosamente.

CONCEPTOS CUBIERTOS EN EL CAPÍTULO 6

- La mayoría de la gente va por el camino equivocado cuando van a comprar una casa —costándoles a sí mismos miles de dólares innecesarios.

- *Los intereses de tu hipoteca son tus amigos, no tus enemigos.*

- *Es mejor incurrir en gastos de intereses preferidos (deducibles) que en gastos de intereses no preferidos (no deducibles).*

- *Los inversionistas astutos hacen lo mismo que los bancos y las uniones de crédito: obtienen dinero prestado a una tasa de interés baja y la invierten a una tasa más alta.*

- El pasivo de utilizar dinero de otra gente es el activo más grande de un banco.
- No necesitas liquidar tu casa para considerarte «libre de deudas». *La deuda manejada de manera inteligente puede ser buena.*
- La plusvalía atrapada en las paredes de tu casa no contiene los tres elementos de una inversión prudente: liquidez, seguridad y tasa de interés.
- *Aprende a separar y manejar la plusvalía de tu casa para incrementar la liquidez, seguridad y tasa de retorno.*
- La tasa de interés de la plusvalía siempre es cero.
- Separa la plusvalía de tu casa para conservarla, no para consumirla.
- No deberías pagar tu hipoteca con dólares inflados.
- No importa que tanto dinero adicional mandes al principal de tu hipoteca, el pago siempre se vence a fin de mes.
- *A medida que una casa se aprecia y la proporción del préstamo respecto al valor de la casa disminuye, la compañía hipotecaria obtiene una posición cada vez más segura, pero tú obtienes una posición proporcionalmente menos segura.*
- Propiedades con alta plusvalía y saldo bajos de hipoteca son las primeras en ser embargadas.
- En mercados lentos, es posible que tu casa se venda más rápido y por un precio más alto con un saldo alto de hipoteca que con un saldo bajo.
- *Tú no ganas intereses en tu pago inicial o enganche. Si pagas por tu casa en efectivo es como si estuvieras pagando el pago inicial más alto posible.*
- *Cuando separas la plusvalía de tu casa, tus bienes se incrementan.* Cuando liquidas tu hipoteca, disminuyes tus bienes.
- *Es mejor tener acceso a la plusvalía de tu casa en una cuenta líquida separada y no necesitarla, que tenerla atrapada en tu casa y ser incapaz de obtenerla.*

- Dado a que no tienes opción, es mejor incurrir en costos de empleo deducibles en la plusvalía de tu casa que incurrir en costos de oportunidad no deducibles.

- El *arbitraje* es la estrategia que da vida a casi todas las instituciones financieras y los auto-millonarios lo han dominado.

- El dueño de una casa puede hacer miles de dólares de manera segura, al obtener dinero prestado a una tasa, como el 6 por ciento e invertir el dinero del préstamo al mismo 6 por ciento, especialmente cuando dos condiciones existen: el interés al que se tomó prestado es deducible y la inversión del dinero ocurre bajo un interés compuesto y en condiciones libres de impuestos.

- *Aprender a controlar y manejar la plusvalía de manera exitosa es la clave para incrementar tu bienes financieros.*

CAPÍTULO 7

Administra tu hipoteca para crear riqueza

Desata el poder de tu hipoteca.

ME RESULTA FAMILIAR UN MATRIMONIO que compró una casa —sin dar pago inicial o enganche— el año en que se casaron. El esposo tenía 22 años en aquella fecha y la esposa 21. Nueve meses después vendieron la casa y construyeron una nueva —de nuevo, sin pagar nada de enganche. Dos años después pudieron construir su tercera casa por $150,000 —una casa de 6,400 pies cuadrados —sin pago inicial. Esta pareja entendió que los pagos iniciales o enganches no generan ninguna tasa de interés al ser usados de nuevo en la casa. El mercado estaba fuerte en donde vivían cuando construyeron su tercer casa. A medida que compraban y vendían otras propiedades de inversión de una manera similar sentían que tenían el mundo a sus pies. Ellos vivieron en su tercer casa por cuatro años, durante el cual la casa se apreció a $300,000, por lo que se sentían muy seguros con la plusvalía de $150,000 obtenida a través de la apreciación de la casa. Entonces pasó algo inesperado, y por casi un año tuvieron un ingreso mensual muy pequeño y a veces hasta nada de ingresos.

Ellos trataron de obtener prestado el dinero de la plusvalía de su casa desesperadamente, pero, sin tener que hacer los pagos de inmediato, no encontraron ningún banco o prestamista que quisiera prestarles el dinero que necesitaban. Debido a esto tuvieron que vender todos los bienes líquidos que pudieron para mantener sus pagos al corriente hasta que finalmente tuvieron que poner su casa a la venta, buscando un alivio en los pagos mensuales a través del acceso a la plusvalía atrapada en la casa. A causa del cambio que tuvo el mercado donde pasó a tener una situación lenta (donde hay mayor oferta de casas que demanda de las mismas) se vieron forzados a continuar bajando el precio de su casa de $295,000 a $199,000. Finalmente después de nueve meses su casa fue entregada a la compañía hipotecaria (quién dio la oferta más alta) a través de una subasta en la corte del condado. La casa fue embargada y ellos perdieron los $150,000 de plusvalía que habían adquirido y su crédito fue dañado por 7 años. La compañía hipotecaria finalmente vendió la casa algunos meses después por $30,000 menos. Esa diferencia también fue reflejada en el reporte de crédito por los siguientes 7 años.

A través de esta experiencia, la pareja aprendió algunas lecciones inolvidables:

- Aprendieron la importancia de mantener sus bienes en inversiones donde se encuentren líquidos en caso de una emergencia.
- Aprendieron la importancia de mantener flexibilidad para poder pasar por las crisis en el mercado y tomar ventaja de los años prósperos.
- Aprendieron que es mejor tener acceso a la plusvalía de su casa y no necesitarla, que necesitarla y no ser capaces de obtenerla.
- Aprendieron que una casa es un lugar para hospedar familias, no para guardar dinero.

A mi me consta que ellos aprendieron que nunca más deberían de dejar acumular una cantidad grande de dinero en su propiedad sin mantenerla líquida, y yo lo sé porque ¡*mi esposa y yo somos esa pareja!*

EL VALOR DE LAS LECCIONES APRENDIDAS

¿Recuerdas en el capítulo 1 cuando explicaba el valor de los bienes intelectuales? La sabiduría es el producto del conocimiento multiplicado por la experiencia. La gente frecuentemente aprende más de sus malas experiencias que de las buenas. Afortunadamente mi esposa y yo pudimos comprar otra casa inmediatamente sin pago inicial, aún con el puntaje tan bajo de crédito que teníamos. A pesar de que perder una casa a través de un embargo en mi juventud no fue una experiencia placentera, estoy agradecido por las valiosas lecciones que aprendí. Sin embargo, si yo no capitalizo ese activo (el conocimiento que gané) al compartir las lecciones aprendidas con otros, esto no beneficiaría a nadie más que no fuera yo. Perdimos una casa en 1982, y desde entonces he ayudado a numerosas personas a entender como manejar la plusvalía en su casa exitosamente, para incrementar la liquidez, seguridad y tasa de interés. Por capitalizar esa simple mala experiencia, he mejorado más mis bienes humanos, intelectuales y financieros que lo que perdí en aquella época.

Muchas veces en la vida nos encontramos atrapados en cierta manera de pensar. Albert Szent-Györgyi, un científico brillante que ganó el Premio Nobel dos veces, dijo: «El descubrimiento consiste en ver lo que todos han visto, pero pensar lo que nadie ha pensado». La gente frecuentemente comete el error de preguntar como salir de su situación a personas que se encuentran atrapadas en la misma situación (o manera de pensar). De lo que no se dan cuenta, es que, para escapar de esa situación, hay que recurrir a personas que no están en la misma situación. En otras palabras, si quieres saber como convertirte en un millonario, debes estudiar a los que ya lo son.

Cuando la gente empieza a conocer las estrategias en este libro, frecuentemente exclaman: «¡Yo nunca obtendría un préstamo sobre mi casa para manejar la plusvalía en un intento de incrementar mis bienes netos!». (Hay muchas probabilidades de que le preguntes a esa gente como invierten entonces su dinero, y seguramente te dirán: «Bueno, en realidad no tengo dinero». Hay mucha gente que luce sombreros de vaqueros sin tener ni una sola vaca.)

Para beber el agua más pura, es mejor tomarla del origen del man-antial, no por dónde ya ha atravezado el corral y se ha contaminado. Yo siempre he tenido mis reservas con los consejeros matrimoniales que nunca han estado casados, terapistas de niños que nunca han tenido niños y consultores financieros que no saben sacar provecho, como se representa en la Figura 7.1. De la misma manera, nuestro tiempo es mejor aprovechado cuando aprendemos de aquellos que han tenido éxito en la creación de verdadera riqueza. Los principios con-tenidos en este libro están basados en la experiencia de cientos de auto-millonarios. Lee para que aprendas de sus lecciones.

EL PELIGRO DE LA PLUSVALÍA DISPONIBLE

A lo largo de todo los Estados Unidos, diferentes regiones van a experimentar períodos con apreciación de valores en bienes raíces muy fuertes y períodos suaves en donde los valores no tienen apreciación —incluso pueden tener depreciación (o sea, bajar de valor). Debido a esos cambios, yo aconsejo que se separe la mayor cantidad posible de la plusvalía de la propiedad. Esto es crítico para mantener la liquidez y la seguridad del capital y permitir que la plusvalía atrapada genere una tasa de interés. La causa principal del embargo de casas es la discapacidad física. Pero la posibilidad de estar discapacitado de manera temporal es todavía mayor. Cuando nos afecta las fuerzas externas fuera de nuestro control, es imperativo mantener el control de la plusvalía de tu casa.

Y aquí tenemos una verdad raramente entendida: las propiedades que tienen la mayor cantidad de plusvalía son las que generalmente serán embargadas primero. Si los bienes raíces de un área en particular han entrado en una situación suave y pierdes la capacidad de seguir haciendo los pagos de la casa, estás en serios problemas. Pérdida del empleo, discapacidad, enfermedad o crisis económica pueden colocarte en dicha situación. Si vas a tu compañía hipotecaria y les dices: «Ey, necesito un préstamo; tengo mucha plusvalía en mi casa que se puede utilizar como garantía», te aseguro que no te van a prestar dinero. La mayoría de los bancos no presta en base de la garantía que ofrezcas (a pesar de que la utilizan como una medida extra de seguridad), sino por tu habilidad para pagar. Si careces de dicha habilidad, no te van a prestar el dinero.

Yo he visto casos en donde compañías grandes han anunciado que tienen que despedir a cierta cantidad de empleados inesperadamente. Algunos de esos empleados que sintieron que podían ser afectados fueron y obtuvieron una línea de crédito sobre sus casas mientras todavía tenían su trabajo. Otros esperaron para aplicar por una línea de crédito luego de ser despedidos, sólo para encontrarse con que su solicitud había sido rechazada. Como expliqué en el capítulo 6, no importa si pagaste $10,000 al principal de tu hipoteca el mes pasado, el siguiente pago por vencer es en 30 días. Si no das tres pagos consecutivos y el préstamo está asegurado con las escrituras como garantía, tú has accedido a darle al prestamista el derecho de embargar tu casa para proteger a sus inversionistas.

Si tu fueras una compañía hipotecaria con una cartera de préstamos tardos (gente atrasada en sus pagos) en un mercado lento, ¿qué casas embargarías primero? Vamos a suponer que pocos años atrás el valor promedio de las casas en el área era de $200,000 en un mercado fuerte, pero ahora el valor de las casas ha decaído temporalmente a $150,000. Los banqueros hipotecarios necesitan proteger a sus inversionistas con todos los derechos convenidos que poseen. Ellos van a empezar a embargar las propiedades con más plusvalía. Por ejemplo, una casa que valía $200,000 —ahora con un valor de $150,000 y con sólo un saldo en la deuda de $40,000, $60,000 u $80,000 —va a ser de las primeras en ser embargadas. Una casa bajo las mismas circunstancias, pero que tiene más deuda de lo que es el valor de la casa va a recibir un trato más favorecedor por parte de la compañía hipotecaria. Algunas veces hacen lo imposible por llegar a un acuerdo con el deudor. ¿Por qué? Porque, en realidad, no quieren embargar una casa con un valor de $150,000 cuya deuda es de $160,000 o más.

PREPÁRATE PARA ACTUAR EN VEZ DE REACCIONAR

Tú debes de estar siempre en una posición listo para actuar en vez de reaccionar ante circunstancias sobre las cuales no tienes control. Al mantener líquido y seguro el capital de tu plusvalía, estás en mejor control. Cuando separas la plusvalía por esas razones, lo estás haciendo para conservarla, no para consumirla.

Por otro lado, cuando el dueño de una casa utiliza la plusvalía de su casa para comprar activos que se deprecian, como autos, botes y vehículos para viajar en la nieve, frecuentemente terminan consumiéndola. Cuando se ha obtenido el dinero para consolidar deuda de tarjetas de crédito sólo para correr a llenarlas de nuevo, se entra en un ciclo de reproducción de deuda que termina con la plusvalía y te dirige a la bancarrota.

Vamos a especificar con mayor detalle por qué y cómo el dueño de una casa debe de obtener la plusvalía de su casa para conservarla, no para consumirla.

CUANDO REFINANCIAR

Frecuentemente, los dueños de casas determinarán si deben o no refinanciar su casa utilizando un análisis sencillo. Primero, suman todos los gastos asociados con refinanciar, como costos de evaluación, seguro del título, reportes de crédito y otros costos de cierre. Entonces toman la diferencia en los pagos mensuales que obtendrían al refinanciar y dividen el resultado entre el total del costo de refinanciar. Esto les da el punto de equilibrio de cuando recuperarán los costos de refinanciar. Por ejemplo, si los costos totales de cierre suman $2,400 y por hacerlo te vas a ahorrar $100 mensuales, en 24 meses vas a haber recuperado los costos de refinanciamiento. Si vas a vivir en esa casa al menos dos años, tú determinarás si vale la pena hacerlo. Otro reglamento dicta que debes de refinanciar solamente si puedes reducir tus intereses al menos dos puntos.

Yo recomiendo que consideres refinanciar tu casa cada vez que las tasas de interés estén al menos 0.5 por ciento menos de lo que tienes en tu hipoteca actual. Al hacer esto, puedes reducir de 8 a 10 años el tiempo necesitado para «liquidar» tu hipoteca. También recomiendo refinanciar tu casa cada vez que tengas en ella plusvalía disponible. Te puedo probar por qué puedes estar financieramente mejor al refinanciar tu casa para separar la plusvalía incluso si la tasa de interés de tu nueva hipoteca es dos puntos porcentuales más alta que la de tu hipoteca anterior. Cada vez que personalmente refinancio mi casa para manejar exitosamente la plusvalía, yo acelero la fecha en que puedo tener mi casa «completamente pagada» en mi hoja de balance personal, más rápido que si siguiera en el esquema de mi hipoteca anterior con un saldo más bajo. Esto es cierto sin importar las condiciones en las tasas de interés, porque las tasas de interés son relativas.

Cuando las tasas de interés para obtener un préstamo son bajas, también son bajas en los ahorros y las inversiones. Proporcionalmente, cuando las tasas para obtener un préstamo son altas, puedo alcanzar mejores tasas en mis ahorros e inversiones. Cuando puedo obtener mi plusvalía al 6 por ciento, puedo obtener 6 por ciento o más en mis inversiones conservadoras a largo plazo. Cuando obtuve la plusvalía de mi casa en los años ochenta a un 12 por ciento, pude obtener un 12 por ciento o más en inversiones con tasa fija. El poder de manejar la plusvalía exitosamente para mejorar el activo neto es la habilidad de obtener una tasa de interés en esos dólares sin trabajar y disponibles que viven en la casa. Recuerda que las razones principales para separar la plusvalía son las de incrementar la liquidez y la seguridad. Sin embargo, debido a las ventajas de impuestos que podemos obtener en los intereses de una hipoteca, cuando obtenemos un préstamo al 6 por ciento que es deducible en una tasa de impuestos del 33.3 todo lo que tenemos que hacer es obtener un 4 por ciento para hacer dinero. Si obtenemos un préstamo al 12 por ciento de intereses deducibles, todo lo que tenemos que obtener es un 8 por ciento para hacer dinero. Debido a que las tasas de interés son relativas, yo siempre he sido capaz de establecer una diferencia provechosa entre la tasa neta después de impuestos de mi préstamo y la tasa neta generada, esto por el tipo de vehículos de inversión que he elegido.

CONTROLA TUS BIENES AL CONTROLAR TU PLUSVALÍA

La clave para mejorar dramáticamente tu activo neto es aprender a manejar tu plusvalía de manera efectiva. Tú vas a alcanzar tu «punto de libertad» mucho más rápido si en el proceso utilizas parte del dinero del tío Sam en lugar de tu propio dinero. Tu punto de libertad ocurre cuando tienes suficiente dinero en condiciones seguras y líquidas que puedas cubrir completamente la deuda de tu hipoteca. Si tengo el dinero suficiente disponible para pagar mi hipoteca al hacer una llamada telefónica o una transferencia electrónica en el momento que yo desee, he llegado al punto de libertad; y me considero a mí mismo «libre de deuda». Esto es cierto aún y cuando tenga una deuda de un millón de dólares.

El mismo principio aplica en los negocios. Muchas corporaciones grandes pueden declararse libres de deuda a pesar de tener millones de dólares en deudas. ¿Por qué? Porque al manejar sus activos y pasivos de manera inteligente, son capaces de mantener mayor liquidez y seguridad, así como también obtener mejores tasas de interés. Ellos asignan ciertos activos a pasivos específicos para mantener su ganancia positiva —una ganancia positiva que crece cada vez más rápido a través del manejo inteligente de la deuda.

Como explicaba en el capítulo 6, cuesta lo mismo vivir en tu casa ya sea que hayas obtenido un préstamo para comprarla o que la hayas pagado en efectivo. Si pagaste en efectivo, tienes toda la plusvalía atada a la propiedad y has renunciado a la oportunidad de obtener una tasa de interés. De nuevo, esto ocurre porque la plusvalía no tiene tasa de interés—va a aumentar o disminuir de valor sin importar cuanta plusvalía hay en ella. En el capítulo 6, aprendimos que si nuestra plusvalía está atada a nuestra propiedad, incurrimos en un costo de oportunidad; si separamos la plusvalía al obtener un préstamo, incurrimos en un costo de empleo —los intereses que pagamos por la hipoteca.

LOS MITOS SOBRE LAS HIPOTECAS

Vamos a ver los costosos mitos mantenidos por millones de habitantes en los Estados Unidos:

- La mayoría de la gente piensa que la plusvalía es una inversión prudente, a pesar de que he probado que no pasa la prueba de la liquidez, seguridad o tasa de interés que deben de pasar las inversiones inteligentes.
- La mayoría de la gente cree que al hacer pagos adicionales al principal de su hipoteca está ahorrando dinero.

- La mayoría de la gente cree que los intereses de una hipoteca son un gasto que debe eliminarse lo antes posible.
- La mayoría de la gente cree que la plusvalía de una casa tiene una tasa de interés y mejora sus bienes.

Al final del capítulo 8 vas a ver como despedazo todos estos mitos. La mayoría de la gente que quiere desarrollar la plusvalía de su casa, tiene la idea errónea que el mejor método para acelerar el pago total de su casa es enviando pagos adicionales al principal de su préstamo. Algunos dueños de casas caen en la tentación de pensar que los planes de pagos quincenales son la respuesta. Otros confían más en una hipoteca a 15 años que en una de 30. En la actualidad, dichos métodos no son la manera más inteligente de tener una casa «completamente pagada».

A través de otra estrategia, puedes acumular suficiente efectivo en un plan de aceleración de préstamo conservador y con impuestos diferidos para cubrir la deuda de la hipoteca de tu casa igual de pronto o aún más pronto de lo que te habría tomado a través de los métodos aceptados tradicionalmente. Adicionalmente, vas a tener las siguientes ventajas:

- Vas a mantener la flexibilidad, liquidez y seguridad del capital al permitir que la plusvalía de la casa crezca en un fondo separado donde esté accesible en caso de emergencia, discapacidad temporal o pérdida del empleo.
- Vas a maximizar tus deducciones en impuestos de los intereses, al mantener el saldo del préstamo tan alto como sea posible hasta que hayas acumulado el suficiente efectivo para pagar una hipoteca a 30 años por $150,000 en 13 años y medio utilizando la cantidad de dinero que requerirías en una hipoteca a 15 años. Esto es parcialmente posible debido a que $12,000 a $20,000 (dependiendo de la tasa de impuestos en la que te encuentres) del dinero utilizado será dinero del tío Sam en vez de tu propio dinero.

- Vas a mantener control y movilidad de tu plusvalía para permitir un incremento en su tasa de interés. Muchos dueños de casas refinancian de nuevo en un promedio de cada 7 años. Como lo expliqué, tu casa se puede vender más fácilmente y por un precio más alto con un saldo alto en su hipoteca que con un saldo bajo (ver el capítulo 6). Sin importar las condiciones del mercado de bienes raíces, tu plusvalía debe estar siempre altamente líquida.

LAS DESVENTAJAS TRADICIONALES DE LA LIQUIDACIÓN DEL PRESTAMO

La mayoría de las personas lleva a cabo su meta de ser completamente dueños de sus casas —parte del sueño Americano— de la manera tradicional. Ellos sienten que ahorrar los intereses de su hipoteca y liquidar su préstamo pronto es la mejor solución y esto es logrado de la mejor manera al aplicar pagos adicionales al principal de su hipoteca, usualmente utilizando uno de los siguientes cuatro métodos (para mayor detalle de cada método vean mi primer libro, *Missed Fortune*):

1. Pagos quincenales —pagar una mitad de la cantidad mensual normal cada dos semanas puede resultar en 26 mitades de pagos de hipoteca, o un total de 13 pagos mensuales en cada año.

2. Duplicar el pago al principal —utilizar la amortización para calcular la cantidad del principal que está siendo pagado, entonces pagar el doble de esa cantidad en cada pago.

3. Un determinado año —determinar un año en el cual se desea liquidar la hipoteca, entonces calcula qué tanto dinero adicional hay que pagar al capital cada mes para poder tener la casa pagada en el año.

4. Reducción del tiempo del préstamo —reducir el tiempo de la hipoteca de un esquema tradicional de 30 años a uno de 15, por decir un ejemplo.

Yo sostengo que esos cuatro métodos tradicionales contienen grandes desventajas que la mayoría de los dueños de casa no considera. Esas desventajas también incluyen:

- Perder el control de tu plusvalía.
- Incrementar el costo después de impuestos de poseer tu casa.
- Incrementar tu riesgo de embargo y, por lo tanto, el riesgo de perder tu plusvalía.
- Reducir el interés en los dólares de tu plusvalía dramáticamente.
- Disminuir tu capacidad de vender tu casa rápido y al mejor precio si es necesario.
- Extender el tiempo requerido para estar libre de deudas innecesariamente, por lo tanto, incrementando tus costos.

Por favor que quede claro: este libro no tiene como propósito que la gente se ahogue en deudas. Por más de 30 años, le he aconsejado a la gente que salga de deudas tan pronto posible. Sin embargo, les aconsejo que lo hagan utilizando el método más inteligente para mantener flexibilidad —un método no representado en ninguno de los cuatro métodos tradicionales recién mencionados.

LA SATISFACCIÓN DE UNA PLANEACIÓN INTELIGENTE

Como expliqué anteriormente, yo considero que una casa está completamente pagada —a pesar de que tenga la hipoteca hasta el tope— si tengo los suficientes bienes líquidos de una manera segura, que me permita pagar dicha deuda. Duermo mejor por las noches con mi casa completamente hipotecada cuando la plusvalía ha sido removida de mi propiedad y puesta en una manera líquida y más segura. Contrario a lo que cree la gente, cualquier crisis financiera razonable puede ser resuelta de la mejor manera si la plusvalía de tu casa se ha separado a que si sigue atrapada en ella.

Si el dueño de una casa pudiera depositar en una cuenta separada, líquida y segura, cualquier pago adicional hacia el principal de la deuda en vez de enviarlo a la compañía hipotecaria, podrían acumular el suficiente dinero para liquidar la deuda en un período de tiempo corto —o todavia más corto. Déjame ilustrartelo.

Si yo fuera a obtener un nuevo préstamo por $150,000 a un plazo de 15 años, como se muestra en la Figura 7.2, el pago de dicha hipoteca sería de $1,433.48. Yo pagaría esta cantidad mensual por los 15 años — o su equivalente en 15 pagos anuales de $17,202 (columna 4). Este pago sería mi gasto en bruto. Sin embargo, debido a los beneficios de impuestos que recibo (al deducir los pagos de intereses de mi hipoteca) en la Sección A de mi declaración de impuestos, realmente no estoy soltando tanto de mi bolsa. El tío Sam está pagando parte del pago anual de mi hipoteca con dinero con el que yo habría tenido que pagar impuestos. La columna 3 muestra que un gasto de intereses de $11,805 el primer año deducido en la Sección A de mi devolución de impuestos como concepto de intereses de hipoteca me ahorra $3,935 en impuestos. Esto hace que mi pago neto de hipoteca sea de $13,267, como se muestra en la columna 6.

Durante la vida de una hipoteca de $150,000, el dueño de una casa, consistentemente paga más intereses cada año con una hipoteca a 30 años que con una hipoteca a 15 años (ver los totales circulados en la Figura 7.3). La mayoría de la gente ve eso como algo negativo. Es por ello que optan por tomar hipotecas a 15 años —para pagar menos intereses. Sin embargo, al tomar una hipoteca amortizada a 30 años, el potencial de deducciones es mucho mayor. Por lo tanto, el pago neto después de impuestos es sustancialmente menor para una hipoteca a 30 años que para una hipoteca a 15 años.

Si cada año tomamos la diferencia anual del pago neto después de impuestos entre una hipoteca a 15 años y una hipoteca a 30 años (Figura 7.4) y depositamos ese dinero en un fondo con intereses diferidos y con una tasa de interés de (vamos a asumir) un 8 por ciento, van a notar como para el año 15, el fondo (columna 5) ¡va a haber acumulado $25,159 más dinero del que es necesario para liquidar la hipoteca (columna 1)! ¿Ya ves por que me refiero con esto a lo que llamo el error

Figura 7.2	ANÁLISIS DE UNA HIPOTECA A 15 AÑOS					

Capital	$150,000	Tipo de préstamo	Amortizado
Pago mensual	$1,433.48	Número de años	15
Tasa de Interés	8.00%	Tasa de Impuestos	33.33%

FINAL DEL AÑO	[1] SALDO DEL PRÉSTAMO	[2] PAGO A CAPITAL	[3] PAGO DE INTERESES	[4] PAGO TOTAL	[5] AHORRO EN IMPUESTOS	[6] PAGO NETO DESPUÉS DE IMPUESTOS
1	$144,603	$5,397	$11,805	$17,202	$3,935	$13,267
2	138,758	5,845	11,357	17,202	3,785	13,416
3	132,429	6,330	10,872	17,202	3,624	13,578
4	125,573	6,855	10,347	17,202	3,449	13,753
5	118,149	7,424	9,778	17,202	3,259	13,943
6	110,109	8,040	9,161	17,202	3,053	14,148
7	101,401	8,708	8,494	17,202	2,831	14,371
8	91,971	9,430	7,771	17,202	2,590	14,612
9	81,757	10,213	6,989	17,202	2,329	14,872
10	70,697	11,061	6,141	17,202	2,047	15,155
11	58,718	11,979	5,223	17,202	1,741	15,461
12	45,744	12,973	4,229	17,202	1,409	15,792
13	31,694	14,050	3,152	17,202	1,050	16,151
14	16,478	15,216	1,986	17,202	662	16,540
15	0	16,478	723	17,201	241	16,960
TOTAL	$150,000	$108,026	$258,026		$36,005	$222,021

Notas

a. Los ahorros en impuestos [5] asumen una tasa de impuestos (estatal y federal) del 33.33% multiplicados por los intereses del pago.

b. Los intereses de hipoteca generalmente son deducibles de impuestos —sin embargo, se pueden aplicar ciertos límites. Por favor revisa este tema con tu asesor financiero.

c. El pago neto después de impuestos [6] equivale al pago total [4] menos los ahorros en impuestos [5].

de los $25,000 que millones de personas cometen? Es un error todavía más grande si la hipoteca es mayor a $150,000.

Tu pudieras decir: «Pero esperen un minuto, ¡tengo que pagar 33.3 por ciento en impuestos en los intereses o en el crecimiento que estoy obteniendo en mi fondo de inversión!». Incluso si invertiste la diferencia en un fondo que será impuesta más adelante, aún así terminarás con ventaja. Pero sería mucho mejor utilizar un fondo no sujeto al pago de impuestos como los que se describen en el capítulo 9 y 10.

¿Qué pasa si para el decimoquince año todavía no tienes el dinero suficiente para liquidar tu hipoteca a 30 años? ¿Qué tal si te toma seis

Figura 7.3

ANALISIS DE UNA HIPOTECA A 30 AÑOS

Capital	$150,000		*Tipo de préstamo*	Amortizado	
Pago mensual	$1,100.65		*Número de años*	30	
Tasa de Interés	8.00%		*Tasa de Impuestos*	33.33%	

FINAL DEL AÑO	[1] SALDO DEL PRÉSTAMO	[2] PAGO A CAPITAL	[3] PAGO DE INTERESES	[4] PAGO TOTAL	[5] AHORRO EN IMPUESTOS	[6] PAGO NETO DESPUÉS DE IMPUESTOS
1	$148,747	$1,253	$11,955	$13,208	$3,985	$9,223
2	147,390	1,357	11,851	13,208	3,950	9,258
3	145,920	1,470	11,738	13,208	3,912	9,296
4	144,328	1,592	11,616	13,208	3,872	9,336
5	142,605	1,724	11,484	13,208	3,828	9,380
6	140,738	1,867	11,341	13,208	3,780	9,428
7	138,716	2,022	11,186	13,208	3,728	9,480
8	136,526	2,190	11,018	13,208	3,672	9,535
9	134,155	2,371	10,836	13,208	3,612	9,596
10	131,587	2,568	10,640	13,208	3,546	9,662
11	128,805	2,781	10,426	13,208	3,475	9,733
12	125,793	3,012	10,196	13,208	3,398	9,810
13	122,531	3,262	9,946	13,208	3,315	9,893
14	118,998	3,533	9,675	13,208	3,225	9,983
15	115,171	3,826	9,382	13,208	3,127	10,081
TOTAL EN 15 AÑOS	**$150,000**	**$163,290**	**$198,120**		**$54,425**	**$143,694**
16	111,028	4,144	9,064	13,208	3,021	10,187
17	106,540	4,488	8,720	13,208	2,906	10,301
18	101,680	4,860	8,348	13,208	2,782	10,426
19	96,416	5,264	7,944	13,208	2,648	10,560
20	90,715	5,701	7,507	13,208	2,502	10,706
21	84,542	6,174	7,034	13,208	2,344	10,863
22	77,856	6,686	6,522	13,208	2,174	11,034
23	70,614	7,241	5,967	13,208	1,989	11,219
24	62,772	7,842	5,366	13,208	1,788	11,419
25	54,280	8,493	4,715	13,208	1,571	11,636
26	45,082	9,198	4,010	13,208	1,337	11,871
27	35,120	9,961	3,247	13,208	1,082	12,126
28	24,332	10,788	2,420	13,208	807	12,401
29	12,649	11,683	1,524	13,208	508	12,700
30	0	12,649	555	13,204	185	13,019
TOTAL EN 30 AÑOS	**$150,000**	**$246,230**	**$396,230**		**$82,068**	**$314,161**

Notas

a. *Los ahorros en impuestos [5] asumen una tasa de impuestos (estatal y federal) del 33.33% multiplicados por los intereses del pago.*

b. *Los intereses de hipoteca generalmente son deducibles de impuestos —sin embargo, se pueden aplicar ciertos límites. Por favor revisa este tema con tu asesor financiero.*

c. *El pago neto después de impuestos [6] equivale al pago total [4] menos los ahorros en impuestos [5].*

Figura 7.4	PAGO DE UNA HIPOTECA A 30 AÑOS EN 15 AÑOS UTILIZANDO $18,420* DEL DINERO DEL TÍO SAM**				
	CAPITAL $150,000		TASA DE INTERÉS 8.00%	TASA DE IMPUESTOS 33.33%	
	[1]	[2]	[3]	[4]	[5]
FINAL DEL AÑO	SALDO DEL PRÉSTAMO DE UNA HIPOTECA A 30 AÑOS	PAGO NETO DESPUÉS DE IMPUESTOS DE UNA HIPOTECA A 15 AÑOS	PAGO NETO DESPUÉS DE IMPUESTOS DE UNA HIPOTECA A 30 AÑOS	DIFERENCIA ENTRE LOS PAGOS DESPUÉS DE IMPUESTOS	DIFERENCIA INVERTIDA OBTENIENDO UN 8% ACUMULATIVO
1	$148,747	$13,267	$9,223	$4,044	$4,224
2	147,390	13,416	9,258	4,158	8,911
3	145,920	13,578	9,296	4,282	14,098
4	144,328	13,753	9,336	4,417	19,838
5	142,605	13,943	9,380	4,563	26,188
6	140,738	14,148	9,428	4,720	33,208
7	138,716	14,371	9,480	4,891	40,978
8	136,526	14,612	9,535	5,077	49,557
9	134,155	14,872	9,596	5,276	59,036
10	131,587	15,155	9,662	5,493	69,499
11	128,805	15,461	9,733	5,728	81,037
12	125,793	15,792	9,810	5,982	93,774
13	122,531	16,151	9,893	6,258	107,818
14	118,998	16,540	9,983	6,557	124,286
15	$115,171	16,960	10,081	6,879	$140,330
				$78,325	

$25,159

EXCESO DE EFECTIVO SOBRE EL SALDO DE LA HIPOTECA

* Es la diferencia en ahorros adicionales en impuestos utilizando una hipoteca a 30 años versus una hipoteca a 15 años por los primeros 15 años.
** Los números de esta cifra fueron tomados de las Figuras 7.2 y 7.3.

meses más? Aún así creo que es mejor utilizar un fondo por separado que enviar pagos adicionales al principal de tu hipoteca. Muy simple. La liquidez, la seguridad, la tasa de interés y los beneficios de impuestos que obtengo al tener mi dinero disponible en una cuenta separada que compensa por mucho a cualquier desventaja hipotética —especialmente el hecho de que ocurra una emergencia financiera. El hecho es que al tener un fondo por separado, puedo tener todos esos beneficios y de hecho tener suficiente dinero acumulado para pagar mi hipoteca en un período más corto.

La mejor estrategia es establecer un fondo líquido que acumule los fondos necesarios para pagar tu hipoteca, mantener flexibilidad, lograr ahorros en impuestos valiosos y acumular efectivo adicional. La clave para lograr esto es entender como hacer que los intereses trabajen para ti, en vez de que trabajen en contra de ti.

ENTENDER TU HIPOTECA Y LAS OPCIONES DE FINANCIAMIENTO

Ya debes de entender que la plusvalía en tu casa no mejora tu activo neto, pero separada de tu casa, tiene la habilidad de mejorar dicho activo a través del tiempo. La gente me pregunta a menudo: «¿Qué clase de préstamo hipotecario debo de usar?».

Si tu casa está pagada por completo o tienes una cantidad sustanciosa de plusvalía, pudieras considerar obtener una hipoteca convencional o un préstamo sobre la plusvalía de tu casa. Un préstamo amortizado permite el pago de la deuda en un período específico de tiempo (a plazo) por medio de pagos regulares en intervalos específicos. Una porción de cada pago se aplica a la reducción del principal y el resto a los intereses. Por otro lado, los préstamos de interés solamente requieren que durante cierto período de tiempo sólo los intereses sean pagados hasta que el pago principal se vence, entonces hay que hacer el pago del principal, refinanciar o convertir el préstamo en un préstamo amortizado. Para maximizar los resultados del manejo exitoso de la plusvalía para incrementar la liquidez, seguridad, tasa de interés y ventajas de impuestos, yo les recomiendo utilizar préstamos de interés solamente y tener un plan a seguir que les ayude a tener la disciplina de ahorrar la diferencia en los pagos de las dos modalidades de hipotecas, para acumular el efectivo requerido para cubrir la deuda.

La hipoteca, o la escritura en garantía, es el instrumento escrito que otorga la seguridad sobre el pago de una deuda específica. La escritura en garantía transfiere el título de la propiedad a un tercero que lo conserva hasta que el préstamo es liquidado. El prestamista tiene el derecho de requerir que la propiedad sea vendida ante el incumplimiento del prestatario. Cuando la deuda está aseguradada de esta manera, el prestatario firma un documento que le da al prestamista derecho de retención sobre la propiedad. El pagaré de la hipoteca es el contrato del prestatario con el prestamista para liquidar el préstamo. Esta promesa de pago fija los términos y las condiciones del préstamo.

La *hipoteca mayor* es la primera hipoteca registrada, la cual otorga a quien la conserva derechos de retención sobre la propiedad. La hipoteca mayor tiene prioridad sobre cualquier otro derecho de retención que exista sobre la propiedad. Los derechos de retención de *hipotecas menores* son subordinadas (de menor prioridad) a las que han sido realizados antes que ellas. El riesgo del prestamista está directamente relacionado con la prioridad de la hipoteca. Ante un mayor riesgo, el prestamista requerirá una mayor tasa de interés.

El *seguro de la hipoteca* protege al prestamista de las pérdidas que pueden ocurrir ante el incumplimiento del prestatario y si el embargo llegara a ser necesario. Con los préstamos convencionales, el prestamista requiere de un seguro privado de hipoteca (PMI, por sus siglas en inglés) en la mayoría de los préstamos cuyo monto excede al 80 por ciento del valor de la casa. Los préstamos de la Administración Federal de Vivienda (FHA, por sus siglas en inglés) requieren del pago de una prima de seguro de hipoteca en todos sus préstamos. Los préstamos para Veteranos de Guerra (VA, por sus siglas en inglés) cargan una cuota adicional en todos sus préstamos en lugar de un seguro de hipoteca. Generalmente, el seguro es comprado por el dueño de la casa al cierre del trámite. La prima puede ser pagada en el momento del cierre, en base a un calendario de pagos o puede ser agregada al monto del préstamo.

Las compañías hipotecarias (bancos de hipotecas y corredores) incluyen inversionistas individuales, bancos, compañías de seguros y otras fuentes institucionales de capital. Las compañías hipotecarias generan préstamos y cobran una cuota por sus servicios. Históricamente, los bancos comerciales han estado en el negocio de los préstamos a corto plazo. Recientemente han incursionado en el negocio de los préstamos a largo plazo como son las hipotecas. Las uniones de crédito, creadas para el beneficio de sus miembros, también pueden ser una buena fuente para una hipoteca. Los préstamos de fuentes privadas, como miembros de la familia y préstamos controlados por patrones o planes de pensión privados son considerados préstamos no conformados que pueden otorgar flexibilidad adicional.

HIPOTECAS A TASAS FIJAS

Las hipotecas a tasas fijas son bastante simples. Las tasas de interés son fijas y los pagos son fijos. Este tipo de hipotecas frecuentemente son amortizadas en períodos de 15 ó 30 años. El pago mensual de intereses y principal no varía a menos que haya intereses por pagos tardíos u otras penalidades. Si el prestamista quiere estar seguro de que los impuestos y el seguro de la casa están al corriente, se requerirá que éstos se incluyan en el pago. La porción de los impuestos y el seguro de la casa pueden variar cada año dependiendo de las tasas que apliquen para ellos. Sin embargo, la suma del capital y los intereses siempre se mantendrá constante en este tipo de hipoteca.

HIPOTECAS A TASAS AJUSTABLES

Las hipotecas con tasas ajustables, son préstamos en los cuales las tasas de interés pueden variar durante la vida del préstamo. Las hipotecas de tasas ajustables (ARMs, por sus siglas en inglés) facilitan la calificación de personas con ingresos más bajos dadas las tasas iniciales tan bajas con las que cuentan, haciendo más accesible la compra de casas. Como concesión a cambio de las tasas bajas iniciales, el prestatario enfrenta el peso de un posible incremento de las tasas en el futuro. Para determinar la cantidad de los ajustes, las tasas de interés en los ARMs están sujetas a uno de muchos índices de tasas de interés que representan el movimiento general en las tasas de interés. Los prestamistas entonces agregan puntos porcentuales al índice (conocidos como *márgen*) para determinar las tasas ajustables.

Los límites en las tasas de interés ponen un tope en los cambios de las tasas de intereses. El límite en la tasa periódica topa los ajustes durante cierto período de tiempo. *El límite en el pago* topa los cambios en la cantidad del pago mensual. A pesar de que las tasas de intereses aumenten, los incrementos en el pago mensual están controlados por el límite fijado en el pago del préstamo. La *opción de conversión* permite que un préstamo ARM sea cambiado a una hipoteca de tasa fija sin los gastos normales de un refinanciamiento. Una cuota fija o un cierto número de puntos son usualmente cobrados para llevar a cabo esta opción y debe de ser realizada durante un período de tiempo específico.

DETERMINAR EL MEJOR TIPO DE HIPOTECA A UTILIZAR

Ya sea que busquen reducir el pago mensual, consolidar pagos mensuales, liberar plusvalía para conservar y no para consumir o manejar la plusvalía como se indica en este libro, los dueños de casas enfrentan una enorme variedad de opciones para acceder la plusvalía disponible. Quienes ya tienen una hipoteca pueden optar por refinanciar su hipoteca existente, aplicar para una segunda hipoteca o establecer una línea de crédito sobre la plusvalía de su casa. Dependiendo de la opción seleccionada, van a tener que decidir si optan por una hipoteca de tasa fija o de tasa variable.

Para el dueño de una casa, el mejor plan de financiamiento para el mejor manejo de la plusvalía utilizando las estrategias contenidas en este libro dependerá de los siguientes factores:

- Capacidad de hacer los pagos mensuales.
- Cantidad de plusvalía disponible.
- Tasas de interés en la hipoteca actual.
- Tiempo estimado de residencia en la casa actual.

Las hipotecas con tasas de interés por debajo de las tasas actuales no querrán refinanciar esa deuda. Una segunda hipoteca o una línea de crédito sobre la plusvalía pueden ser más apropiadas. Además de preservar la tasa atractiva en la primera hipoteca, esta estrategia usualmente resulta en una reducción o eliminación de los costos de cierre.

Los dueños de casas con tasas de interés por encima de las tasas del mercado querrán refinanciar con una nueva hipoteca a tasas actuales. Esto reduce el costo en el saldo de su hipoteca existente y les permite obtener una tasa de interés más baja en la plusvalía adicional donde puedan estar accediendo.

Las hipotecas con tasas fijas de interés pueden parecer más atractivas para muchos dueños de casas debido a la certeza que tienen sobre el monto de sus pagos mensuales. Sin embargo, se puede probar que estos tipos de hipotecas resultan más caras para aquellos dueños de casas que se mudarán en cuatro o cinco años. Las hipotecas con tasas ajustables de interés ofrecen tasas más bajas que las hipotecas con tasas fijas y debido a los topes anuales y de por vida que existen en los intereses, resultan más económicas durante los primeros años a pesar de que las tasas de interés se incrementen dramáticamente. Los préstamos de interés solamente, deben ser consideradas por quienes desean pagos bajos, quieren maximizar sus deducciones de impuestos o planean mudarse o refinanciar en pocos años. Algunos programas innovadores permiten al prestatario contar con cuatro opciones de pago cada mes. Ellos pueden elegir pagar (1) el pago correspondiente a una amortización a 15 años, (2) el pago correspondiente a una amortización a 30 años, (3) el pago de interés solamente o (4) el pago mínimo basado en la fórmula de amortización negativa.

Aquí he dado sólo algunos factores generales a considerar cuando se trata de elegir un tipo de hipoteca en particular. La opción de financiamiento más apropiada para el dueño de una casa en específico puede variar dependiendo de ésos y otros factores. Consultar con un representante de servicios financieros profesional o con alguna compañía hipotecaria te puede ayudar en el proceso de elección del mejor préstamo.

NO DES PAGO INICIAL

Otro mito común entre los compradores de casa es que siempre se debe de dar un pago inicial o enganche cuando se compra una propiedad. El hecho es que hay muchas maneras para comprar una propiedad sin pagar nada de enganche. Si tu presupuesto te lo permite cuando adquieras una casa o alguna otra propiedad, paga lo menos posible o nada de pago inicial, para mover tus dólares y establecer la cantidad más alta de deuda de adquisición con el propósito de deducción de impuestos.

Durante los primeros 30 años de matrimonio, mi esposa y yo compramos y vivimos en diferentes casas para hospedar a nuestros seis hijos. En cada caso, fuimos capaces de adquirir la propiedad sin dar pago inicial. Sin embargo, sí incurrimos en costos asociados con el cierre del préstamo o del título. También he sido capaz de evitar el gasto del pago inicial usando mi propio dinero cuando compro bienes raíces de inversión (residencial y comercial), así como propiedades de pasatiempo. No me malentiendan —pagar enganche cuando se compra una propiedad no es un error irreversible. *Pero yo creo que al no pagar más dinero del necesario, puedo conservar la plusvalía en un fondo separado líquido que va a mantener la seguridad del capital y puede generar una tasa de interés más alta que el costo de haber obtenido dichos fondos.* Yo nunca quiero atar plusvalía innecesariamente.

Hay muchas publicaciones, libros, videos y programas de audio que explican los diferentes métodos por medio de los cuales inversionistas exitosos de bienes raíces han comprado propiedades sin pago inicial. En el capítulo 13 de *Missed Fortune*, ofrezco detalles sobre las diferentes estrategias que he utilizado.

Cuando compras una casa en el mercado cuando está lento, hay más oportunidades de lograr una compra sin pago inicial. Muchos tratos buenos en el mercado de bienes raíces se encuentran al hacer una búsqueda ordenada de casas que valen más de lo que piden por ellas. Se requiere paciencia mientras buscas casas que se aprecien mucho más del precio que vas a ofrecer.

Existen muchas oportunidades en donde los bienes raíces pueden ser comprados cuando el vendedor ofrece un contrato de renta de la propiedad con opción a compra bajo términos tan favorables como lo puede ser una compra inmediata. Frecuentemente sólo toma unos minutos con el vendedor para determinar si realmente necesita dinero de su propiedad. En varias ocasiones, yo he negociado la compra de propiedades sin enganche. Al educar a los vendedores sobre los conceptos contenidos en este libro, de repente se dan cuenta que realmente no quieren tomar la plusvalía de la venta de su casa anterior para innecesariamente ponerla en una nueva propiedad. Una de las inversiones más seguras para su dinero sería un pagaré con la escritura en garantia de la propiedad con la que se encuentran muy familiarizados (la casa que están vendiendo), donde pueden obtener intereses por encima del mercado. Ellos pueden empujar la compra de su nueva casa para establecer la deuda de adquisición más alta posible con propósitos de deducción de impuestos.

POSIBILIDADES INFINITAS

Mi esposa y yo compramos una hermosa casa en 1990 sin pago inicial. La casa había sido construída sólo cuatro años antes. Los vendedores estaban ansiosos por venderla por que la habían estado ofreciendo por 18 meses en un mercado lento. Ellos habían incurrido en gastos por $450,000 en la construcción de la casa y en el diseño de su jardín. Hacía dos años se había apreciado a $505,000. Debido a que sólo debían $105,000 y la mayoría de la plusvalía se encontraba atrapada en la casa, fueron forzados a reducir continuamente el precio para encontrar un comprador. Estuvieron rechazando algunas ofertas de compra por que la mayoría de la plusvalía estaba atada a la propiedad. Ellos sentían que necesitaban esa plusvalía en efectivo para poder construir su nueva casa.

Nosotros llegamos a la compañía de título, firmamos los documentos con un abogado y salimos 20 minutos después, habiendo comprado la casa por $300,000 sin ningún gasto de dinero personal (los detalles de este episodio están ampliamente explicados en *Missed Fortune*).

Le permitimos a los vendedores permanecer en la casa a cambio de una renta mientras construían su nueva casa, así no tendrían que mudarse dos veces. Su renta cubría el pago de la hipoteca por completo.

Nueve meses después nos mudamos a la casa (después de que ellos terminaron de construir la suya). Poco después de habernos establecido, el mercado se hizo fuerte de nuevo. Recibimos una oferta en el correo de una pareja que se estaba mudando de Newport Beach, California, ¡que quería comprarnos la casa en $600,000! Ellos habían vendido su casa en California por ese precio. Para evitar ser impuestos en una ganancia capital, estaban dispuestos a pagar $600,000 por nuestra casa. Nosotros rechazamos la oferta porque la casa tenía las características perfectas para nuestra familia con seis niños. Sin embargo, si la hubiéramos vendido por $600,000 ¿cuál habría sido la tasa de interés? Habría sido infinita porque, técnicamente, nada de nuestro dinero fue invertido, más allá de los pagos de la casa, que fue cubierto por el dinero de la renta (OPM). ¡Este no es un 100 por ciento de interés porque no hubo dinero invertido en un pago inicial!

CONCEPTOS CUBIERTOS EN EL CAPÍTULO 7

- *Conserva tus activos en inversiones líquidas* así pueden ser fácilmente accesibles en caso de una emergencia.
- Mantén flexibilidad para evitar las caídas del mercado y tomar ventaja del mercado provechoso.
- *Es mejor tener y no necesitar, que necesitar y no tener.*
- Las casas fueron hechas para hospedar familias, no para ganar ni guardar dinero.
- Si quieres saber como convertirte en un auto-millonario, estudia a los auto-millonarios.
- *Separa la cantidad de plusvalía más alta posible* para incrementar la liquidez, seguridad y tasa de interés.
- *Siempre colócate en una posición en donde puedas actuar en vez de reaccionar ante circunstancias sobre las cuales no tienes control.*
- Los prestatarios indisciplinados que usan la plusvalía de su casa para consolidar tarjetas de crédito frecuentemente termi-

nan consumiéndola. Ellos entran en un ciclo de reproducción de deuda, que los puede llevar a la bancarrota.

- Cada vez que refinancies tu casa, es posible acelerar el tiempo en que la puedes tener paga por completo —más rápido de lo que la habrías pagado con tu hipoteca anterior.

- *Las tasas de interés son relativas.* Cuando las tasas de interés al obtener dinero prestado son bajas, también los son al ahorrar o invertir. Proporcionalmente, cuando las tasas de interés por obtener un préstamo son altas, puedes alcanzar tasas más altas de interés en ahorros e inversiones.

- *Utiliza parte del dinero del tío Sam en vez del tuyo* (a través de ahorros en impuestos) para alcanzar tu «punto de libertad» más rápidamente.

- Señala activos específicos y asígnales pasivos específicos.

- *Hacer pagos adicionales al principal de tu préstamo nunca es la forma más inteligente o efectiva de liquidar la deuda de tu casa.*

- Puedes acumular efectivo suficiente en un plan de aceleración del pago de tu hipoteca, conservador y con impuestos diferidos, para cubrir la deuda de tu hipoteca igual o aún más rápido que con los métodos tradicionales.

- Los métodos tradicionales usados más frecuentemente para acelerar el pago de una hipoteca resultan en una pérdida del control sobre la plusvalía de tu casa; incrementando los costos después de impuestos, incrementando tu riesgo de embargo, eliminando la tasa de interés de los dólares de tu plusvalía; reduciendo tus posibilidades de vender tu casa rápidamente y extendiendo el tiempo que necesitas para estar libre de deudas.

- Una casa se considera pagada por completo, aunque tengas la deuda de tu hipoteca hasta el tope, si tienes los suficientes activos líquidos en un fondo seguro que puede eliminar el pasivo de tu hipoteca.

- Cualquier crisis financiera lógica puede ser resuelta de la mejor manera si la plusvalía de tu casa está separada y no atada a ella.

- El mejor plan de financiamiento del dueño de una casa utilizando las estrategias del manejo de la plusvalía contenidas en este libro, dependen de factores como la habilidad para hacer los pagos mensuales, la cantidad de plusvalía disponible, la tasa de interés de la hipoteca actual y el tiempo de estancia en la casa actual. *Los préstamos de interés solamente pueden brindar el mejor rendimiento.*

- Cuando se compra una casa u otras propiedades, paga poco o nada de enganche (si tu presupuesto te lo permite), para mover tus dólares y establecer la deuda de adquisición más alta posible para propósitos de deducción de impuestos.

CAPÍTULO 8

Dinero casero

La fórmula para convertir la plusvalía de tu casa en un activo neto de un millón de dólares.

LA HISTORIA DE LOS TRES DUEÑOS DE CASAS

Había una vez dos amigos que fueron vecinos por 25 años. Ambos compraron sus casas al mismo tiempo por $100,000. Ellos dieron el 20 por ciento de pago inicial ($20,000) y financiaron el saldo de $80,000 al 7.5 por ciento de interés en una hipoteca amortizada a 30 años. Los dos vivieron en esas casas por 15 años antes de decidir que se querían mudar a nuevas casas. Durante ese período de 15 años, ambos tuvieron una apreciación promedio en sus propiedades de aproximadamente un 5 por ciento anual. Cuando decidieron mudarse, sus casas tenían un valor de mercado de $200,000.

A lo largo de esos 15 años, pagaron sólo el pago mensual regular (no enviaron dinero adicional al capital), por lo tanto el saldo de sus hipotecas al final de ese período era de $60,000. Cuando vendieron sus casas, cada uno recibió la plusvalía en efectivo por un total de $140,000. Los dos estaban muy emocionados de volver a comprar casas en un nuevo vecindario y volver a ser vecinos. El costo de las nuevas casas era de $200,000. Pero a partir de la compra de su segunda casa, cada uno decidió hacer las cosas un poco diferentes. Vamos a llamarle Exceso Perdido al primer dueño de casa y Buen Jinete al segundo.

Figura 8.1	**OPCIONES DE FINANCIAMIENTO**	

EXCESO PERDIDO		BUEN JINETE
$ 200,000	Valor de la Casa	$ 200,000
– 140,000	Pago Inicial	– 40,000
$ 60,000	Monto de la Hipoteca	$ 160,000

	10 AÑOS DESPUÉS	
$ 300,000	Valor de la Casa	$ 300,000
– 52,000	Saldo de la Hipotecha	– 139,000
– 8,000	Reducción de la Hipoteca	– 21,000
– 140,000	Menos Pago Inicial	– 40,000
$ 100,000	Ganancia	$ 100,000

Exceso Perdido puso dinero en exceso al dar el enganche de su nueva casa, por que él pensó que los préstamos pequeños significan costos pequeños. (Nadie le enseñó a Exceso Perdido sobre los costos de oportunidad.) El tomó el total de la plusvalía adquirida con la venta de su casa anterior y la dio en su totalidad para la compra de su nueva casa, por lo tanto Exceso Perdido obtuvo un préstamo de solo $60,000 por su nueva casa.

Por lo contrario, Buen Jinete sintió que podía jinetear su dinero en la compra de su nueva casa. El pagó solo el 20 por ciento de enganche ($40,000) y mantuvo los $100,000 restantes de plusvalía de su casa anterior en una cuenta separada y líquida. Por lo tanto Buen Jinete, obtuvo un préstamo por $160,000 para su nueva casa.

Estas casas apreciaron su valor un poco más del 4 por ciento anual para tener un valor en el mercado de $300,000 al final de 10 años. Vamos a echar un vistazo financiero en este punto para ver la diferencia entre las dos situaciones (Figura 8.1).

La casa de Exceso Perdido vale $300,000, menos el saldo vigente de $52,000, menos $8,000 en la reducción de su hipoteca, menos el pago inicial de $140,000, resulta en una ganancia de $100,000.

Por lo contrario, la casa de Buen Jinete también tiene un valor de $300,000, menos el saldo de la hipoteca de $139,000, menos $21,000 de reducción de su hipoteca, menos el pago inicial o plusvalía original, resulta en una ganancia de $100,000.

Ya hemos aprendido que la plusvalía no tiene tasa de interés cuando se instala cómodamente en las paredes de la casa. Por lo tanto, la ganancia se obtiene sólo por la apreciación de la propiedad. El remanente de la plusvalía resulta de las hipotecas pagadas. Sin embargo, ¿quién de los dos obtuvo mayor tasa de interés cuando se compara la cantidad que tuvieron que atar a la propiedad? A Buen Jinete le fue mucho mejor ya que él solo comprometió $40,000 de plusvalía para obtener una ganancia de $100,000, cuando Exceso Perdido dio $140,000 de plusvalía sólo para obtener la misma ganancia.

Buen Jinete tiene un hermano llamado Máximo que también compró una casa en el mismo vecindario. Si Buen Jinete habría hecho lo que su hermano más astuto hizo habría obtenido todavía una mejor ganancia. Máximo Jinete compró la casa con la mayor astucia al no dar nada de enganche, financiando el 100 por ciento y tomando un préstamo de solo interés. Por lo tanto nada de plusvalía fue atada a la propiedad. Los Jinetes tomaron su plusvalía, disfrutaron de muchos más ahorros en impuestos y enviaron todo su dinero a una cuenta separada y conservadora, líquida y segura. Ambos terminaron con suficiente dinero para pagar sus altas hipotecas más rápido y con un gasto menor de dinero de lo que dio Exceso Perdido. Ellos lograron esto al cambiar la posición de sus bienes y colocarlos en donde obtuvieran mayor liquidez, seguridad y tasa de interés. No solo eso, lo hicieron utilizando mucho más dinero del tío Sam que lo que utilizó Exceso Perdido.

¿CUÁL ES LA DIFERENCIA?

Vamos a considerar las diferencias entre Exceso Perdido y Buen Jinete. ¿Qué es lo que tiene Buen Jinete que no tiene Exceso Perdido? Tiene un pago de hipoteca más alto. Eso pudiera parecer negativo, pero ¿de verdad es tan negativo que digamos?

Buen Jinete tiene un pago mensual de casi $1,120 (asumiendo una hipoteca amortizada a 30 años a una tasa fija de interés del 7.5 por ciento). Exceso Perdido ha tenido un pago mensual de solo $420 (bajo las mismas circunstancias). Esa es una diferencia de $700 por mes. Sin embargo, ¿qué más tiene Buen Jinete? ¡Tiene deducciones de impuestos más altas! Buen Jinete tiene casi $12,000 en deducciones de impuestos. Exceso Perdido tiene solo cerca de $4,500. Eso significa que Buen Jinete tiene $7,500 más en deducciones; el va a ahorrar cerca de $2,500 más en impuestos el primer año que lo que va a ahorrar Exceso Perdido (33.3 por ciento de $7,500). Buen Jinete va a recibir cerca de $333 por mes en ahorros de impuestos por parte del tío Sam, comparado con los ahorros mensuales en impuestos de Exceso Perdido de apenas $125. Por lo tanto, el pago real de la casa de Buen Jinete después de impuestos es de solo $787 por mes, no $1,120. Los pagos después de impuestos de Exceso Perdido es de solo $295, no $420. La verdadera diferencia entre los pagos netos después de impuestos de Buen Jinete y Exceso Perdido es de aproximadamente $500 ($787 – $295 = $492). Como expliqué en los capítulos 6 y 7, ¿por qué razón está dispuesto Buen Jinete a pagar $500 más? Porque los $100,000 de los que puede disponer están trabajando para él y tienen la habilidad de crecer y acumularse a un valor mucho más alto de lo que es el costo neto mensual de $500.

El primer año, asumiendo un 8 por ciento de interés, Buen Jinete puede ganar $8,000 de los $100,000 de plusvalía que mantiene separados de su casa, cuando paga solo $500 al mes ($6,000 al año) en un pago más alto del que hace Exceso Perdido. La ganancia neta el primer año en este ejemplo serían $2,000.

Por otro lado Máximo Jinete tomó un préstamo de sólo interés como primera hipoteca por $160,000 y $40,000 en una línea de crédito sobre el valor de su casa, sumando un total de $200,000, representando el 100 por ciento del precio de compra de su nueva casa. Él invirtió todos los $160,000 de la plusvalía de su casa anterior en un fondo separado y efectivamente no dio pago inicial. En los $40,000 de plusvalía adicionales que el mantuvo separados de la propiedad, obtuvo un rendimiento de $3,200 (8 por ciento) el primer año, cuando el costo de empleo de ese dinero fue de sólo $2,000 (5 por ciento neto después de impuestos), resultando en una ganancia neta adicional de $1,200 respecto a su hermano Buen Jinete. En la actualidad el pago mensual de Máximo Jinete es de sólo $46.60 más del pago mensual de Buen Jinete, porque Máximo hace pagos de sólo interés en la totalidad de sus préstamos de $200,000.

Máximo Jinete de hecho tendrá suficiente dinero acumulado en su fondo separado para pagar su préstamo de $200,000 en cuatro años y medio (¡si así lo quisiera!). Por otro lado, si Exceso Perdido ahorra la diferencia de $538 (la cantidad adicional que Máximo Jinete paga mensualmente) en una cuenta con un rendimiento del 8 por ciento o lo da a su hipoteca, le tomaría seis años y medio liquidar su deuda de $60,000. ¡Para entonces, Máximo Jinete tendrá $335,825 acumulados en su fondo separado o $135,000 más que el saldo de su cuenta de $200,000!

¿Cuáles son esas otras ventajas que los Jinete tienen, que Exceso Perdido no tiene?

- Los Jinete tienen un fondo líquido para usar en caso de emergencia, para acondicionar su patio o para hacer mejoras en la casa (al mismo tiempo que incrementan el valor de la casa sin tener que calificar para un préstamo que les permita hacer dichas remodelaciones).
- Tienen mayor seguridad en el capital en caso de una caída del mercado, ya que una gran porción de plusvalía está separada.
- Tienen mayor movilidad, con el potencial de vender sus casas más rápidamente y por un precio más alto en un mercado lento (ver capítulo 6).
- Pueden convertir parte de su deuda no preferida en deuda prefererida, por lo tanto incrementando el interés de su dinero al utilizar dicha estrategia.

De todos esos beneficios, sin embargo, es posible que la mayor ventaja que los Jinete tienen sobre Exceso Perdido es la habilidad de establecer un plan de retiro con la plusvalía de su casa, que puede incrementar su ingreso neto disponible hasta un 50 por ciento sobre sus IRAs y 401(k)s, como expliqué en los capítulos 3, 4 y 5.

Por ahora, debes de ver que hay más factores a considerar cuando se refinancia una casa que sólo ver tasas de interés y costos de cierre. Los dueños de casa pueden efectivamente reducir el tiempo para tener su casa pagada por completo y mejorar su activo neto a través de un refinanciamiento estratégico y el adecuado manejo de la plusvalía de la casa.

Recuerda, el propósito de manejar la plusvalía es para conservarla y mejorarla, no para consumirla. Posiblemente has escuchado que los tres factores más importantes que determinan el valor en el mercado de una casa o cualquier propiedad de bienes raíces son, ubicación, ubicación y ubicación. De la misma manera, el factor más importante para optimizar el activo de la plusvalía de una casa es la ubicación de dicha plusvalía, ubicación que:

- Incremente la liquidez.
- Mejore la seguridad.
- Incremente la tasa de interés.
- Mantenga la casa más movible.
- Maximize las ventajas de impuestos.

SEPARAR LA PLUSVALÍA DE LA CASA SIN INCREMENTAR EL DESEMBOLSO

¿Cómo separas más plusvalía de tu casa sin incrementar tu pago mensual? Existe un mito de que esto siempre requerirá de un pago más alto. Aparentemente eso es cierto, pero vamos a investigar más a fondo. Vamos a ver cuatro escenarios de hipotecas, todos sobre casas con valor de $200,000. Vamos también a asumir que cada propietario puede pagar $1,000 al mes y que tienen $100,000 de la plusvalía de la venta de su casa anterior.

Escenario 1

El propietario A paga $100,000 de enganche y toma una hipoteca amortizada a 15 años de $100,000 a una tasa de interés fija del 6 por ciento, lo que resulta en un pago mensual de $843.86. Sin embargo, él le manda a la compañía hipotecaria $1,000 al mes para «liquidar» su deuda más rápido (a pesar de que no obtiene ninguna tasa de interés sobre la cantidad adicional). Seis por ciento anual de intereses en $100,000 equivale a $6,000, lo que resulta en ahorros en impuestos de aproximadamente $2,000 ó $167 al mes. Si restamos esos ahorros del pago mensual de $843.86 tenemos que el pago neto después de impuestos es de aproximadamente $677. Sin embargo, su problema es que él está matando rápidamente a su socio el tío Sam al estar destruyendo sus ventajas en impuestos.

Escenario 2

El propietario B paga menos enganche y toma una hipoteca amortizada a 15 años con una tasa de interés fija del 6 por ciento, resultando en un pago mensual de $1,000. Sus ahorros mensuales son de $198 por lo que su pago neto después de impuestos es de $802. Sin embargo, él tiene $18,504 que puede invertir en un fondo separado que le provea liquidez y que genere una tasa de interés.

Escenario 3

El propietario C paga menos enganche todavía y toma una hipoteca amortizada a 30 años de $166,791 con una tasa de interés fija del 6 por ciento, resultando en un pago mensual de $1,000. Sus ahorros mensuales son de $278 por lo que su pago neto es de $722 ó $45 más que el pago del propietario A. Sin embargo, el tiene $66,791 de plusvalía que separó de su casa. Asumiendo una tasa de interés del 8 por ciento, el puede generar $445 mensuales en intereses sobre su plusvalía.

Escenario 4

El propietario D no da nada de enganche y toma un préstamo de interés solamente (una primera hipoteca sobre el 80 por ciento del valor de su casa y una línea de crédito sobre la casa por el 20 por ciento remanente), sumando un total de $200,000, ambos a una tasa de interés del 6 por ciento, resultando en un pago mensual total de $1,000. Sus ahorros mensuales son de $333, por lo que su pago neto es de $667 —¡menos que lo que pagan los primeros tres propietarios!—además, el propietario D tiene $100,000 de plusvalía líquida que separó de su casa. Si asumimos una tasa de interés del 8 por ciento, ¡él puede obtener $667 el mes por los intereses de su plusvalía! En otras palabras, en este ejemplo, el propietario D obteniendo un interés favorecido en impuestos del 8 por ciento en sus $100,000 de plusvalía (que se mantiene separada de la propiedad), gana la cantidad suficiente para cubrir el pago de su préstamo de sólo interés por $200,000 desde el primer año. Eso es porque el costo neto de una hipoteca en una tasa de impuestos del 33.3 por ciento es en realidad de un 4 por ciento, lo que equivale a $8,000 al año en una hipoteca de $200,000. Al mismo tiempo, el propietario D gana $8,000 al emplear los $100,000 de plusvalía al 8 por ciento en condiciones libres de impuestos.

Los cuatro propietarios están contribuyendo $1,000 al mes, ¿pero, quién va a acumular una mayor cantidad de dinero más rápido? Las cuatro casas se van a apreciar igual, sin importar que tanta plusvalía hay en la casa o que tan alta es la hipoteca, esto es porque la plusvalía no tiene tasa de interés si está en la propiedad. Para manejar la plusvalía de manera exitosa ¿puedes ya empezar a ver la ventaja de separar de tu propiedad tanta plusvalía como te sea posible y utilizar hipotecas amortizadas a largo plazo, o mejor aún, hipotecas de sólo interés?

EL PODER DE OBTENER PRÉSTAMOS E INVERTIR EL DINERO EN CONDICIONES LIBRES DE IMPUESTOS

Un mito común es que el obtener fondos a través de un préstamo a una tasa de interés particular y entonces invertir dichos fondos a la misma tasa o a una tasa más baja, no tiene potencial de un crecimiento de interés. La verdad es que *puedes* crear una tremenda riqueza al obtener un préstamo a una tasa en particular e invertir el dinero a la misma tasa —o incluso a una tasa más baja— asegurándote que cumplas con dos condiciones: que el interés pagado por el préstamo sea deducible de impuestos y que la inversión en la que depositas esos fondos crezca a un interés compuesto (acumulado). Y si la inversión, además de crecer con un interés compuesto goza de beneficios en impuestos el resultado es todavía más grandioso.

En el capítulo 6, utilicé la ilustración del dueño de una casa obteniendo un préstamo de su plusvalía por $100,000 a una tasa de interés deducible del 6 por ciento e invirtiéndolo en un vehículo compuesto libre de impuestos. En 10 años, los $100,000 crecieron a $179,084 al 6 por ciento —un incremento de $79,084— alcanzado con una inversión de $40,000 (10 años de pagos anuales después de impuestos de $4,000). ¡Un inversionista hubiera tenido que obtener el 12.1 por ciento de interés compuesto anual en una inversión de $4,000 anuales para alcanzar $79,084 en 10 años! Supongamos que puedo obtener el 8 por ciento de interés en mis $100,000 de plusvalía separada. Mi cuenta de inversión crece a un total de $215,982, o tiene un incremento de $115,982 sobre el saldo adeudado de la hipoteca de $100,000. Un inversionista tendría que haber obtenido el 18.77 por ciento de interés compuesto anual en una inversión anual de $4,000 para llegar a los $115,982 en 10 años. En un período de 30 años, $100,000 crecen a $1,006,266 a un 8 por ciento de interés.

¿Qué tal si tu retiraste dinero de tu cuenta cada mes o cada año para cubrir los pagos después de impuestos de tu hipoteca? En otras palabras, vamos a asumir que no pudiste separar plusvalía sin que tu inversión aumentara, entonces tu cuenta va a crecer y acumularse a un ritmo un poco más lento. Aún así puedes acumular un fondo de ahorro considerable.

Vamos a considerar obtener un préstamo de interés solamente de $100,000 a una tasa de interés deducible del 8 por ciento e invertir ese dinero a una tasa de interés compuesto del 8 por ciento libre de impuestos. En el primer año, obtuviste el 8 por ciento de intereses no sujetos a impuestos sobre $100,000 —que equivale a $8,000, menos el costo neto después de impuestos de obtener el préstamo ($8,000 menos 33.3 por ciento)— que equivale al incremento neto de tu fondo de $2,667. Aún si haces retiros para hacer el pago de tu casa, para el décimo año vas a tener $138,633 acumulados en tu fondo. En el trigésimo año vas a tener $402,103 menos el saldo de tu hipoteca de $100,000 resulta en una ganancia de $302,103.

Para el resto de los ejemplos, vamos a asumir que tienes dinero disponible que estás ahorrando para tus metas a largo plazo, como la jubilación o el colegio de los niños. Si esos dólares disponibles los utilizas para cubrir el pago de tu hipoteca, le permitirán a la plusvalía que tienes invertida crecer y acumularse sin que tengas que descontar el costo de empleo de tu ganancia anual. De otra manera, al refinanciar bajo términos más favorables (como préstamos de sólo interés o de mejor interés) o cambiando deuda no preferida como deudas de autos a deuda preferida, frecuentemente es posible encontrar el dinero necesario para cubrir cualquier incremento en el pago de la casa.

MANEJAR EXITOSAMENTE LA PLUSVALÍA

Por favor haz referencia a la Figura 8.3. El primer ejemplo ilustra al dueño de una casa que obtiene un préstamo de $100,000 al 7.5 por ciento de interés deducible e invierte el dinero del préstamo a un 7.5 por ciento compuesto libre de impuestos. De tal forma que estamos invirtiendo a la misma tasa a la que estamos pagando. Sin embargo, estamos obteniendo el préstamo en condiciones favorables para deducir y los estamos invirtiendo en condiciones libres de impuestos, por lo que hay un tremendo potencial para obtener ganancias. En 10 años,

| | OBTENER UN PRÉSTAMO AL 8% DE INTERÉS DEDUCIBLE E INVIRTIENDO EL DINERO A UNA TASA DE INTERÉS COMPUESTO DEL 8% LIBRE DE IMPUESTOS UTILIZANDO UNA HIPOTECA DE $100,000 DE SÓLO INTERÉS |

Figura 8.2

AÑO	INTERESES BRUTOS PAGADOS [1]	INTERESES NETOS PAGADOS (después del beneficio fiscal*) [2]	INTERESES BRUTOS GENERADOS [3]	GANANCIA NETA [3] - [2] [4]	NUEVO SALDO [5]
1	$8,000	$5,333	$8,000	$2,667	$102,668
2	8,000	5,333	8,213	2,880	105,548
3	8,000	5,333	8,444	3,110	108,658
4	8,000	5,333	8,693	3,359	112,018
5	8,000	5,333	8,961	3,628	115,646
6	8,000	5,333	9,252	3,918	119,564
7	8,000	5,333	9,565	4,232	123,796
8	8,000	5,333	9,904	4,570	128,366
9	8,000	5,333	10,269	4,936	133,302
10	8,000	5,333	10,664	5,331	138,633
TOTAL EN 10 AÑOS	$80,000	$53,333	$91,965	$38,633	$138,633
11	8,000	5,333	11,091	5,757	144,391
12	8,000	5,333	11,551	6,218	150,609
13	8,000	5,333	12,049	6,715	157,325
14	8,000	5,333	12,586	7,253	164,577
15	8,000	5,333	13,166	7,833	172,410
TOTAL EN 15 AÑOS	$120,000	$80,000	$152,410	$72,410	$172,410
16	8,000	5,333	13,793	8,459	180,869
17	8,000	5,333	14,470	9,136	190,006
18	8,000	5,333	15,200	9,867	199,873
19	8,000	5,333	15,990	10,656	210,529
20	8,000	5,333	16,842	11,509	222,038
TOTAL EN 20 AÑOS	$160,000	$106,660	$228,705	$122,038	$222,038
21	8,000	5,333	17,763	12,430	234,468
22	8,000	5,333	18,757	13,424	247,892
23	8,000	5,333	19,831	14,498	262,390
24	8,000	5,333	20,991	15,658	278,048
25	8,000	5,333	22,244	16,911	294,959
TOTAL EN 25 AÑOS	$200,000	$133,333	$328,293	$194,960	$294,959
26	8,000	5,333	23,597	18,263	313,222
27	8,000	5,333	25,058	19,724	332,946
28	8,000	5,333	26,636	21,302	354,249
29	8,000	5,333	28,340	23,007	377,255
30	8,000	5,333	30,180	24,847	402,103
TOTAL EN 30 AÑOS	$240,000	$160,000	$462,103	$302,103	$402,103

*Si asumimos una tasa de impuesto marginal del 33.3%.

Figura 8.3	MANEJO EXITOSO DE LA PLUSVALÍA		
	OBTENER UN PRÉSTAMO AL 7.5% (Deducible de Impuestos)	PLUSVALÍA REPOSICIONADA	INVERTIR EL DINERO DEL PRÉSTAMO AL 7.5% (Acumulándose Libre de Impuestos)
	[1] COSTO NETO ACUMULADO ANUAL al 7.5% ($7,500 − 33.33%)	[2] Diferencia $100,000 [3 - 1]	[3] CRECIMIENTO NETO ACUMULADO al 7.5% (Menos la Hipoteca $100,000)
Año			
1	$5,000	$2,500	$7,500
5	$25,000	$18,563	$43,563
10	$50,000	$56,103	$106,103
15	$75,000	$120,888	$195,888
20	$100,000	$224,785	$324,785
25	$125,000	$384,834	$509,834
30	$150,000	$625,496	$775,496

	MANEJO EXITOSO DE LA PLUSVALÍA		
	OBTENER UN PRÉSTAMO AL 8% (Deducible de Impuestos)	PLUSVALÍA REPOSICIONADA $100,000	INVERTIR EL DINERO DEL PRÉSTAMO AL 6% (Acumulándose Libre de Impuestos)
	[1] COSTO NETO ACUMULADO al 8% ($8,000–33.33%)	[2] Diferencia [3–1]	[3] CRECIMIENTO NETO ACUMULADO al 6% (Menos la Hipoteca de $100,000)
Año			
1	$5,333	$667	$6,000
5	$26,665	$7,158	$33,823
10	$53,333	$25,752	$79,085
15	$80,000	$59,656	$139,656
20	$106,667	$114,047	$220,714
25	$133,333	$195,854	$329,187
30	$160,000	$314,349	$474,349

este fondo ha crecido a $206,103, que resulta en una ganacia neta de $106,103 después de restar el saldo de la hipoteca de $100,000. En el año 20, la ganancia neta es de $324,785 y en el año 30 la ganancia neta es de $775,496. Si el costo de empleo anual de $5,000 habría sido colo-

Figura 8.4	DOS MANERAS DE ACUMULAR HASTA 1 MILLÓN DE DÓLARES		
	#1 SEPARA $100,000 DE PLUSVALÍA		
	OBTENER UN PRÉSTAMO AL 6% (Deducible de Impuestos)	PLUSVALÍA REPOSICIONADA $100,000	INVERTIR EL DINERO DEL PRÉSTAMO AL 8.5% (Acumulándose Libre de Impuestos)
	[1] COSTO NETO ACUMULADO ANUAL al 6% ($6,000 – 33.3%)	[2] Diferencia [3 - 1]	[3] CRECIMIENTO NETO ACUMULADO al 8.5% (Menos la Hipoteca de $100,000)
Año			
1	$4,000	$4,500	$8,500
5	$20,000	$30,366	$50,366
10	$40,000	$86,098	$126,098
15	$60,000	$179,974	$239,974
20	$80,000	$331,205	$411,205
25	$100,000	$568,676	$668,676
30	$120,000	$935,825	$1,055,825
	#2 SEPARE $160,000 DE PLUSVALÍA		
	OBTENER UN PRÉSTAMO AL 7.5% (Deducible de Impuestos)	PLUSVALÍA REPOSICIONADA $160,000	INVERTIR EL DINERO DEL PRÉSTAMO AL 7.5% (Acumulándose Libre de Impuestos)
	[1] COSTO NETO ACUMULADO ANNUAL al 7.5% ($12,000 – 33.3%)	[2] Diferencia [3 - 1]	[3] CRECIMIENTO NETO ACUMULADO al 7.5% (Menos la Hipoteca de $100,000)
Año			
1	$8,000	$4,000	$12,000
5	$40,000	$29,701	$69,701
10	$80,000	$89,765	$169,765
15	$120,000	$193,420	$313,420
20	$160,000	$359,656	$519,656
25	$200,000	$615,734	$815,734
30	$240,000	$1,000,793	$1,240,793

cado en una inversión alternativa generando el 7.5, habría crecido sólo a $555,772. Para igualar la ganancia de $775,496 la inversión de $5,000 anuales habría tenido que obtener una tasa de interés libre de impuestos del 9.25 por ciento, o una tasa sujeta a impuestos del 13.87 por ciento.

¿Qué pasa si el dueño de una casa obtiene un préstamo dos puntos porcentuales más altos que la tasa de inversión? El segundo ejemplo

	IMPULSAR LA VELOCIDAD DE CRECIMIENTO DE TU RIQUEZA
Figura 8.5	

Ejemplo de separar inicialmente $100,000 de plusvalía y continuar separando el 100 por ciento de plusvalía cada 5 años a partir de entonces en una casa cuyo valor inicial en el mercado es de $200,000 y continúa apreciándose a un 5 por ciento anual durante 30 años, con solo obtener un préstamo al 7.5 por ciento deducible de impuestos e invertir el dinero del préstamo a un 7.5 por ciento acumulado libre de impuestos.

AÑO	VALOR DE LA CASA APRECIÁNDOSE AL 5% ANUAL	PLUSVALÍA EMPLEADA	VALOR FUTURO AL 7.5%
0	$ 200,000	$ 100,000	$ 875,496
5	$ 255,256	$ 55,256	$ 336,970
10	$ 325,779	$ 70,523	$ 299,571
15	$ 415,786	$ 90,007	$ 266,320
20	$ 530,660	$ 114,874	$ 236,759
25	$ 677,270	$ 146,610	$ 210,478
TOTALES:			
30	$ 864,388	$ 577,270	$ 2,225,594

ilustra al dueño de una casa que obtiene un préstamo de $100,000 al 8 por ciento de interés deducible e invierte el dinero a una tasa del 6 por ciento compuesto libre de impuestos. De nuevo, gracias a las circunstancias favorables de impuestos, se puede seguir obteniendo una ganancia. En 10 años el fondo va a haber crecido a $179,085 lo que resulta en una ganancia neta de $79,085 después de descontar el saldo del préstamo de $100,000. En el año 20, la ganancia neta es de $220,714 y en el año 30 la ganancia neta es de $474,349. Si el costo de empleo anual fue de $5,333 ($8,000 – 33.3%) habría sido invertido en una inversión alternativa al mismo 6 por ciento, habría crecido a $446,914. En este caso, el manejo de la plusvalía ofrece sólo $27,435 más de ganancia ($474,349 – $446,914). ¿Vale la pena? Claro que sí. No olvides que las razones principales de mantener la plusvalía separada de la propiedad son la liquidez y la seguridad del capital. Mejorar la tasa de interés es la tercer prioridad.

COMO ACUMULAR HASTA UN MILLÓN DE DÓLARES SISTEMÁTICAMENTE

Hasta el momento hemos revisado solamente ejemplos muy conservadores. ¿Qué tal si hacemos proyecciones más optimistas? ¿Qué tal si el dueño de una casa logra obtener un rendimiento de dos puntos y medio por encima del costo del préstamo? Hacer referencia a la Figura 8.4. El primer ejemplo ilustra al dueño de una casa que obtien un préstamo por $100,000 a un 6 por ciento de impuesto deducible e invierte el dinero del préstamo a un 8.5 por ciento compuesto libre de impuestos. En 10 años su fondo ha crecido a $226,098, lo que resulta en una ganancia neta de $126,098 después de descontar el saldo de su hipoteca de $100,000. En el año 20, la ganancia neta es de $411,205 y en el año 30 la ganancia neta es de $1,055,825. Si el costo de empleo anual de $4,000 habría sido colocado en una inversión alternativa ganando el 8.5 por ciento, habría crecido solo a $539,092 para el año 30. Para igualar la ganancia de $1,055,825, la inversión de $4,000 anuales tendría que haber obtenido un rendimiento del 11.9 por ciento libre de impuestos o una tasa sujeta a impuestos del 17.85 por ciento. ¿Qué pasa si el dueño de una casa tiene $160,000 de plusvalía? La segunda ilustración utiliza $160,000 de plusvalía separada al 7.5 por ciento e invertida a la misma tasa del 7.5 por ciento por 30 años. El saldo del manejo de la plusvalía sería de $1,400,793 al final de 30 años. Después de descontar el saldo de $160,000 del saldo de la hipoteca, la ganancia neta sería de $1,240,793. En este ejemplo, el pago mensual de la hipoteca era de $1,000, lo que equivale a $12,000 al año. En una tasa de impuestos del 33.3 por ciento, el costo neto después de impuestos sería de $8,000. Si esos $8,000 habrían sido invertidos en una inversión alternativa al 7.5 por ciento, habrían crecido solo a $889,235. Eso es $351,558 menos dinero que lo que se obtuvo al manejar la plusvalía de manera exitosa. Si la inversión que creció a $889,235 habría estado sujeta a impuestos, el propietario habría recibido una cantidad neta después de impuestos de sólo $592,853.

LAS VENTAJAS DE REFINANCIAR CADA CINCO AÑOS

¿Qué anda mal con las ilustraciones anteriores? ¡Nada! Excepto que si un millón de dólares puede ser obtenido al poner a trabajar esos dólares disponibles y sin trabajar lo que tenemos en nuestra casa, entonces, ¿por qué no separar *más* plusvalía cada vez que es posible a medida que la casa aumenta de valor?

La Figura 8.5 muestra una casa con un valor inicial en el mercado de $200,000 apreciándose a un 5 por ciento anual durante 30 años. Basado en la regla del 72, el valor de la casa se duplica cada 14.4 años (72/5). Si asumimos que el dueño de la casa tiene $100,000 de plusvalía disponible el primer año, ésta crecerá a $875,496 en 30 años si se invierte al 7.5 por ciento. La columna de Plusvalía Utilizada muestra el 100 por ciento de la cantidad adicional de plusvalía que va a estar disponible cada 5 años por el resto del período de 30 años. La última columna muestra el resultado de separar la plusvalía de la casa e invertirla al 7.5 por el remanente de los 30 años haciendo los incrementos cada 5 años. Como se ha mostrado, al refinanciar o vender la casa y comprar una casa nueva, por lo tanto, separando la nueva plusvalía que se ha creado cada 5 años a causa de la apreciación de la casa, el fondo acumula $2,225,594 al final de los 30 años. Cuando restamos el total del saldo pendiente de la hipoteca de $577,270 del fondo, ¡la ganancia neta es de $1,648,324! Pero tu pudieras decir: «¡Yo no puedo pagar la mensualidad de una hipoteca de $577,270! Tu verás que si las casas se aprecian a un promedio del 5 por ciento anual, tu ingreso se incrementará también de manera similar. Sin embargo, en cualquier momento, puedes recurrir a tu cuenta y tomar dinero para hacer algún pago de tu casa, debido a que estás manteniendo liquidez.

LAS COSAS POSITIVAS DE LOS PRÉSTAMOS CON AMORTIZACIONES NEGATIVAS

Si tú puedes impulsar tu riqueza al refinanciar cada 5 años con obtener un préstamo al 7.5 por ciento de intereses deducibles e invertir al 7.5 compuesto sin impuestos, ¿qué es lo que pudieras obtener al obtener un préstamo al 6 por ciento e invertirlo al 8 por ciento o a alguna tasa mejor? La ganancia neta sería más del doble del valor final mostrado en la Figura 8.5. ¿Qué tal si refinanciaras cada 3 años en lugar de cada 5 años? Los resultados serían incluso más altos. Si esto es cierto, quizá un préstamo con amortización negativa pudiera tener sentido.

La mayoría de la gente ve los préstamos con amortizaciones negativas justo como su nombre lo implica —¡cómo algo negativo! Una amortización negativa significa que tu pago mensual no cubre ni siquiera suficiente para cubrir los intereses del préstamo, por lo que cada mes tu principal se incrementa. ¿Quién pudiera querer ese tipo de préstamo? Bien, ahora que ya tienes una mejor idea del por qué no quieres plusvalía atrapada en tu casa, tu puedes ver como un préstamo con amortización negativa puede ser usado para impedir que la plusvalía se acumule y quede atrapada en la casa. Sin embargo, voy a hacer una advertencia muy importante: *Debes de ser extremadamente disciplinado al utilizar una amortización negativa o puedes terminar consumiendo tu plusvalía. Es imperativo que ahorres el dinero que se ha reducido de tu pago mensual (al no estar cubriendo ni siguiera los intereses de cada mes) para poder hacer más dinero. De otra manera, yo sugeriría que un préstamo de sólo interés es la opción más agresiva que un dueño de casa típico debe tomar.*

ENTENDER EL PANORAMA COMPLETO

Al obtener un préstamo de tu plusvalía con el fin de conservarla, no de consumirla, y mantener el dinero líquido, te estás protegiendo contra las caídas del mercado cuando pudiera ser crítico cumplir con las obligaciones creadas al separar la plusvalía. La razón principal por la cual la gente se mete en problemas al hipotecar su casa, es porque ya sea que se hallan gastado el dinero que obtuvieron a través del préstamo o no lo pusieron en una posición líquida accesible en caso de una crisis financiera. Es también importante generar una tasa de interés en el capital obtenido que sea mayor que el costo de haber adquirido esos fondos.

Te recuerdo, las estrategias contenidas en este libro no son para quienes no tienen la disciplina o responsabilidad de manejarlas.

A través del manejo y control de la plusvalía de una casa, muchos dueños de casa no sólo incrementan su activo neto, sino que también salen de deudas de la manera más rápida e inteligente. Al refinanciar tan frecuentemente como puedas y manejar de manera apropiada el exceso de plusvalía que se acumule en la casa durante ese tiempo, tú, como dueño de casa, puedes alcanzar la envidiable posición de tener bienes sustanciales que excedan a tus pasivos. Debes considerar refinanciar tu casa cada vez que la tasa de interés esté incluso ligeramente más baja que tu tasa actual o cuando quieras que el saldo de tu hipoteca sea más bajo que el valor actual del mercado de tu casa, permitiéndote de esta manera, separar la plusvalía para trabajarla de manera efectiva. De la misma manera, debes considerar cuidadosamente si vas a refinanciar, en cualquier momento que puedas separar una cantidad sustancial de plusvalía a una tasa de interés factible y que puedas recuperar los costos de cierre en un período corto de tiempo.

SOBREPASAR LA OBJECIÓN DEL SÍNDROME DE «MI CASO ES DEMASIADO PEQUEÑO»

Cuando la gente aprende los conceptos contenidos en este libro y ve los ejemplos dados, frecuentemente le cuesta trabajo entender como pueden aplicar o adaptar estas estrategias en sus vidas. Esto sucede especialmente cuando la gente siente que su caso es simplemente «demasiado pequeño» o que sus finanzas no ameritan el tiempo de un consultor financiero para que los ayude a implementar estos conceptos. No lo olvides, lo que importa no es con cuanto empiezas, sino ¡con cuánto terminas!

A pesar de que te puedas sentir como una pequeña rana en un gran estanque, si tienes un crédito decente, algunas veces sólo una cantidad pequeña como garantía o un poco de plusvalía es lo que se necesita para empezar. ¿Por qué? Yo escuché que incluso la Rana René fue un día a una unión de crédito y solicitó un préstamo a la ejecutiva de préstamos Patty La Negra, ofreciendo como garantía todo lo que tenía acumulado en la pequeña hoja de azucena en donde vivía. Insegura al respecto, la ejecutiva fue con el gerente a comentarle la situación. Reconociendo inmediatamente el poder de contar con una garantía el gerente replicó: «Es alguien previsor que, aunque tiene poco, cuenta con una garantía, Patty La Negra. ¡Dale el préstamo a la Rana!».

Hablando seriamente, si aprendes como obtener tu plusvalía para conservarla y acumularla en lugar de consumirla, puedes alcanzar tu retiro mirándote en el espejo mientras cantas: «Este viejo lobo de mar llegó a casa nadando en dinero». Lo importante es que hay veces cuando el flujo de dinero es tan alto que las instituciones tienen «oferta de préstamos» con condiciones tan generosas que muchas oportunidades pueden ser alcanzadas y cultivadas.

Vamos a revisar un ejemplo sencillo para ver como las estrategias que he explicado hasta ahora pueden ser aplicadas por casi cualquier persona. No importa si eres una pareja poderosa de 25 años, una pareja a punto de retirarse de 60 años o una persona soltera de 35 años; puedes mejorar tu activo neto financiero al manejar tu plusvalía exitosamente. Para ilustrarlo mejor, vamos a utilizar el ejemplo de una pareja de 40 años llamados Pedro y Cristina Prudentes.

Cuando alguno de los consultores financieros de mi equipo o yo nos sentamos con posibles clientes, lo primero que determinamos es en donde están respecto a cada una de las categorías de activos. Entonces, a través de una serie de preguntas determinamos hacia donde quieren ir. Finalmente, creamos ilustraciones y análisis numéricos que les muestran varios caminos para llegar a su meta, solamente haciendo una reestructura de sus bienes, sin que tengan que gastar un centavo adicional. Frecuentemente se quedan atónitos de lo mejor que pueden estar en su camino hacia el retiro al simplemente hacer una reestructuración y optimización de sus bienes.

Los Prudentes son una pareja típica que vive con un ingreso bruto combinado de $70,000 al año. Vamos a asumir que todo el ingreso por encima de los $50,000 es marginalmente impuesto a una tasa de impuestos del 33.3 por ciento. Los Prudentes compraron una casa hace 5 años por $150,000 y tomaron una hipoteca amortizada a 30 años al 6 por ciento de interés. La casa aumentó de valor y ahora su valor actual en el mercado es de $220,000 con un saldo de hipoteca vigente de $110,000 (Figura 8.6).

Los Prudentes están tratando de ahorrar el 10 por ciento de su ingreso para lograr sus metas a largo plazo, por lo que han estado ahorrando $500 al mes ($6,000 al año) en IRAs y 401(k)s. Sus patrones les han igualado la cantidad aportada en los primeros $250 de sus contribuciones mensuales, por lo que pueden disponer de los otros $250 y dirigirlos a una cuenta de retiro basada en el manejo de la plusvalía y así obtener indirectamente los mismos beneficios de impuestos. Los Prudentes también planean ahorrar $100 al mes en cuentas no calificadas para ayudar a la educación de sus hijos.

Los Prudentes se dan cuenta que pueden separar $50,000 de plusvalía de su casa a través de una línea de crédito o al hacer un refinanciamiento obteniendo en efectivo hasta el 80 por ciento del valor de su casa, por lo tanto incrementando su hipoteca a $160,000. Por amor a la simplicidad, vamos a enfocarnos en el costo neto después de impuestos del gasto de los intereses por la plusvalía separada de $50,000. Si asumimos un préstamo de sólo interés, el pago mensual sería de $250 ($3,000 al año). Dado que este es un interés preferente (deducible), recibe los mismos beneficios de impuestos que los Prudentes reciben en sus contribuciones a IRAs y 401(k)s. En otras palabras, $3,000 de intereses deducibles de hipoteca en una tasa de impuestos del 33.3 por ciento, realmente requiere un gasto de solo $2,000 ($3,000 – 33.3%).

Esencialmente, los Prudentes simplemente están cambiando la dirección de $250 que antes contribuían a su IRA/401(k) y lo están utilizando para hacer el pago de sólo interés del costo de haber separado la plusvalía de su casa por la cantidad de $50,000. Al hacer esto, los Prudentes están iniciando la formación de un fondo de jubilación con un depósito único de $50,000. Su gasto mensual no ha cambiado.

Como se muestra en la figura, si los Prudentes fueran a ahorrar $250 mensuales consistentemente por 25 años hasta llegar a la edad de 65, asumiendo un 8 por ciento de interés anualizado, ellos pudieran tener acumulada la cantidad de $239,342 en una cuenta con impuestos diferidos. Asumiendo que ellos continúen obteniendo el 8 por ciento y retiren sólo los intereses de esta cantidad a manera de ingreso para el retiro, los Prudentes pudieran tener $19,147 de ingreso anual por parte de sus IRAs/401(k)s. Sin embargo, esta cantidad estaría sujeta al pago de impuestos y tendrían que pagar el 33.3 por ciento sobre ella, por lo tanto, al final sólo tendrían un ingreso neto disponible de $12,766.

Por otro lado, si ellos hubieran separado $50,000 de plusvalía, hubieran acumulado $342,424 en el mismo período de 25 años, asumiendo el mismo rendimiento del 8 por ciento con el mismo gasto. Si los Prudentes pusieran el dinero de la plusvalía (que es una cantidad importante de dinero) en los tipos de inversiones descritos de los capítulos 9 al 11, puede crecer libre de impuestos y puede generar un ingreso de retiro con ventajas de impuestos. Asumiendo que los Prudentes continúan generando un 8 por ciento y retiran sólo los intereses para su retiro, pueden obtener un ingreso anual de $27,390.

Si los Prudentes quisieran pudieran retirar los $50,000 a su retiro para pagar su hipoteca, lo que los dejaría con un saldo de $292,424 que les generaría un ingreso anual de $23,394 al 8 por ciento de interés. Sin embargo, sería mejor para ellos continuar manejando su plusvalía para maximizar su ingreso de jubilación. Al mantener los $50,000 de plusvalía separados, pudieran seguir generando $2,000 de ganancia neta adicional por encima del costo de empleo. Si restamos los $2,000 de costo de empleo ($3,000 menos 33.3 por ciento de ahorro en impuestos) del ingreso no sujeto a impuestos de $27,394, los Prudentes pudieran obtener un ingreso neto libre de impuestos de $25,394. ¡Esto es casi el doble del ingreso neto que sus IRAs y 401(k)s les hubieran generado!

Para calcular a lo que sólo $10,000 de plusvalía pueden crecer, asignando sólo $50 al mes a los ahorros para el retiro, simplemente toma el 20 por ciento (un quinto) de los números ilustrados, ya que solamente estás invirtiendo un quinto de ellos. De la misma manera, para calcular a lo que $250,000 de plusvalía pueden crecer al asignar $1,250 al mes a los ahorros para el retiro, simplemente calcula el 500 por ciento (cinco veces) de los números ilustrados, porque estás invirtiendo cinco veces más.

Por ejemplo, si el dueño de una casa fuera a manejar exitosamente $250,000 de plusvalía por 25 años, generando un promedio del 8 por ciento en inversiones con beneficios de impuestos, el saldo final sería de $1,712,120, lo que generaría un ingreso anual de $136,970. Después de cubrir el pago neto después de impuestos de los intereses de la hipoteca por la cantidad de $10,000 (asumiendo una hipoteca de sólo interés del 6 por ciento en una tasa de impuestos del 33.3 por ciento) el ingreso neto disponible sería cinco veces más de lo que se mostró en la figura 8.6 ó $126,970 (5 x $25,394).

En este ejemplo, los Prudentes también querían ahorrar $100 adicionales para sus metas a largo plazo. Si ellos invirtieran esa cantidad cada mes en el mismo fondo donde tienen depositada su plusvalía, la cantidad crecería a $95,737 en veinticinco años a un 8 por ciento de interés. Esto pudiera generar $7,659 de ingreso adicional, contrario a lo que se obtendría si ese dinero hubiera sido depositado en inversiones sujetas a impuestos a medida que generan rendimientos.

He mantenido este ejemplo muy sencillo porque, en realidad, los Prudentes pudieran ganar más ingreso a medida que pasan los años y pudieran tener los recursos para ahorrar más dinero para su retiro. Su casa también continuaría aumentando de valor. Por lo tanto, sería inteligente por parte de ellos separar de su casa tanta plusvalía como fuera posible para permitirle a esos dólares disponibles generar una tasa de interés.

OTRO VISTAZO AL APALANCAMIENTO DE LA PLUSVALÍA

Vamos a simplificar el valor futuro de sólo $10,000 de plusvalía separada. Asumiendo que obtenemos el préstamo de la plusvalía al 7.5 por ciento de interés en una tasa marginal de impuestos del 33.3 por ciento, por lo tanto el costo neto de obtener ese dinero es de aproximadamente un 5 por ciento. Vamos también a utilizar préstamos de interés solamente en lugar de préstamos amortizados para mantener la simplicidad.

Cada año el costo neto después de impuestos de separar $10,000 de plusvalía sería de $500 (Figura 8.7). En la primer columna, separando $10,000 de plusvalía por 5 años nos costaría aproximadamente $2,500;

Figura 8.6

PERFIL FINANCIERO PERSONAL
Preparado para: Pedro y Cristina Prudentes

Fecha de Nacimiento: 01/02/1965　　Edad: 40　　Tasa Marginal de Impuestos Actual 33.33%

Detalles de la propiedad

Valor Actual en el Mercado	$200,000.00
Precio de Compra Original	$150,000.00
Costo Verificable de Mejoras a la Propiedad	$0.00

Detalles de la hipoteca actual

Fecha de Inicio:	04/01/2000
Término:	30 Años
Cantidad Financiada:	$120,000.00
Tasa del Interés:	6.00%
Pago Mensual:	$719.46
Saldo Actual:	$110,000.00

Asignación anual de efectivo

Ahorros Planeados	$1,200.00
Contribuciones planeadas a IRAs/401(k)s	$3,000.00

OBJETIVOS:
1. Manejar exitosamente la plusvalía de su casa para incrementar su liquidez, seguridad y tasa de retorno
2. Obtener ventaja de las estrategias fiscales disponibles
3. Prepararse financieramente para una jubilación confortable
4. Incrementar el rendimiento total de sus ahorros e inversiones
5. Completar una planeación apropiada sobre su patrimonio utilizando fidelicomisos y testamentos

SUMARIO DEL PLAN
Preparado para: Pedro y Cristina Prudentes
Abril 25, 2005

PROPUESTA DE COLOCACIÓN DE ACTIVOS

Valor actual en el mercado:		$200,000.00
Cantidad propuesta de hipoteca:		$160,000.00
MENOS:		
Liquidación de Hipoteca Actual	$110,000.00	
Dinero disponible del préstamo:		$50,000.00
MÁS:		
Cantidades Anuales de Activos Reposicionados:		
Contribuciónes Anuales a IRAs/401(k)s	$3,000.00	
Ahorros Planeados Anuales	$1,200.00	
TOTAL	$4,200.00	
Activos Liquidos Disponibles:		$54,200.00

Figura 8.6 (cont.)	PLANEACIÓN DE RETIRO EN BASE AL MANEJO DE LA PLUSVALÍA		
	Preparado: Pedro y Cristina Prudentes		

FINAL DEL AÑO	ENFOQUE TRADICIONAL DE AHORROS EN IRAS/401(K)S ($250/mes creciendo al 8% diferido en impuestos)	VERSUS	ENFOQUE DE UNA PLANEACIÓN DE DE RETIRO BASADA EN LA PLUSVALÍA ($50,000 de plusvalía creciendo al 8% libre de impuestos)
1	$ 3,133		$ 54,000
5	$ 18,492		$ 73,466
10	$ 46,041		$ 107,946
15	$ 87,086		$ 158,608
20	$ 148,237		$ 233,048
25	$ 239,342		$ 342,424

INGRESO DE RETIRO OBTENIDO A TRAVÉS DE LOS INTERESES GENERADOS

$239,342 generando el 8% = $19,147	**Ingreso Bruto Anual**	$342,424 generando el 8% = $27,394
Impuesto Anual al 33.3% = $ 6,382	**MENOS: Impuestos**	Impuestos en la Distribución - 0 -
Ingreso Después de Impuestos = $12,766	**Ingreso Neto Anual**	Ingreso Libre de Impuestos = $27,394
Pago de la Hipoteca = - 0 -	**Pago Anual de Intereses**	Pago Después de Impuestos = $ 2,000
NETO: $ 12,766	**Ingreso Disponible Anual**	**NETO:** $ 25,394

NOTA: Para calcular a lo que sólo $10,000 de plusvalía pueden crecer, asignado $50 al mes para ahorros de retiro, simplemente toma el 20 por ciento (un quinto) de los números ilustrados, dado que sólo estarás invirtiendo un quinto de dichas cantidades. De la misma manera, para calcular a que tanto pueden crecer $250,000 de plusvalía $1,250 al mes para ahorros de retiro, simplemente calcula el 500 por ciento (cinco veces) los números ilustrados, ya que estarás invirtiendo cinco veces más dichas cantidades.

Por ejemplo, si el dueño de una casa fuera a manejar exitosamente $250,000 de plusvalía por 25 años obteniendo un rendimiento promedio del 8 por ciento en inversiones favorecidas en impuestos, el saldo final sería de $1,712,120, lo que generaría un ingreso anual de $136,970. Después de pagar los intereses netos después de impuestos de la hipoteca por la cantidad de $10,000 (asumiendo una hipoteca de sólo interés en una tasa de impuestos del 33.3%) el ingreso neto disponible sería cinco veces más de lo que se ilustra en el ejemplo de arriba o lo que es lo mismo $126,970 (5 x $25,394)

por 10 años $5,000; 15 años, $7,500; y por 20 años, $10,000. La segunda columna muestra lo que $10,000 genera al 7.5 por ciento de interés (después de descontar el saldo de la hipoteca) en cada período: $750 en 1 año; $4,356 en 5 años; $10,610 en 10 años; $19,589 en 15 años; $32,479 en 20 años; $50,983 en 25 años y $77,550 en 30 años. La tercer columna muestra la ganancia neta que tendríamos al descontar el costo de empleo en la primer columna. La ganancia neta sería de $1,856 en 5 años; $5,610 en 10 años; $12,089 en 15 años; $22,479 en 20 años; $38,483 en 25 años y $62,550 en 30 años.

Usando este ejemplo, si pudieras obtener prestada la plusvalía dormida de tu casa a un 7.5 por ciento de interés en una tasa marginal de impuestos del 33.3 por ciento e invertirla a un 7.5 por ciento de interés libre de impuestos, puedes calcular aproximadamente lo que sería tu crecimiento potencial. Si separas $10,000 de plusvalía (10 x $10,000), pudieras obtener una ganancia de $18,560 en 5 años; $56,100 en 10 años; $120,890 en 15 años; y $224,790 en 20 años (10 veces más que la cifra mostrada en la tercer columna de la Figura 8.7). De hecho, como se ilustró previamente, si separaste $160,000 de plusvalía por 30 años a un 7.5 por ciento de interés deducible e invertiste el dinero del préstamo al 7.5 por ciento de interés compuesto libre de impuestos, tu pudieras tener una ganancia de 1 millón de dólares (16 x $62,250).

Por lo tanto, como se vio en la Figura 8.7 cada vez que separas $10,000 de plusvalía adicional de tu casa, puedes acumular un fondo con un valor de $32,479 en un período de 20 años, lo que es más del triple del valor de dicha plusvalía cuando recién se separó de la propiedad. (De nuevo, esto asume que obtuviste el préstamo con un interés deducible del 7.5 por ciento y lo invertiste libre de impuestos a una tasa del 7.5 por ciento, y cubriste el costo de empleo al incorporar a la inversión otros dólares reservados para ahorros o inversiones).

En resumen, hay dos elementos clave que debes recordar cuando apliques el principio de arbitraje:

1. Obtén los fondos del préstamo a la tasa más atractiva posible. Una hipoteca de sólo interés es por mucho el vehículo más deseado por que puedes maximizar las deducciones del interés, utilizando en su totalidad como tu socio el dinero del tío Sam. Los préstamos amortizados también trabajan bien, pero lentamente atrapan tu plusvalía de nuevo en tu casa, requiriendo que utilices los refinanciamientos más frecuentemente.

2. Invierte en un ambiente seguro obteniendo la tasa de interés

Figura 8.7	INCREMENTO POTENCIAL DEL ACTIVO NETO AL SEPARAR $10,000 DE PLUSVALÍA		
	OBTENIENDO UN PRÉSTAMO DE $10,000 AL 7.5% (Deducible de Impuestos en una tasa del 33.3%)	INVIRTIENDO LOS $10,000 A UN 7.5% (A un interés compuesto libre de impuestos menos los $10,000 de la hipoteca)	
	[1]	[2]	[3]
FINAL DE AÑO	COSTO NETO DEL PRÉSTAMO	VALOR ACUMULADO AL FINAL DE AÑO	GANANCIA NETA [2] - [1]
1	$ 500	$ 750	$ 250
5	2,500	4,356	1,856
10	5,000	10,610	5,610
15	7,500	19,589	12,089
20	10,000	32,479	22,479
25	12,500	50,983	38,483
30	15,000	77,550	62,550

más alta posible. Invierte en un vehículo de bajo riesgo favorecido en impuestos —o incluso libre de impuestos— como los que les mostraré en los capítulos 9 al 11. Intereses moderados en condiciones seguras arrojan excelentes resultados. No vale la pena incurrir en riesgos altos con sumas importantes de dinero, como lo es la plusvalía, para tratar de obtener altos rendimientos. Esto no es un esquema de hazte rico pronto; vamos a dejar que el sentido común y el interés compuesto formen tu riqueza de manera segura y lenta. La paciencia tiene sus recompensas.

Los dos aspectos más poderosos de esta estrategia, son la acumulación de tu inversión en condiciones favorecidas en impuestos y en el beneficio de impuestos alcanzado a través de los fondos de un préstamo deducible de impuestos.

Espero que estés emocionado con estas oportunidades. Continúa leyendo para conocer sobre más conceptos dinámicos que te ayudarán a alcanzar un grado de independencia financiera mucho más impresionante.

CONCEPTOS CUBIERTOS EN EL CAPÍTULO 8

- Al manejar tu propiedad de manera segura, tu puedes:
  1. Tener un fondo líquido para usar como fondo de emergencia o para usarlo en mejoras a tu propiedad.
  2. Tener mayor seguridad del capital en mercados caídos porque una gran porción de tu plusvalía está separada.
  3. Tener mayor movilidad en la propiedad con el potencial de vender tu casa más rápido y por un precio más alto en un mercado lento.
  4. Convertir parte de tu deuda no preferida en deuda preferente, por lo tanto incrementando el interés de tu dinero.
  5. Establecer un plan de retiro basado en la plusvalía de tu casa, que puede incrementar tu ingreso neto disponible hasta en un 50 por ciento más de lo que obtendrías en un IRA o 401(k), como se explicó en los capítulos 3 y 5.
- Hay muchos más factores a considerar cuando se financia una casa que sólo las tasas de interés y los costos de cierre.
- A través de refinanciamientos estratégicos y un manejo apropiado de la plusvalía, el dueño de una casa puede reducir el tiempo para tener una casa «libre de deudas» en su hoja de balance y sustancialmente mejorar su activo neto.
- *Separar la plusvalía con una hipoteca alta puede ser alcanzada muchas veces sin tener que incrementar el gasto mensual.*
- *Para manejar la plusvalía, es de suma ventaja utilizar préstamos amortizados a largo plazo o préstamos de sólo interés.*
- Puedes crear tremenda riqueza al obtener un préstamo a una tasa particular de interés e invertir el dinero a la misma tasa —o incluso a una más baja— asegurando que se cumplan dos condiciones: que el interés pagado por el préstamo sea deducible y que la inversión en la que se depositen los fondos ganen un interés compuesto. Si la inversión es libre de impuestos, el potencial de crecimiento es incluso más alto.

- Puedes acumular sistemáticamente hasta un millón de dólares o más durante un período de 30 años al obtener un préstamo de $100,000 al 6 por ciento de interés deducible de impuestos e invertir el dinero a un 8.5 por ciento de interés compuesto libre de impuestos.

- De la misma manera, puedes acumular más de un millón de dólares al obtener un préstamo de $160,000 al 7.5 por ciento de interés e invertir el dinero a un 7.5 por ciento de interés.

- De la misma manera, si una casa de $200,000 aumenta de valor a un promedio del 5 por ciento anual, puedes acumular más de dos millones de dólares si empiezas por separar $100,000 de plusvalía y continúas separándola cada tres o cinco años.

- Si la plusvalía de una casa es separada y colocada en un fondo separado líquido, te permitirá tomar el dinero necesario para hacer los pagos de tu casa si tuvieras la necesidad de hacerlo.

- La razón principal por la cual la gente tiene problemas al separar la plusvalía de su casa es porque consumieron el capital obtenido a través del préstamo o no lo mantuvieron en un ambiente líquido.

- Consigue el préstamo con los términos más atractivos posibles. Un préstamo de sólo interés es el más deseable para maximizar las deducciones de impuestos.

- Invierte en un ambiente seguro y que además te dé el mejor rendimiento posible con las tasas más altas. *Invierte en vehículos con impuestos diferidos y de bajo riesgo.*

- El poder de un manejo de plusvalía exitoso radica en que tu inversión crezca de manera compuesta en condiciones favorables de impuestos, así como con beneficios de impuestos al obtener un préstamo deducible de impuestos.

CAPÍTULO 9

Elige las inversiones correctas

Las tres pruebas sencillas para cantidades importantes
de dinero

SI FUERAS A JUGAR EN UN TORNEO DE GOLF en donde hay miles de dólares en juego, ¿qué preferirías tener? ¿el tiro de Tiger Woods o sus palos de golf? Sería para tu beneficio que te enfocaras primero en su tiro. Entonces pudieras perfeccionar tu juego al usar los mejores instrumentos. Hasta este punto en este libro, me he enfocado primeramente en el tiro (estrategias y métodos para mejorar la riqueza). Ahora me voy a enfocar en presentarte lo que yo siento son los mejores palos de golf (instrumentos financieros) para ganar el juego de la acumulación segura de la riqueza.

Por ahora, debes ver que posiblemente el reposicionar algo o todo de lo que contribuías a tus planes calificados o a tus planes privados no calificados, puede ser una estrategia inteligente para alcanzar el ingreso neto disponible más alto. También debes de estar convencido de alguna manera que el separar plusvalía de tu propiedad puede ser una estrategia inteligente para incrementar la liquidez, seguridad y tasa de interés. Entonces vamos a enfocarnos en cuáles son las mejores opciones en vehículos de inversión para reposicionar cantidades importantes de dinero.

¿QUÉ ES LO QUE HACES CON CANTIDADES IMPORTANTES DE DINERO?

¿Qué tipo de inversionista eres tú? ¿En cuál de las siguientes categorías de inversiones estarías más inclinado a invertir?

- Alto riesgo, con alto potencial de retorno.
- Riesgo moderado, retorno moderado.
- Bajo riesgo, inversiones seguras.

Como lo muestro en la Figura 9.1 a medida que más nos acercamos al retiro, un porcentaje más alto de nuestro dinero debe de estar invertido en inversiones seguras y/o garantizadas.

Vamos a analizar un modelo de riesgo versus rendimiento para determinar qué categorías de inversión son las más ventajosas para la acumulación de capital o reposicionamiento de cantidades importantes de dinero, como la plusvalía de tu casa o fondos de IRAs y 401(k)s. En la Figura 9.2 he listado unas 16 categorías generales de inversiones, fluctuando desde el riesgo más alto en la cima de la pirámide hasta el riesgo más bajo en la base. Cuando elegimos un lugar para ahorrar, invertir o guardar dinero para obtener intereses conservadores, debemos hacernos las mismas preguntas que nos hacemos respecto a la plusvalía de nuestra casa:

1. ¿Es líquida?
2. ¿Está segura (garantizada o asegurada)?
3. ¿Qué tasa de retorno puedo obtener?
4. ¿Hay algunos beneficios de impuestos asociados con esta inversión?

En relación a la plusvalía de mi casa y a mis fondos de retiro, que yo considero cantidades importantes de dinero, yo no quiero impedir su liquidez, seguridad y tasa de interés; lo que yo quiero es mejorar esas características.

Cuando aplicamos la prueba de la liquidez, debemos eliminar algunas de las inversiones porque no seríamos capaces de obtener efectivo cuando lo necesitáramos (dentro del marco de tiempo para definir una inversión como líquida). Inversiones como emprender un negocio, una sociedad con un negocio, terrenos, bienes raíces y la plusvalía de nuestra casa no permiten una rápida conversión de dinero en circunstancias normales.

Cuando aplicamos la segunda prueba —la de seguridad— eliminamos cinco inversiones más. Muchos consultores financieros están de acuerdo de que las acciones comunes, bonos de baja calidad e incluso acciones más sofisticadas o bonos de alto grado no son inversiones seguras adecuadas porque carecen de algún tipo de garantía respecto al dinero invertido (capital o interés).

Al aplicar la tercera prueba, debemos obtener una tasa de interés —neta después de impuestos— que sea más alta que el costo neto de los fondos utilizados para así maximizar el crecimiento potencial. Aplicando la tercera prueba, eliminamos tres inversiones más: certificados de depósito (CDs), cuentas de ahorro en la bolsa de valores y billetes de la tesorería de los Estados Unidos. Los CDs generalmente no tienen una tasa de interés muy alta en relación con los intereses cobrados en las hipotecas y son sujetos a impuestos a medida que generan algún rendimiento. Las cuentas en la bolsa de valores tienen ciertas desventajas. Si colocaras la plusvalía separada de tu casa en el mercado de dinero o en CDs, estarías bajo mucha presión para obtener un rendimiento neto después de impuestos que excediera el costo neto deducible del interés simple de la hipoteca. Los billetes de la tesorería caen en la misma categoría; el retorno neto no es suficiente para pasar la prueba de la tasa de interés.

Por lo tanto, después de aplicar las tres pruebas, nos quedamos sólo con tres posibilidades, en las cuales considerar invertir nuestra cantidad importante de dinero:

- Anualidades (*annuities*).
- Algunos fondos mutuos de inversión (*mutual funds*).
- Contratos de seguro de vida con calidades de inversión.

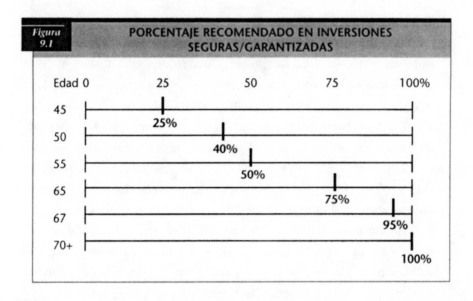

Figura 9.1

PORCENTAJE RECOMENDADO EN INVERSIONES SEGURAS/GARANTIZADAS

Edad 0 — 25 — 50 — 75 — 100%

- 45 — 25%
- 50 — 40%
- 55 — 50%
- 65 — 75%
- 67 — 95%
- 70+ — 100%

Figura 9.2

EL MODELO DE RETORNO DEL RIESGO

1. Productos Básicos
2. Emprender un Negocio
3. Sociedad Limitada
4. Terrenos
5. Acciones Comunes Especulativas
6. Bonos de Baja Calidad
7. Inversiones en Bienes Raíces
8. Acciones Sofisticadas
9. Bonos de Alto Grado
10. Fondos de Inversión
11. CDs
12. Seguros con Grado de Inversión
13. Cuentas en la Bolsa de Valores
14. Billetes de la Tesorería
15. Anualidades
16. Plusvalía en la casa

LAS INVERSIONES QUE ESTÁN SOMBREADAS NO PASAN LAS PRUEBAS DE:
- Liquidez
- Seguridad
- Tasa de Retorno

Vamos a hacer un análisis sencillo de cada una de esas alternativas de inversión para ver cual se ajusta más a nuestros objetivos.

ENTENDER LAS ANUALIDADES

En la actualidad, muchas anualidades son simples cuentas de ahorros con una compañía de seguros. Cuando depositas tus primas en una anualidad, tu dinero se acumula en condiciones de impuestos diferidos. Aún si no es un plan calificado, el dinero depositado en una anualidad se acumula con impuestos diferidos. Pero debido a la Ley de Reducción de Déficit de 1984, a pesar de que cualquier dinero que se acumula dentro de una anualidad es con impuestos diferidos, cuando el dinero es retirado, es sujeto a impuestos. Si los fondos son accedidos en una anualidad diferida, antes de los 59 años y medio, hay una penalidad adicional del 10 por ciento. Esto es similar a la penalidad por retiro anticipado asociado con los IRAs, 401(k)s o cualquier otro plan calificado. Para evitar esa penalidad del 10 por ciento cuando se acceden los fondos de una anualidad, debe ser después de los 59 años y medio. Cuando el dinero se retira, se le da el tratamiento de LIFO.

Las siglas LIFO (por sus siglas en inglés), significan que el último dinero que se genera en una anualidad es el interés acreditado más recientemente en tu anualidad. Cuando empiezas a retirar dinero de tu anualidad, el IRS considera tu distribución como el último dinero que generaste y lo trata como si fuera el primer dinero que estás retirando. Por lo tanto, el 100 por ciento de tu retiro está sujeto a impuestos (asumiendo que sólo retires el interés) desde el primer día que empiezas a retirar. No lo puedes evitar. Aún si retiras intereses y capital, debes seguir considerando los intereses generados cada año como el primer dinero que retirarás para cuestiones de impuestos.

Una Anualidad Inmediata con Pago Único (SPIA, por sus siglas en inglés) es una anualidad que se hace a través de una cantidad grande y única de dinero y el dueño empieza a recibir distribuciones de ingreso inmediatamente. Bajo este tipo de anualidad, la porción sujeta a impuestos de la distribución anual es promediada durante el período en que se calcula que la anualidad pagará un rendimiento.

Para mantener lo simple, vamos a asumir que depositas $100,000 en una anualidad. Si la anualidad fuera a pagar el 10 por ciento de interés, en teoría puedes retirar $10,000 de intereses cada año sin terminar el cuerpo de la anualidad (que sería la cantidad original que pagaste por la anualidad si lo que compraste fue una anualidad inmediata). Los $10,000 de intereses que obtuviste son reportados en tu devolución de impuestos como retiro de intereses en lugar de retiro de capital. En otras palabras, es un ingreso 100 por ciento sujeto a impuestos. Solamente cuando empiezas a retirar el capital es que estarás exento de pagar impuestos, porque el dinero depositado en la anualidad fue un dinero después de impuestos (asumiendo que es un tipo de anualidad no calificada). Si puedes vivir sólo de intereses durante todos tus años de retiro, a pesar de que incurras en pagos de impuestos, vas a ser capaz de transferir el capital libre de impuestos a tus herederos.

Durante los últimos 25 años las anualidades fijas han arrojado un interés en un rango de un 5 y 9 por ciento, promediando cerca de un 7 por ciento. También hay anualidades variables que participan directamente en el bolsa de valores y las anualidades indexadas que otorgan intereses de acuerdo a los índices a los que están ligadas, como el índice de Standard and Poor's 500. Las anualidades son consideradas una inversión prudente y segura bajo la mayoría de las circunstancias porque se obtiene sólo a través de las compañías de seguros, que debe cumplir con requerimientos (como tener reservas legales) más exigentes que los que se aplican a las uniones de crédito o a los bancos. (Las compañías de seguros usualmente tienen mayor solvencia o mayor capital y radios de exceso que la mayoría de los bancos y uniones de crédito). Si el dueño de una anualidad diferida muriera antes de retirar los fondos en la anualidad, el saldo remanente es pagado en un solo pago —la cantidad exacta remanente acumulada en la anualidad— al beneficiario sobreviviente. Las anualidades regulares no incrementan en valor en una suma asegurada como lo hace el seguro de vida.

Puedes empezar a recibir un ingreso de tu anualidad al convertirla en anualidad inmediata, lo que significa que puedes elegir entre varias opciones para crear un ingreso basado en tu expectativa de vida. Por lo tanto, puedes optar por designar un cierto número de años para los cuales tú y tu beneficiario desean obtener ingreso, ya sea que estés vivo o no. Bajo la opción de «cierto período», el beneficiario recibiría un ingreso, aún en el caso que el dueño de la anualidad haya muerto, por un número fijo de años. Bajo la opción de «sólo en vida», la anualidad paga solo durante la vida del dueño. Si el dueño de la anualidad muere antes de la edad calculada en la tabla de mortalidad (todos los pagos de las anualidades están calculados en el riesgo de mortalidad), la compañía de seguros se queda con el saldo en la anualidad. Pero si el dueño de la anualidad vive más allá de su expectativa de vida, la compañía de seguros debe seguir pagando los beneficios hasta que la persona muera. Las anualidades tienen además una serie de opciones respecto a los beneficios de los sobrevivientes.

En el pasado, mucha gente habría elegido alguna de esas fórmulas en las anualidades. Recientemente, más gente ha empezado a utilizar las anualidades simplemente como vehículos para la acumulación de ahorros, similar a ahorrar dinero en un banco o una unión de crédito, excepto que en el caso de una anualidad el dinero lo tiene una compañía de seguros. Con la flexibilidad de cuanto puede ser depositado y el tiempo y la cantidad de retiros, las anualidades generalmente pasan la prueba de liquidez. Ellas también pasan la prueba de seguridad y la prueba de tasa de retorno. Sin embargo, las anualidades no pasan muy bien la prueba de los impuestos. Una anualidad estará sujeta a impuestos en la fase de la distribución, y se le da el tratamiento de LIFO.

Recientemente los inversionistas han elegido las anualidades variables para obtener un crecimiento diferido al usar una variedad de fondos de inversión. Para proteger a los beneficiarios, las anualidades pueden incluir un seguro que garantize que tus herederos van a obtener más del valor actual de la cuenta en caso de muerte y/o en caso de que las inversiones tengan un rendimiento pobre. Si compras acciones y bonos a través de una anualidad variable que incluya seguro, puedes pagar gastos de aproximadamente el 2.25 por ciento de los activos. La razón de este costo son el cargo por gastos y la mortalidad. El seguro garantiza una suma asegurada mínima.

Algunas anualidades variables tienen la provisión de que tus herederos obtendrán la cantidad que tú invertiste, en caso de que pierdas dinero en la anualidad durante tu vida. Otras anualidades ofrecen que los herederos obtendrán al menos la cantidad invertida más un 5 ó 7 por ciento de interés anual. Algunas incluso pagan a los herederos el valor más alto determinado en una fecha en particular cada año. Sin embargo, el aumento en la suma asegurada tiene un límite al llegar a cierta edad, como los 80 años. La suma asegurada se reduce si retiras dinero de la anualidad. (Las anualidades variables son comercializadas con características como la de proteger contra caídas en el mercado).

Los consultores financieros nunca deben recomendar que la plusvalía de una casa sea invertida en productos variables. *El dueño de una casa debe de mantener su plusvalía utilizando inversiones más estables o fijas que contengan garantías.*

ENTENDER LOS FONDOS DE INVERSIÓN

Mientras una variedad de fondos de inversión cumplen con los requisitos de liquidez, seguridad y tasa de retorno, no todos los fondos de inversión pasan las tres pruebas.

Posiblemente te has dado cuenta, dependiendo de tus experiencias más recientes en el mercado, que los inversionistas elogian o critican los fondos de inversión. Muchos inversionistas fueron muy desconfiados respecto a las inversiones en fondos de inversión en los años ochenta cuando la inestable bolsa de valores hizo que las cuentas fijas y otras cuentas con intereses garantizados resultaran atractivas. Durante los años noventa, las cuentas en el bolsa de valores, CDs y bonos alcanzaron sus puntos más bajos en años, mientras que las acciones alcanzaron alzas sin precedente en una espiral ascendente durante 10 años. En el 2000 el mercado en ebullición tuvo una corrección. Entonces en el 2001, una tormenta económica hizo erupción con ajustes en las tasa de interés aplicadas para controlar la demanda de dinero y cayó por el miedo público surgido a raíz de los ataques terroristas del 11 de septiembre de 2001.

Generalmente, cuando la bolsa de valores ha caído, los bonos, el mercado de dinero y las tasas de interés aumentan. De manera contraria, cuando la bolsa de valores sube, los bonos, el mercado de dinero y las tasas de interés gradualmente bajan. Esto sucede frecuentemente cuando una economía está libre de la intervención del gobierno, como la manipulación de las Reservas Federales en tasas de interés y descuentos fiscales.

Mientras la bolsa generalmente en el largo plazo va para arriba, hay también muchas altas y bajas en el corto plazo —es algo parecido a una persona jugando con un yoyo mientras sube las escaleras. En Los Estados Unidos nunca se ha experimentado un período extenso de tiempo en donde el mercado haya ido subiendo sin algunas fluctuaciones en el camino. De la misma manera, cuando las tasas de interés en los bonos caen, generalmente no duran así por mucho tiempo. A lo largo del tiempo, los rendimientos de las tasas de interés y los bonos van a ser menores al retorno obtenido durante el mismo período de 10 ó 20 años en la bolsa de valores. Desde luego, la desviación (la diferencia en los valores) entre las altas y bajas del rendimiento de los bonos van a ser más pequeñas que las desviaciones de las acciones. La pregunta es, ¿qué tasa de retornos estás tratando de obtener tomando en cuenta la liquidez, seguridad y beneficios de impuestos?

Aún cuando depositamos dinero en CDs y cuentas en el mercado de dinero, renunciamos a un poco de seguridad a cambio de un pequeño retorno. Todos queremos los retornos más altos a los riesgos más bajos, lo que crea un paradigma de «riesgo versus retorno» como se ilustra en la Figura 9.2. Dependiendo de tu tolerancia al riesgo, tu puedes decidir que porcentaje de activos invertir en un ambiente de crecimiento contra un ambiente de ingreso. Un ambiente de ingresos serían inversiones en bonos, cuenta de ahorros en la bolsa de valores y otros instrumentos financieros que principalmente generan el ingreso necesitado o dividendos para el uso en el futuro inmediato. Un ambiente de crecimiento serían inversiones en acciones que están proyectadas para aumentar su valor usualmente durante un período a largo plazo.

La serie 1 de la Figura 9.3 ilustra un típico fondo de inversión durante un período de 10 años donde se registran 7 años con ganancias y 3 años con pérdidas. Sólo uno de los años tuvo una reducción sustan-

Año	SERIE 1 Sujeto a Impuestos	SERIE 1 Libre de Impuestos
Figura 9.3 — **EMPEZANDO CON $100,000** Si estuvieras llegando al retiro, ¿qué serie de inversión preferirías?		
	+ ó -	+ ó -
1	+20%	+8%
2	+21%	+8%
3	+10%	+8%
4	-16%	+8%
5	+12%	+8%
6	-2%	+8%
7	+22%	+8%
8	- 6%	+8%
9	+11%	+8%
10	+15%	+8%

El valor del fondo de la Serie 1 sujeto a impuestos al final de 10 años = $215,571
El valor del fondo de la Serie 2 libre de impuestos al final de 10 años = $215,892

cial en el valor del portafolio. El porcentaje de la reducción no fue tan importante como muchos de los años de ganancias. Los otros dos años de pérdida, representan pérdidas relativamente pequeñas en relación a los años de ganancias. Este fondo empezó bien y terminó bien, con las pérdidas ocurridas en los años en el medio. Sin embargo, cada vez que experimentas una reducción del 16 por ciento en tu inversión, estás experimentando un 16 por ciento de reducción de la totalidad de la inversión en ese momento. Por lo tanto, un 16 por ciento de pérdida o incluso sólo un 3 por ciento de pérdida después de que la cuenta ha crecido a una cantidad considerable en el tiempo representa una pérdida significante por el valor de la cuenta en el momento en que la pérdida ocurre.

RECUPERÁNDOSE DE LAS PÉRDIDAS

Recuperarse de las caídas en la bolsa de valor frecuentemente toma un año, dos años o más. Durante una caída seria en el valor de la bolsa, como una pérdida del 25 por ciento, la inversión requiere de una recuperación del 33 por ciento para llegar al punto de equilibrio en ese período. Por ejemplo, una inversión de $100,000 que sufre una pérdida del 25 por ciento (cae hasta $75,000) requiere una ganancia del 33.3 por ciento sobre los $75,000 ($25,000) para recuperar el valor original de $100,000. Una pérdida del 50 por ciento (cae a $50,000) seguido por una ganancia del 50 por ciento (recuperarse a $75,000) es aún una pérdida total del 25 por ciento. Una pérdida del 50 por ciento tendría que ser seguida por una ganancia del 100 por ciento para llegar al punto de equilibrio con una ganancia neta de cero en ese período.

Frecuentemente los inversionistas miran los rendimientos en la historia sólo año por año, como se muestra en la serie 1 de la Figura 9.3 y piensan que están obteniendo un promedio del 12 al 15 por ciento. Eso puede ser sólo una ilusión. De hecho, la inversión de $100,000 mostrada en el ejemplo pudo haber crecido a $215,571 al final de 10 años. Si calculamos la verdadera tasa promedio de interés compuesto, nos daremos cuenta de que la tasa de retorno fue de sólo un 8 por ciento. De hecho, si empiezas una inversión con $100,000 y recibes una tasa compuesta de retorno consistente y estable del 8 por ciento anual durante el mismo período de 10 años, tu pudieras terminar con un poco más de dinero: $215,892.

¿Cuál de las dos inversiones de la Figura 9.3 prefieres? ¿Una ganancia sujeta a impuestos de $100,000 a $215,000 durante un período de 10 años o una ganancia libre de impuestos (no sólo durante la fase de acumulación, pero también durante las fases de retiro y de transferencia) de $100,000 a $215,000 durante un período también de 10 años? ¿Cual de los dos escenarios te daría mayor tranquilidad mental, especialmente durante tu retiro —un retorno consistente y estable del 8 por ciento o un rango de retornos vinculado a algunos años con fabulosas ganancias junto con otro años con resultados desfavorables y pérdidas inciertas?

Uno de los problemas con el crecimiento de los fondos de inversión es que cuando conviertes las acciones de los fondos en efectivo para cubrir gastos cotidianos, necesitas poner mucha atención al tiempo en el que la inversión es liquidada. Es siempre una tentación sujetarte a un mercado caído hasta que puedas recuperar algo de las ganancias que tenías en papel. Esto puede crear disturbios para la gente durante su jubilación que están tratando de tener un ingreso estable y consistente de sus cuentas volátiles de sus fondos de inversión.

MEDIR EL TIEMPO DEL MERCADO

Para la mayoría de las personas, medir el tiempo del mercado no funciona, sin embargo los inversionistas continúan intentándolo. Los resultados históricos muestran que los retornos del *inversionista* (los retornos que los inversionistas individuales obtienen en la bolsa de valores al estar tratando constantemente de medir cuándo comprar y cuando vender) no son iguales a los retornos de *inversión* (los retornos obtenidos al comprar y mantener la misma inversión a través de las altas y bajas de mercado). La diferencia entre los retornos de inversión y los retornos del inversionista ha sido algunas veces dramática. Por ejemplo, durante un período de 6 años en un mercado a la alza, un grupo de doscientos fondos de inversión en crecimiento mostraron un rendimiento de aproximadamente 12 por ciento al año. En contraste, durante el mismo período de 6 años el retorno de los inversionistas promedió sólo un 2 por ciento de acuerdo a estudios realizados por *Morningstar*. De la misma manera, durante el mismo período, los fondos de los bonos promediaron un rendimiento del 8 por ciento, comparado con el rendimiento de los inversionistas del 1 por ciento.

¿Por qué hay una diferencia tan significativa? Es debido a que los períodos de retención de los inversionistas individuales son muy cortos. En otras palabras, *no es qué tanto del fondo tu posees, sino por cuánto tiempo lo posees.* De acuerdo a los reportes de Dallbar, el promedio de los fondos vendidos por un corredor de bolsa son retenidos por un promedio de 3.1 años. El promedio de los fondos vendidos directamente son retenidos por un promedio de 2.9 años. La gente trata de medir el mercado y frecuentemente termina comprando y vendiendo en los momentos equivocados, en vez de sólo comprar y retener. A principios de la primavera del 2000, el índice industrial de Dow Jones alcanzó 11,900 y el mercado experimentó una alza neta de $50 billones —gente comprando alto. Para el verano del 2002, el Dow cayó a 7,500 y el mercado experimentó una baja neta de $50 billones— gente vendiendo bajo. Por esta razón, para minimizar el impacto de la volatilidad y las emociones, usualmente abogo por inversiones indexadas o incluso intereses fijos para inversiones de cantidades importantes de dinero. Voy a presentar esas inversiones en más detalle en el capítulo 10.

VENTAJAS Y DESVENTAJAS DE LOS FONDOS DE INVERSIÓN

Hay algunas ventajas distintivas de los fondos de inversión. Los inversionistas pequeños pueden utilizar fondos de inversión por que juntan el dinero de otros pequeños inversionistas, por lo tanto permite que cantidades pequeñas de dinero sean diversificadas en quizá cientos o más empresas de comida, maquinaria, electrónica, minería, metales, gasolina, computación, comunicaciones, etc. a lo largo de Estados Unidos o del mundo. Al leer el prospecto para el manejador de fondos y elegir fondos de inversión que sean paralelos a nuestros objetivos de inversión, podemos ir a nuestro propio negocio, dejando que los profesionales «cuiden» de nuestro dinero. Con fondos diversificados de inversión, si a 10 ó 15 compañías no les va bien, posiblemente hay 80 ó 90 que te van a mantener arriba. Por lo tanto, los fondos de inversión pueden ayudar a reducir el riesgo de tener una cantidad pequeña de capital invertido en una o dos acciones.

La desventaja de los fondos de inversión, no importa si están calificados para tener ventajas de impuestos, es que los impuestos deben de ser pagados ya sea al principio o al final. En otras palabras, si es una cuenta no calificada, son dólares después de impuestos los que se invierten al principio y los dividendos y ganancias capitales van a ser sujetas a impuestos a medida que se van realizando. Si es una cuenta calificada, como un IRA o un 401(k), los impuestos son diferidos y se cobran hasta la fase de distribución o transferencia. Las ventajas de impuestos no están disponibles al final a menos de que se trate de un

Roth IRA o en ciertos bonos en fondos de inversión libres o exentos de impuestos porque esos son generalmente financiados con dólares después de impuestos al inicio de la inversión.

ELIGE LAS INVERSIONES QUE TE GENEREN MÁS

Durante 30 años de asistir a la gente con su planeación financiera, he descubierto que mucha gente tiene una tendencia a elegir inversiones de las que ellos esperan crezcan a las cantidades más altas, basadas en las tasas brutas de retorno. Desafortunadamente, hay muchos vehículos de inversión que resultan en crecimientos grandiosos, pero son inferiores a otras inversiones después de que han sido sujetas a impuestos. Algunas inversiones pueden quizá crecer a cantidades más bajas, pero generan un ingreso neto disponible más alto. Esto es generalmente cierto con el tratamiento favorecido de impuestos que algunas inversiones reciben durante las fases de acumulación y distribución de la inversión. Cómo expliqué en los capítulos 3 al 5, puede ser mejor pagar impuestos a las tasas de hoy en lugar de posponerlos a las tasas más altas de mañana. En adición, acumular dinero y posponer el pago de impuestos para después puede afectar la cantidad de Seguro Social y Medicare que estarías sujeto a recibir.

El error más grande que veo que los inversionistas cometen es elegir inversiones a corto plazo para metas a largo plazo o elegir inversiones a largo plazo para metas a corto plazo. Cuando elijas inversiones apropiadas para metas a largo plazo como lo es el retiro, debes elegir instrumentos financieros que provean más dinero en la etapa de tu vida en que vas a necesitar más el dinero. Cuando consideres los efectos de los impuestos, los vehículos que ofrecen crecimientos más altos son frecuentemente inferiores a otras inversiones. Elige las inversiones que te generen el ingreso neto disponible más alto.

INVERTIR EN SEGUROS

Muchos inversionistas en Estados Unidos, no se dan cuenta de que muchas compañías importantes de seguros no son muy diferentes de una compañía conservadora de fondos de inversión o de manejo de activos. Las compañías de seguros son expertas en el manejo de riesgos. Así como guardan y mantienen el dinero ahorrado para futuras necesidades, también son responsables para invertir ese dinero de manera inteligente para alcanzar una tasa de retorno segura. Muchas compañías de seguros invierten su capital en una inversión conservadora formada principalmente por bonos de alto riesgo. Ellas también tienden a invertir un pequeño porcentaje de sus activos en préstamos para hipotecas o bienes y raíces, algunas otras veces invierten en acciones comunes y en otras inversiones del mismo tipo.

Los reportes anuales y estados financieros de muchas compañías de seguros revelan que están estructuradas de manera similar a los fondos de inversión conservadores orientados al ingreso con cierto potencial de crecimiento. Debido a que la inversión de una compañía de seguros es más conservadora y menos volátil que la mayoría de los fondos de inversión, está más susceptible a generar una tasa de interés más baja con menos desviación. La mayoría de las inversiones de las compañías de seguros genera de un 7 a un 9 por ciento, cuando el crecimiento de la mayoría de los fondos de inversión alcanza un promedio de un 10 a un 12 por ciento a través de períodos de ganancias y pérdidas.

¿Cómo se compara el alcanzar un interés de un 7 a un 9 por ciento libre de impuestos en un período de 10 ó 20 años con alcanzar un retorno de un 10 a un 12 por ciento teniendo que pagar impuestos en la ganancia?

Yo preferiría tener la inversión más estable, menos volátil, que crece libre de impuestos y alcanza las recompensas libres de impuestos al final del período, durante los años de cosecha de mi vida. Una inversión con esas características me ayudaría a alcanzar mis metas con un ingreso neto disponible más alto y con un valor neto acumulado más alto que la mayoría de las inversiones volátiles. Por esta razón, los inversionistas astutos se están inclinando más en las compañías de seguros para sus ahorros a largo plazo y la acumulación de capital libres de impuestos.

UNA BREVE HISTORIA DE LAS INVERSIONES EN SEGUROS

La industria de seguros en los Estados Unidos es una industria de un trillón de dólares y es posiblemente uno de los factores más estables en la economía americana. De hecho, yo creo que la industria de seguros representa la columna vertebral de la economía de nuestro país.

Por citar un ejemplo, durante la gran depresión de los años trienta, un gran porcentaje de bancos fracasaron y nunca volvieron a abrir sus puertas. Algunas propiedades de bienes raíces bajaron su valor hasta en un 80 por ciento. Muchas acciones tardaron un largo tiempo en recuperarse, si acaso lo hicieron. Sin embargo, algunas de las inversiones más estables y seguras durante ese tiempo fueron los contratos de seguros de vida.

Sin embargo, previo a los años ochenta, las pólizas de seguro de vida no eran consideradas inversiones atractivas ya que el rendimiento típico de un seguro de vida total era de tan sólo un 2.5 ó 3.5 por ciento de retorno sobre el valor en efectivo que la póliza pudiera acumular. Una póliza participante con dividendos reinvertidos pudo haber resultado en 2 ó 3 puntos más. Durante los años setenta y a principios de los años ochenta, yo era un fuerte defensor de comprar seguros temporales (*term insurance*) e invertir la diferencia en fondos de inversión. De hecho, durante los primeros 8 años de mi carrera como planeador financiero, yo le recomendé a mis clientes que compraran un producto especial que consistía en una póliza de seguro temporal hasta los 65 años con una anualidad como suplemento. Un inversionista conservador podía elegir dejar dos tercios del dinero de la prima en la anualidad para obtener aproximadamente un 7 u 8 por ciento de interés en aquellos tiempos. (Este producto fue en realidad un precursor del seguro de vida variable). Muchos de mis clientes optaron por asignar trimestralmente el valor acumulado en sus anualidades a fondos de inversión de su elección. Sin embargo, como expliqué, los fondos de inversión tradicionales y no calificados están sujetos a impuestos en sus dividendos y ganancias capitales durante las fases de acumulación así como en las ganancias capitales que se hayan realizado durante la fase de distribución.

Las compañías de seguros bien manejadas y altamente calificadas, como regla general, son de los mejores manejadores de dinero que hay en el mundo. Sus resultados en los últimos 100 años serían la envidia de algunos de los más ricos y más redituables individuos y entidades de negocio en el mundo.

¿POR QUÉ QUERRÍAS PRIMAS MÁS ALTAS?

Si estudias las inversiones de una compañía de seguros y sientes que su filosofía y manejo histórico están en armonía con tus objetivos, tú pudieras elegir esa compañía para manejar tu dinero. Al hacerlo, estarías poniendo tu fe en su habilidad para manejarse y obtener tasas de interés similares a las que han obtenido en el pasado. Estarías en efecto, invirtiendo tu dinero en una compañía de seguros de vida tal como si invirtieras en un fondo de inversión. Para calificar con los máximos beneficios fiscales, la acumulación de tu cuenta debe de incluir un beneficio en caso de muerte. Sin embargo, en lugar de tratar de obtener la suma asegurada más alta por el pago más pequeño posible, vas a comprar la mínima suma asegurada requerida por las leyes de impuestos y dar el pago más alto que puedas pagar. Esto te permite invertir la cantidad más alta de exceso de efectivo en la póliza, más allá del costo del seguro. En otras palabras, tu estás revirtiendo el enfoque que toman la mayoría de los compradores de seguros de vida para poder utilizar tu póliza de seguro principalmente como un beneficio de vida, más que un beneficio de muerte.

Este enfoque es contrario a lo que la mayoría de compradores de seguros de vida tiene si lo que busca es comprar un seguro que proteja su vida, pero sólo le otorga beneficios a quienes dejan desamparados con su muerte, por lo que sería más apropiado llamarle seguro de *muerte.* Los beneficios fiscales en vida que otorgan los seguros de vida es lo que sí merece ser llamado «seguro de vida».

ENTENDER LOS SEGUROS TEMPORALES VERSUS LOS SEGUROS CON ACUMULACIÓN EFECTIVO

Las primas de los seguros temporales generalmente se incrementan con la edad. Eso es porque las tablas de mortalidad se incrementan cada año a medida que la gente envejece. Debido a esto, cuando compres un seguro tendrás que pagar una prima más alta cada año (o de hecho, cada mes) por que las posibilidades de que mueras se incrementan a medida que avanzas en edad. Dado que algunas personas no quieren pagar una prima más alta cada mes, ellos pagan una prima fija basada en la prima promedio que se requiere para cubrir los cargos por gastos y mortalidad en un período de 5, 10 ó 20 años, o quizá durante toda la vida. El departamento de actuarios de la compañía aseguradora calcula la cantidad que debe ser cobrada, entonces acredita el valor en el tiempo del dinero invertido para llegar a las cifras necesarias de las primas. Por otro lado, una prima fija puede también ser mantenida si el asegurado elige comprar un seguro temporal que disminuye con el tiempo, en donde la suma asegurada se reduce a medida que la persona envejece. El seguro temporal puede ser una manera de cubrir necesidades a corto plazo, pero no tiene acumulación de efectivo o beneficios en vida. La cobertura se anula o expira en el momento en que las primas de la póliza se dejan de pagar.

Por otro lado, el seguro con acumulación de efectivo, fue diseñado para albergar un sobre pago de las primas del seguro en las etapas tempranas de la póliza, permitiendo, por lo tanto, un cese en el pago de las primas en los años posteriores. Este enfoque crea una prima promedio pagada de por vida por la póliza. El exceso de prima pagada por encima de los costos de administración y de mortalidad crea plusvalía en la póliza. El exceso de dinero se acumula con interés, entonces empieza a acumular el efectivo que puede ser utilizado para los beneficios en vida. Si la muerte ocurre, el dinero acumulado puede ser absorbido por la

suma asegurada del seguro de vida o puede agregarse como una cantidad adicional a la suma asegurada.

ENTENDIMIENTO DEL SEGURO

Originalmente, el objetivo principal del seguro de vida era el de
crear un patrimonio inmediato en caso de una muerte prematura, ayudando a los beneficiarios a cubrir las pérdidas económicas. Los seguros
con acumulación de efectivo también proveen la construcción de plusvalía dentro de la póliza que permite contar con un fondo líquido que
puede ser utilizado a voluntad —en el caso de una emergencia— para
oportunidades de inversión, o para ingreso suplementario de retiro. El
seguro de vida total, puede ser un método efectivo de comprar un seguro para un largo plazo. El exceso de primas son invertidas por la
compañía de seguros en una inversión a largo plazo, por lo que permiten una acumulación adicional de efectivo o de dividendos que
pueden ser reinvertidos por la compañía aseguradora para un mayor
crecimiento. Las nuevas pólizas de seguro de vida total, especialmente
aquellas creadas en las últimas dos décadas, contienen costos más bajos
debido a la actualización de las tasas de mortalidad.

Generalmente, las tasas de mortalidad continúan mejorando debido al esfuerzo de la medicina moderna para prolongar la vida. Los
análisis de sangre y orina han sido perfeccionados a un grado tal que
todas las enfermedades que amenazan la vida pueden ser detectadas,
como el uso de drogas peligrosas o enfermedades del corazón, riñones,
hígado y otros órganos vitales.

Las compañías de seguros intentan mantener los riesgos al mínimo
para ser más redituables y recompensar a aquellos que tienen estilos de
vida saludables. Desafortunadamente, aquellos que no viven estilos de
vida saludables son penalizados con primas más altas por estar en una
categoría por debajo del estándar o incluso su solicitud de seguro puede
ser completamente rechazada. En otras palabras, las categorías de «estándar» o «por debajo del estándar» pueden ser asignadas a gente que

lleva de alguna manera un estilo de vida «normal» en los Estados Unidos lo cual puede incluir:

- Utilizar sustancias como tabaco, alcohol excesivo, cafeína o droga.
- Sufrir de problemas comunes de salud como obesidad o alta presión en la sangre, o tener una historia familiar con enfermedades del corazón.
- Trabajar en ocupaciones peligrosas.
- Participar en deportes peligrosos.

La gente que no fuma o consume alcohol en exceso, cuyo peso y altura están dentro de ciertos lineamientos y que son los suficientemente afortunados para disfrutar de un estilo de vida activo y saludable son recompensados al ser categorizados como «preferentes» e incluso como «ultrapreferentes».

EL TRATAMIENTO CON BENEFICIOS DE IMPUESTOS DEL SEGURO DE VIDA

Una característica única del seguro de vida permanente es que bajo las secciones 72(e) y 7702 del Código de Ingresos Internos (IRS), la acumulación de efectivo dentro de un contrato de seguro de vida tiene beneficios de impuestos. El dinero se acumula libre de impuestos y también puede ser accesible libre de impuestos bajo ciertas provisiones del contrato (ver el capítulo 10). El dinero obtenido de la suma asegurada en caso de muerte, también es libre de impuestos en la mayoría de las circunstancias, como se especifica en la Sección 101 del código, no importa qué tan grande sea la cantidad, sin embargo debe de ser incluído en la valuación total del patrimonio del fallecido. (A partir de la muerte del cónyuge, un patrimonio considerable, formado en su mayoría por dinero de la suma asegurada del seguro de vida puede ser sujeto a los impuestos sobre el patrimonio a menos que se haya excluído específicamente del patrimonio a través del uso de un fideicomiso irrevocable). El dinero obtenido a través de un seguro de vida no está sujeto al reclamo de acreedores del fallecido a menos de que hubieran sido asignados para tal fin o a menos de que el beneficiario haya tenido responsabilidad conjunta. Si el beneficiario de una póliza de seguro es el patrimonio del asegurado, en lugar de la esposa, los hijos, un fideicomiso o alguna otra entidad, entonces los accredores pueden hacer un reclamo.

Por lo tanto, las únicas y tremendas ventajas del seguro de vida son las siguientes. Es la única inversión que:

- Te permite acumular dinero libre de impuestos.
- Te permite acceder tu dinero libre de impuestos.
- Incrementa en valor y se transfiere libre de impuestos sobre la renta cuando mueres.

Si se asegura que las primas requeridas sean pagadas, un contrato de seguro de vida permanente contiene una acumulación de dinero garantizada. Esos valores son respaldados por las reservas monetarias de la compañía. Ellos también contienen un máximo de primas garantizadas diseñadas para mantener el seguro de vida vigente hasta cierta edad bajo una tasa de interés garantizada. Desde luego que la mayoría de los contratos de seguro de vida acreditan más de la tasa que garantizaron en el contrato.

PERO, ¿QUÉ PASA CON LA TASA DE RETORNO?

Como uno de los profesionales de seguros más renombrados, John Savage señaló: «Contrario a lo que cree la mayoría: la tasa de retorno generalmente no es el factor principal en la acumulación de riqueza». Él ilustró este concepto al utilizar el siguiente ejemplo. Asume que una persona típica tiene $10,000 en una cuenta de banco generando el 5 por ciento de interés, otros $10,000 en un vehículo diferente de inversión generando un 8 por ciento de interés y otros $10,000 en un frasco enterrados en el patio de su casa. Tu pudieras pensar que de aquí a 10 años, la cantidad más grande de dinero va a residir en la inversión que generó el 8 por ciento de interés. Sin embargo, si la inversión del 8 por ciento de rendimiento estuviera altamente accesible, con la conveniencia de un retiro en una ventanilla, mucha gente haría uso de esa cuenta sin importarle que sea la que obtiene la mayor tasa de retorno. Por otro lado, si el frasco hubiera sido sellado y enterrado en el patio para dejarla inaccesible, al final de los 10 años, me atrevo a decir que la mayoría de las personas tendría más dinero en el frasco, aún cuando ésta no produjo ni un centavo de interés.

Los contratos de seguro de vida funcionan como un frasco, en donde el dinero puede ser guardado «fuera de vista y fuera de mente». El dinero en un contrato de seguro de vida tiende a mantenerse ahí, permitiendo un crecimiento compuesto, mientras que el dinero contenido en bancos y fondos de inversión tiende a ser accedido con mayor frecuencia, hasta que terminan por agotarlo.

El secreto de la acumulación del dinero no es la tasa de retorno, sino la habilidad de poner el dinero aparte, mantenerlo aparte y ponerlo a trabajar para ti.

Estamos en una situación ideal cuando podemos almacenar dinero en un lugar secreto dentro de un frasco que crece a una tasa de retorno igual de alta o aún más alta que la tasa de retorno alcanzada por las inversiones sujetas a impuestos altos más y más riesgosos y más volátiles.

Esta era la idea detrás de la creación de la vida universal (*universal life*) a principios de los años ochenta. Estructurar un contrato de seguro de vida con una suma asegurada mínima, y después llenar la póliza de efectivo, resulta en un pago excesivo de las primas que se requerirían normalmente para cubrir los cargos por gastos y mortalidad, por lo tanto resulta en la construcción de plusvalía en la póliza. Este tremendo exceso de efectivo, almacenado en una inversión interna de la compañía de seguro, va a generar un interés y continuará acumulándose a través de los años. A medida que continúas colocando dinero adicional en el contrato, los cargos por gastos y mortalidad asociados con la suma asegurada, terminan siendo sólo una pequeña porción del total de los intereses obtenidos por la totalidad del efectivo acumulado

—frecuentemente es menos del 1 por ciento de la tasa de interés obtenida. Por ejemplo, si durante la vida del contrato, el promedio bruto de retorno fue de un 8.5 por ciento, después de descontar los costos de seguro, que son necesarios para gozar del tratamiento libre de impuestos en la ganancia, la tasa neta interna de retorno puede ser del 7.5 por ciento o más alta.

Pero me doy cuenta que quizá un seguro de vida no es la opción de inversión que tu estabas buscando. Los prospectos de clientes no vienen a mí queriendo o incluso necesitando un seguro de vida. Ellos quieren una inversión que pase las pruebas de liquidez, seguridad y tasa de retorno. Ellos quieren beneficios de impuestos. Ellos pueden no optar por los beneficios de un seguro de vida, pero generalmente optan pagar por ellos.

En el capítulo 10, te voy a mostrar como reposicionar dinero que está destinado al pago de impuestos hacia tu póliza de seguro. Yo estoy asegurado por una cantidad tremenda de dinero en mi seguro de vida. Sin embargo, ¡yo no pago por ella! El tío Sam es quién de hecho está pagando por mi seguro de vida, porque los cargos por gastos y mortalidad asociados con mi contrato de seguro de vida con grado de inversión están totalmente cubiertos con dinero que de otra manera tendría que usar para pagar impuestos. ¡Por lo que tomo tanto como el tío Sam me lo permita! Sigue leyendo y te enseñaré como.

CONCEPTOS CUBIERTOS EN EL CAPÍTULO 9

- *Las anualidades, algunos fondos de inversión y los contratos de seguros de vida con grado de inversión son las tres categorías de inversiones que pasan las pruebas de liquidez, seguridad y tasa de retorno.*

- Muchas de las anualidades son simples cuentas de ahorros con compañías de seguros que acumulan el dinero en condiciones de impuestos diferidos.

- El tratamiento LIFO significa que el último dinero que generas (los intereses) es el primer dinero que retiras.

- Las anualidades regulares no incrementan en valor al momento de morir.

- Bajo la opción de «sólo en vida», la anualidad paga sólo durante la vida del dueño.

- *La plusvalía de una casa no debe de ser invertida en inversiones variables, como fondos de inversión, anualidades variables o productos de seguros de vida variables.*

- Mientras el mercado en general sube a largo plazo, hay muchas altas y bajas en el corto plazo —es como una persona con un yoyo subiendo unas escaleras.

- *Para la mayoría de la gente, medir el mercado no funciona;* el retorno de los inversionistas no es igual al retorno de las inversiones, porque generalmente los períodos de retención de los inversionistas son demasiado cortos.

- Los fondos de inversión juntan el dinero de inversionistas, permitiendo que cantidades pequeñas de dinero sean diversificadas en muchas compañías.

- A menos que los fondos de inversión sean cuentas calificadas o libres de impuestos, ellos son sujetos a impuestos a medida que los dividendos se han pagado o las ganancias capitales se han realizado.

- *El error más grande que los inversionistas cometen es elegir inversiones a corto plazo para sus metas a largo plazo o elegir inversiones a largo plazo para sus metas a corto plazo.*

- Elige los instrumentos financieros que te provean la mayor cantidad de dinero en el momento de tu vida en que más necesites el dinero.

- Las compañías de seguros más importantes no son muy diferentes a una compañía conservadora de fondos de inversión o a una compañía de manejo de activos.

- Una compañía de seguros es más conservadora y es muy posible que obtenga una tasa de retorno más baja y con menos desviación que los fondos de inversión.

- *Los inversionistas astutos están recurriendo más a las compañías de seguros para ahorros a largo plazo y acumulación de capital con beneficios de impuestos.*

- La industria de seguros en América es una industria de un trillón de dólares, un factor estabilizante en la economía y la columna vertebral financiera de nuestro país.

- Puedes llenar de dinero una póliza de seguro al máximo para usarla como un beneficio de vida en vez de un beneficio de muerte.

- El seguro de vida con acumulación de efectivo fue diseñado para albergar un pago en exceso de las primas del seguro en las etapas tempranas de la póliza, permitiendo por lo tanto un cese en el pago de las primas en los años posteriores.

- El seguro de vida con acumulación de efectivo permite la construcción de plusvalía dentro de la póliza, lo que permite contar con un fondo líquido que puede ser utilizado en emergencias o como ingreso suplemental de retiro favorecido en impuestos.

- Una característica única del seguro de vida permanente es que la acumulación de efectivo en el contrato tiene ventajas en impuestos.

- *El dinero proveniente de la suma asegurada de un seguro de vida usualmente está libre de impuestos sobre la renta.*

- *El secreto para la acumulación de dinero no es la tasa de retorno, sino la habilidad de poner dinero aparte, mantenerlo aparte y ponerlo a trabajar para ti.*

- El costo del seguro puede consumir sólo una pequeña porción de la totalidad de intereses generados en un contrato de seguro de vida lleno de dinero al máximo.

- Los cargos por gastos y mortalidad asociados con un seguro de vida propiamente estructurado puede ser cubierto por una porción del interés que es generado (dinero que de otra manera hubiera sido pagado en impuestos sobre la renta).

CAPÍTULO 10

Cómo estructurar tu seguro de vida para que te sirva como una inversión superior

Deja que el tío Sam pague por tu seguro de vida

CASI TODA FAMILIA EN LOS ESTADOS UNIDOS usa un producto maravilloso que se encuentra en la mayoría de las casas — el bicarbonato de sodio, también llamado polvo de hornear. Cuando hablo frente a alguna audiencia, frecuentemente les pido que me digan para qué se utiliza este ingrediente, y las respuestas incluyen: «Quita el mal olor de mi refrigerador», «se usa como pasta de dientes», «refresca la ropa en la lavadora», «es un agente limpiador excelente», «se usa para relajarse en la tina del baño», la mejor que hasta el momento he escuchado es: «para quitar las protuberancias que salen en la olla de frijoles», por fin alguien dice lo obvio: «Ah, sí, ¡se usa para hornear!».

El seguro de vida funciona de la misma manera. Un contrato de seguro de vida propiamente estructurado puede ser utilizado para una acumulación de capital favorecido en impuestos y como una fuente de ingreso para el retiro con ventajas de impuestos utilizándolo como un beneficio en vida, en adición de proveer beneficios libres de impuestos en caso de muerte.

El IRS retó este concepto en 1982 y 1984, a través del Congreso, argumentando que los contratos de seguro de vida que contenían demasiado dinero no eran pólizas de seguro, eran de hecho, inversiones. Ellos querían redefinir qué es lo que era una póliza de seguro. Ellos sentían la necesidad de implementar parámetros para que la gente no abusara de un contrato de seguro de vida que les permitiera beneficios libres de impuestos así como una acumulación de efectivo también libre de impuestos. Esos parámetros fueron autorizados como parte de la Ley de Responsabilidad Federal de 1982 y con la Ley de Reducción de Déficit de 1984. En la industria aseguradora, esos dos actos son comunmente conocidos como TEFRA y DEFRA (por sus siglas en inglés).

CÓMO TE AFECTA TEFRA Y DEFRA

La citación de TEFRA y DEFRA, o el «corredor» de impuestos, básicamente dicta el mínimo de suma asegurada que se requiere para poder colocar en la póliza la mayor cantidad de primas y dinero posible, de acuerdo a la edad y género del cliente. En otras palabras, si una persona quiere utilizar el dinero contenido en una póliza de seguro de vida con propósitos de acumulación de capital libre de impuestos, los lineamientos de TEFRA y DEFRA van a dictar la cantidad mínima de suma asegurada requerida.

Si quieres comprar una póliza universal de vida con una suma asegurada de $100,000, el corredor de TEFRA y DEFRA van a dictar la cantidad de dinero que puedes invertir sin exceder la definición de lo que es un contrato de seguro de vida. Esto permitirá que la acumulación de efectivo y la suma asegurada no sean sujetas a impuestos. Esto es lo que yo llamo el enfoque de la puerta de enfrente.

Tal como comenté en el capítulo 9, la mayoría de la gente que viene a mí como consultor financiero no quieren o incluso no necesitan seguro de vida. Lo que ellos quieren es un vehículo de inversión que tenga liquidez, seguridad y una buena tasa de retorno en condiciones favorables de impuestos. Ellos quieren crear la cantidad más grande de ingreso neto disponible con inversiones que sean libres de impuestos en sus años de cosecha. Yo les muestro diferentes opciones. Muchos de mis clientes hacen exactamente lo que yo hago con mi propio dinero después de que entienden las ventajas: ellos eligen un contrato de seguro de vida propiamente estructurado con grado de inversión, diseñado para contener la cantidad de dinero que ellos quieran transferir o reposicionar de inversiones inferiores que tengan.

Ellos pueden elegir un contrato de seguro de vida con grado de inversión para reposicionar algo de las contribuciones de sus IRAs o 401(k)s o distribuciones bajo conversiones estratégicas. Ellos pueden elegir reposicionar una parte o la totalidad de la plusvalía de su casa en un contrato de seguro de vida. La realización a largo plazo de un contrato de seguro de vida propiamente financiado, desde el punto de vista de efectivo a efectivo, después de impuestos y tasa interna de retorno, es mucho mejor que muchas inversiones de IRA o 401(k), fondos de inversión, anualidades, CDs y cuentas en la bolsa de valores. Adjunto a ellos ¡una suma asegurada en caso de muerte viene en el paquete! Entonces, en vez de utilizar el enfoque de la puerta de enfrente, yo uso el corredor TEFRA/DEFRA para calcular la mínima suma asegurada requerida al usar lo que yo denomino el enfoque de la puerta de atrás.

EL ENFOQUE DE LA PUERTA DE ATRÁS

Primero, determino qué tanto es lo que el cliente quiere invertir (cuánto dinero va a reposicionar sobre cierto período de tiempo) y alimento con esta información un programa computarizado. El sistema me dice entonces que tanto seguro de vida el cliente puede obtener de acuerdo a los lineamientos de TEFRA/DEFRA. Por ejemplo, si tu máxima inversión planeada va a ser un total de $100,000, debes crear una póliza que pueda potencialmente contener $100,000 de contribuciones de efectivo o de pago de primas. Vamos a comparar una póliza de seguro estructurada de esta manera con un recipiente (Figura 10.1).

En este ejemplo, $100,000 es la base máxima (la suma total de dinero invertido) permitida durante los primeros 11 ó 12 años de la

póliza. Si tú quieres llenar tu recipiente de una sola vez con una cantidad total de dinero, puedes hacerlo y aún así obtener los beneficios de
una acumulación libre de impuestos y de una suma asegurada libre de
impuestos. Sin embargo, el acceso libre de impuestos al dinero incluyendo los intereses generados pueden ponerse en riesgo a menos de
que otros lineamientos sean cumplidos (lo voy a explicar más adelante). De manera alternativa, puedes elegir expandir tus aportaciones
sobre un período de tiempo más largo y llenar tu recipiente a lo largo
de 11 ó 12 años.

Puede que no sea necesario que llenes el recipiente hasta el tope
con contribuciones en efectivo (pago de las primas) si tu objetivo sólo
es contar con la protección de un seguro de vida. Sin embargo, la protección de la suma asegurada, generalmente es el objetivo secundario,
el objetivo principal es acumular efectivo con la tasa neta de retorno
más alta sobre las primas pagadas. Por lo tanto, sería para tu beneficio
que crearas un recipiente (estructuraras una póliza de seguro de vida)
lo suficientemente grande, bajo las reglas de TEFRA y DEFRA, para
alojar en él la cantidad de dinero que quieres poner. Al hacerlo, no
estás obligado a llenar el recipiente hasta el tope con las primas.
Simplemente estás estableciendo una cantidad máxima permitida de
contribuciones que puedes contener en el recipiente en un período de
tiempo dado. Esta cantidad es conocida como *el lineamiento de la prima
única*.

Si las primas pagadas a la póliza alcanzan el límite antes del final
del onceavo año, el dueño de la póliza debe dejar de poner dinero en
ella para no exceder la definición de seguro de vida de acuerdo a TEFRA
y DEFRA. En dado caso, puedes simplemente abrir otro recipiente
(tomar una nueva póliza asumiendo que pases el examen físico y que
sea aprobado por las compañías de seguros). La segunda póliza tendría
las mismas ventajas que la primera, suponiendo que las leyes de impuestos sean las mismas que regían cuando abriste tu primera póliza.

Una póliza de seguro con dinero al máximo no está libre de costos.
El costo asociado con una póliza de vida universal es muy parecido al
costo de seguro temporal, pero con una diferencia significativa: si las

primas pagadas son mucho más altas que el valor de cubrir sólo el seguro temporal, la póliza acumula un exceso de efectivo. Con el tiempo, los intereses y la acumulación de ese efectivo pueden más que compensar por el costo continuo de tener esa póliza. Los costos pueden compararse con una pequeña llave dejando salir un poco de dinero de la parte baja del recipiente (Figura 10.1). Esos costos, que le permiten a la inversión calificar bajo la definición de seguro de vida, y por lo tanto, permanecer libre de impuestos, son un componente absolutamente crítico para el logro de los resultados más atractivos. En el largo plazo, esa llave puede consumir sólo del 0.5 al 1 por ciento del porcentaje de intereses generados durante la vida de la póliza.

Durante un período de 20 ó 30 años, un inversionista pudiera muy bien alcanzar una tasa neta de retorno del 7 u 8 porciento en una póliza de seguro que genere de un 8 a un 9 por ciento de interés. Personalmente, yo preferiría tener una inversión promediando un 7 u 8 por ciento libre de impuestos, a tener una inversión generando el 10 o incluso el 12 por ciento, pero que esté sujeta a impuestos. La pequeña porción de mi efectivo acumulado que está pagando por mi seguro de vida, es dinero que de otra manera hubiera estado destinado a irse con el tío Sam en forma de impuestos en una inversión sujeta a impuestos, por lo tanto, yo lo veo como que el tío Sam está pagando indirectamente por mi seguro de vida.

Para mí, el seguro es más o menos «gratis» si alcanza una tasa neta de retorno en una base libre de impuestos y tiene un desempeño tan bueno o mejor que una inversión alternativa sujeta a impuestos (y no olviden que también ofrece los beneficios del seguro). Sí, yo sé que la realidad es, no hay tal cosa como seguro de vida gratis. Sin embargo, si los costos de seguro pueden ser pagados de una pequeña porción de los intereses generados por la acumulación de efectivo durante la vida de la póliza, y esa porción de intereses es equivalente o menor que el dinero que de otra manera hubiera pagado en impuestos en las inversiones tradicionales, entonces ¿acaso no tengo razón de ver el seguro como si fuera gratis?

Lo bueno de los lineamientos de TEFRA/DEFRA es que no importa

Figura 10.1

UNA PÓLIZA DE SEGURO DE VIDA UNIVERSAL
Estructurada y Utilizada como
Una Alternativa No Calificada de Planeación para el Retiro con Ventajas de Impuestos

Nuevas Contribuciones de Efectivo   Interés Compuesto

Total de Primas Permitidas
$_____

Suma Asegurada Mínima Requerida
$_____

Año 5 $
Año 4 $
Año 3 $
Año 2 $
Año 1 $

Cargos por Gastos y Seguro de Mortalidad

TEFRA 1982
DEFRA 1984
TAMRA 1988

El corredor dicta la suma asegurada mínima requerida en base a la edad y al género del asegurado para poder colocar en la póliza la cantidad deseada adicional a las primas básicas.

* *Menciones Fiscales: Código de Ingresos Internos Sección 101. Código de Ingresos Internos Sección 72(e). Regla Revisada 66-322, 1966-2 CB 123, TEFRA Sección 266, TEFRA Sección 221*

que edad tengas, la llave del recipiente puede ser diseñada para dejar salir el mismo porcentaje de interés, sin importar nada más. En otras palabras, una persona de 65 años que califique para una póliza de seguro, la puede estructurar para alcanzar casi la misma tasa neta de retorno en el dinero pagado en primas que lo que pagaría una persona de 20 años. La diferencia es, el de 20 años simplemente obtiene más seguro de vida. Pero el de 65 años generalmente tiene más dinero para invertir, por lo que el seguro es compensado.

LIDIAR CON LAS FLUCTUACIONES DEL MERCADO

Desde el principio de los años ochenta, cuando el seguro de vida universal apenas emergía, las tasas de interés acreditadas en las pólizas fijas de seguro de vida universal, en algunas compañías llegaban a ser tan altas como el 13 por ciento y tan bajas como el 5 por ciento. Yo creo que un inversionista no debe de preocuparse sobre las fluctuaciones de las tasas de interés, por que son relativas. Durante los años ochenta, cuando los contratos de seguro estaban acreditando tanto como el 11 ó 13 por ciento de interés, en este caso pudiéramos comparar a una persona remando río arriba a 13 millas por hora, pero la corriente de la inflación viene hacia abajo a una velocidad de 10 millas por hora (10 por ciento de inflación). El márgen real en ese caso sería de sólo tres puntos porcentuales. En años recientes, las tasas de interés han sido incluso más bajas. Aún así, si tú remas río arriba a 6 millas por hora y la corriente de la inflación va en tu contra a sólo 2 millas por hora, tienes un márgen de 4 puntos porcentuales.

RECUERDA TUS OBJETIVOS

Un inversionista debe de determinar el propósito principal para establecer un contrato de seguro. Cuando se hace correctamente, aquellos que establecieron una póliza con propósitos de inversión se emocionan cuando pueden potencialmente alcanzar una tasa más segura de inversión que es tan buena o mejor que una anualidad. No sólo pueden acceder su dinero libre de impuestos, lo que no pueden hacer con una anualidad, pero si ellos mueren, su dinero florece a una cantidad 2 ó 3 veces más grande —¡y aún así transferir el dinero libre de impuestos! Generalmente, a través de estructurar correctamente una póliza de seguro de vida universal para alojar la cantidad total de capital invertido, la póliza de seguro tendrá un mejor rendimiento que una anualidad, especialmente cuando pasa por las fases de distribución y transferencia.

El seguro de vida universal se ha convertido en un producto de seguro muy flexible. No es considerado seguro temporal porque acumula dinero. No es considerado seguro para toda la vida porque los pagos de la primas pueden variar, fluctuar y ajustarse de acuerdo a las circunstancias (el seguro de vida universal también es conocido como seguro de vida con pagos flexibles). El dueño de la póliza no es forzado a cancelar su póliza cuando los pagos de las primas tienen que ser ajustados o interrumpidos, dado que tiene suficiente dinero en la póliza para cubrir los costos de seguro. Así que el término «vida universal» es utilizado porque es aplicable a muchísimas situaciones.

En términos de estrategia, si tu meta es acumular la mayor cantidad de capital a las tasas netas de retorno más altas posible, entonces debes de tomar sólo la suma asegurada mínima requerida para llevar a cabo la transacción, entonces llenar el recipiente al nivel máximo tan pronto como sea posible. Durante el proceso de llenado, tus circunstancias pueden cambiar. Si descubres que quizá nunca seas capaz de llenar ese recipiente hasta el tope, es posible que quieras maximizar el retorno y minimizar los costos. Por lo tanto, en lugar de mantener la suma asegurada original puedes reducir su tamaño con el poder de una pluma. Si cortas el seguro a la mitad, en esencia estás cortando tu recipiente a la mitad. Debes tener cuidado al hacer esto porque puedes violar los lineamientos del IRS que regulan que tan rápido puedes llenar tu recipiente, propiciando que tu póliza sea sujeta a impuestos cuando retires el dinero. Hay también algunos cargos de rescate incurridos al reducir la suma asegurada. La reducción en su cambio permanente. La única manera de incrementarlo de nuevo sería volver a calificar a través de un examen físico para una nueva cobertura.

La introducción del seguro de vida universal ha traído consigo una notable cadena de eventos. Las compañías de seguros que ofrecen seguro permanente han creado desde entonces productos con intereses más sensibles que arrojan más dividendo en base a las ganancias. Por ejemplo, si a una póliza de seguro permanente se le deposita un excedente de dinero, puede funcionar de manera similar a lo que es el seguro de vida universal. La industria aseguradora continúa introduciendo nuevas ofertas, como productos variables e indexados en los campos de seguro universal y de seguro permanente.

APADRINADOS POR LAS LEYES DE IMPUESTO

En el pasado, cuando el Congreso ha hecho cambios importantes en el código de impuestos, especialmente con los seguros de vida, ha apadrinado a quienes ya tenían pólizas en vigor. Sería muy conveniente que iniciaras una póliza de seguro de vida hoy que permita alojar la cantidad de dinero que quieras acumular, en caso de que el Congreso decida cambiar las reglas de nuevo. (La esperanza es que las pólizas existentes sean apadrinadas). No se puede tener ninguna garantía por parte de las compañías aseguradoras o por parte de un agente, de que el cliente, va a ser apadrinado por la ley. Pero dados los antecedentes, y por la provisión ex post facto en la Constitución, en donde se establece que no se supone que las nuevas leyes afecten las características de lo que se estableció con las leyes anteriores, es posible que sí ocurra un apadrinamiento.

Como ejemplo de ello, entre 1982 y 1988, las pólizas de seguro de vida con dinero al máximo eran muy atractivas en comparación con otras inversiones alternativas —especialmente inversiones conservadoras como CDs, mercado de dinero o incluso fondos de inversión. Debido a los beneficios fiscales, un éxodo masivo de fondos dejaron los bancos y a las firmas de bolsa de valores para irse a contratos de seguro. Muchos de mis clientes llenaron sus recipientes de un solo pago. Algunos transfirieron sumas fuertes de dinero de sus CDs, de sus cuentas de mercado de dinero, y de sus fondos de inversión, en cantidades tan grandes como $500,000, todo esto de acuerdo a los lineamientos de TEFRA/DEFRA.

¿Por qué es tan popular la opción de seguros? Vamos a suponer que creas un recipiente que puede contener un total de $100,000 cuando las tasas acreditadas están en un promedio del 8 por ciento. A medida que empiezas a llenar el recipiente, inmediatamente después del primer pago, tus beneficiarios ya se hacen acreedores a una suma asegurada en caso de muerte entre $200,000 y $1,500,000 (recuerda que esto varía dependiendo del género y la edad). En el largo plazo, la póliza pudiera utilizar aproximadamente el 1 por ciento de ese 8 por ciento para cargos por gastos y mortalidad, por lo que resulta en una tasa neta de retorno del 7 por ciento. Si asumimos que las tasas de retorno se mantengan estables durante varios años, se supóne que tu pudieras retirar cerca de $7,000 al año libres de impuestos, por lo tanto disfrutar un ingreso mucho más alto que el tener la misma cantidad de dinero en un CD, en el mercado de dinero o en fondos de inversión, donde todos son sujetos a impuestos.

Digamos que tienes la opción de invertir en dos certificados de depósito en los cuales puedes depositar $100,000. Uno te ofrece el 6 por ciento de retorno mismo que es sujeto a impuestos. Si llegaras a morir, a tus herederos se les transferiría la cantidad contenida en ese CD. El otro CD te ofrece el mismo retorno del 6 por ciento, pero libre de impuestos, si llegaras a morir, el segundo CD florecería en una cantidad transferible a tus herederos de $200,000 libres de impuestos. ¿Cuál de los dos CDs elegirías si los demás factores (como seguridad y liquidez) fueran iguales? La elección es obvia. (De hecho la seguridad de la mayoría de las compañías de seguros es considerada más grande que la de muchos bancos comerciales).

Una de las mejores características de una póliza de seguro de vida es que puede ser estructurada para contener la cantidad de capital que quieres poner en tu recipiente algun día. Mientras tanto, puedes alimentarlo con los pagos mínimos de las primas que apenas cubre los costos de seguro, mientras llega la cantidad fuerte que llenará el recipiente — quizá de la venta planeada de una propiedad o de una herencia.

Volviendo a nuestra historia: en 1988 se hizo aparente que los bancos y las firmas de corredores de bolsa de valores empezaron a sufrir por esta transferencia masiva de capital de sus compañías a las compañías aseguradoras. El público empezó a seleccionar mayor seguridad, mejores retornos, tratamientos fiscales más favorables y una mejor disposición de sus inversiones conservadoras. Los bancos y las firmas de corredores empezaron a orillar al Congreso para hacer que la transferencia de dinero hacia los contratos con beneficios de impuestos que ofrecían las companías aseguradoras fuera menos dañina para ellos.

LA INTRODUCCIÓN DE TAMRA

La Ley Técnica y Miscelánea de Ingresos (TAMRA, por sus siglas en inglés) fue aprobada el 21 de junio de 1988 por un cuerpo del Congreso. En septiembre, el otro cuerpo del Congreso lo aprobó e hizo la ley retroactiva al 21 de junio. Las provisiones de la ley fueron dirigidas al tratamiento fiscal de las pólizas de seguro de vida si eran llenadas al máximo de dinero (llenar el recipiente hasta el tope) en menos de 7 años. Sin embargo, aquellos que ya tenían pólizas en vigor fueron apadrinados por las leyes anteriores.

TAMRA todavía permite que el dueño de una póliza pague una cantidad grande de dinero en un solo pago. Tal póliza es clasificada como un Contrato Modificado de Dotación bajo la Sección 7702A del Código de Ingresos Internos, el mismo que es referido en la industria como MEC (por sus siglas en inglés). Si esto se hace, el efectivo aún se acumula en la póliza con impuestos diferidos y con la suma asegurada libre de impuestos. Sin embargo, si se hace cualquier retiro de dinero de la póliza antes de los 59 años y medio será sujeto a una penalidad del 10 por ciento como en cualquier cuenta de IRA o 401(k). Adicionalmente, cuando el dinero es retirado, la ganancia es gravada bajo el tratamiento de LIFO (último dinero que entra, primer dinero que sale, por sus siglas en inglés) como cualquier anualidad.

Si el dueño de una póliza prefiere llenar el recipiente con incrementos paulatinos de dinero, entonces cae bajo la operación de las reglas anteriores a través de las cuales el dinero puede ser accedido antes de los 59 años y medio libre de impuestos. Esto puede proporcionar distribuciones libres de impuestos para ingreso de jubilación u otros propósitos. Para cumplir con TAMRA, la póliza debe pasar lo que se conoce como la prueba de los siete pagos.

LA PRUEBA DE LOS SIETE PAGOS

La prueba de los siete pagos significa que una póliza de seguro permanente no puede ser llenada antes de siete años en los que se hagan depósitos de igual cantidad. Bajo las provisiones existentes, si la póliza se llena al máximo no antes de siete pagos relativamente iguales, entonces cumple con la prueba de los siete pagos de TAMRA y el dinero acumulado puede ser accedido libre de impuestos en cualquier momento. Sin embargo, ha habido una tremenda confusión incluso entre los agentes de seguros porque la prueba de los siete pagos es un nombre inapropiado en relación con el seguro de vida universal. Debido a los límites impuestos por TAMRA y DEFRA respecto a las cantidades de seguro de vida requeridas para cumplir con la definición de póliza de seguro de vida, una póliza universal puede ser llenada al máximo en tan sólo tres años y un día (cuatro pagos anuales) esto para un individuo menor de aproximandamente 50 años, y en cuatro años y un día (cinco pagos anuales) para un individuo mayor de aproximadamente 50 años. Si una póliza de vida universal se llena al máximo nivel en esencialmente cinco pagos anuales, tendrá un rendimiento mucho mejor que una póliza que requiere ser llenada al máximo en siete pagos anuales.

La idea fue que al espaciar el pago de las primas en cuatro o siete años, el público estaría sujeto a liquidar sus cuentas de banco o sus portafolios de acciones en un período de tiempo equivalente en lugar de transferir la cantidad total de su capital en una sola transacción. Esto resulta en un golpe menos duro para esas instituciones financieras.

La industria de seguros respondió inmediatamente a la ley de TAMRA ofreciendo recipientes temporales como las anualidades inmediatas de pago único (SPIA, por sus siglas en inglés) por un cierto período de 4 ó 5 años, o fondos de depósito para primas pagadas por adelantado. Esos recipientes temporales estacionaban el exceso de fondos que hubieran violado TAMRA si se hubieran depositado en la póliza principal. Las compañías de seguros usualmente acreditan tasas de retorno iguales o más altas a las que el banco está pagando. El interés es sujeto a impuestos, pero los recipientes temporales pueden vertir automáticamente cada año un cuarto o un quinto de sus fondos al recipiente principal (la póliza universal) hasta que quedan completamente vacíos al final de 5 años y la póliza de seguro universal está completamente llena en total cumplimiento con TAMRA. Por ejemplo, si tu quieres poner $100,000 en tu recipiente y cumplir con TAMRA, cerca de $20,000 ó $25,000 (dependiendo de tu edad) puede ser depositado en tu recipiente el primer año. El resto del dinero (los $75,000 u $80,000) pueden ser depositados en una SPIA que cada año subsecuente va a transferir a la póliza principal la cantidad autorizada por TAMRA hasta que esté completamente llena y en cumplimiento.

A pesar de que la alternativa de los recipientes temporales fueron provistos por la industria de seguros, la ley no la revocó, ya que la ley ya había hecho las cosas lo suficientemente complicadas al hacer que la gente mantuviera su dinero en los bancos o con los corredores de bolsa de valores mientras llenaban sus recipientes durante el período asignado de tiempo.

Código de Ingresos Internos permite al dueño de una póliza depositar en un contrato de seguro una cantidad en exceso a lo que TAMRA indica para entonces «perfeccionar» el contrato dentro de un período de 60 días después del aniversario de la póliza. El dueño de una póliza puede violar el límite de pago de TAMRA, solicitar un reembolso del exceso pagado en el contrato y entonces volverlo a depositar durante los primeros 60 días del siguiente año. Mis clientes han utilizado esta estrategia muchas veces para perfeccionar el contrato y evitar un Contrato Modificado de Dotación (MEC, por sus siglas en inglés). Esto preserva la accesibilidad libre de impuestos de los fondos de la póliza. Cuando alguien deposita dinero adicional en la póliza, en violación con los lineamientos de TAMRA, de cualquier manera la compañía aseguradora acredita un interés durante el tiempo que retiene dichos fondos. Sin embargo, cuando el reembolso ocurre dentro de la ventana de 60 días después del aniversario de la póliza, el interés generado por el dinero en exceso de la prima autorizada por TAMRA es sujeto a impuestos.

IGUALA TU INVERSIÓN CON TU OBJETIVO

Para estructurar una póliza de seguro de vida con acumulación de efectivo como una inversión que va a ser utilizada principalmente para beneficios en vida, se tiene que entender el proceso perfectamente. Debes de saber que solo el 20 por ciento del tamaño del recipiente (de la cantidad total que se colocará en el recipiente) podrá ser llenado el primer año. La llave que deja salir la cantidad para cubrir los cargos por gastos y mortalidad liberará un porcentaje más alto cuando el recipiente esté completamente lleno. Debes de tener paciencia a medida que llenas tu recipiente y debes de adherirte a los lineamientos de TEFRA/DEFRA y TAMRA. No te desanimes cuando la tasa de retorno no esté dentro del 1 por ciento de la tasa bruta de retorno después de sólo pocos años en el contrato. Debes de dejar que la acumulación de intereses haga su trabajo a lo largo del tiempo.

Los dueños de pólizas que entienden esos conceptos no se preocupan por la tasa neta de retorno que obtienen en los primeros años de un contrato de seguro. Ellos saben los beneficios tremendos que van a disfrutar cuando generen una tasa de retorno hermosa (retroactiva al primer día de inicio de la póliza) que va a dejar atrás por mucho al rendimiento obtenido por inversiones alternativas. El éxito o fracaso de una inversión, puede ser medido solamente en su propio marco de tiempo. Como cité en el capítulo 9, debes de elegir inversiones basado en cuales te van a dar más cuando necesites más. De nuevo, vas a disfrutar ventajas en el extremo final que van a compensar por mucho cualquier desventaja en el extremo inicial.

Desafortunadamente, muchos agentes de seguros no entienden completamente los lineamientos TEFRA/DEFRA y TAMRA, por consecuencia, no son competentes en como estructurar una póliza de seguro que actúe a su nivel más óptimo para ofrecer beneficios en vida en lugar de sólo beneficios de muerte. Es por ello que yo uso la frase «seguro de vida propiamente estructurado con grado de inversión y acumulación de efectivo».

DEFINIR GRADO DE INVERSIÓN

Como revisión, si un inversionista quiere usar un contrato de seguro de vida para acumular capital con ventajas de impuestos bajo las

Secciones 72(e) y 7702 del Código de Ingresos Internos, debe cumplir con ciertas reglas antes de que yo lo considere como grado de inversión. La primera regla es que la póliza debe de estar estructurada de manera apropiada para actuar como una inversión, no sólo como una póliza con una suma asegurada en caso de muerte. Esto se hace al tomar la cantidad mínima de suma asegurada que podemos obtener dentro de los parámetros para poder depositar en la póliza la cantidad total de dinero que tenemos planeada. (Esto puede ser calculado fácilmente a través de diferentes programas computacionales). También tiene que estar estructurada para que pueda ser llenada al tope lo antes posible bajo los lineamientos de TAMRA —y mantener la flexibilidad en caso de que las circunstancias cambien.

La segunda regla que permite que un contrato de seguro sea considerado una inversión prudente es la diligencia que debe llevarse a cabo en la investigación y selección de la compañía aseguradora. Las compañías aseguradoras pueden ser consideradas con grado de inversión por diferentes agencias que las evalúan y clasifican. Generalmente yo uso tres amplias directrices cuando selecciono una compañía de seguros.

La primera norma es el resultado real que tenga la compañía y su filosofía. Yo mismo estudio su desempeño y el historial de sus tasas de interés. Quiero estar seguro que elijo una compañía de seguros que está bien manejada y que es generosa con sus tasas de retorno. He encontrado compañías aseguradoras que ofrecen la tasa más baja que pueden para mantenerse competitivas. Ellas están más preocupadas por construir los cofres de sí mismas que cofres para sus asegurados. Otras compañías aseguradoras son muy generosas y acreditan las tasas más altas una vez que han cubierto sus gastos de personal y de mantener una ganancia modesta. Las que pertenecen a este último tipo funcionan de manera muy parecida a los fondos conservadores de inversión.

La segunda norma es elegir una compañía aseguradora basados en su clasificación dentro de la industria. Entre las agencias de clasificación más utilizadas se encuentran Standard & Poor, AM Best, Fitch, Moody's y Weiss. Esas agencias de clasificación usan diferentes métodos y escalas para clasificar a las compañías, confundiendo frecuentemente al público, al Congreso y a la Oficina de Contabilidad General. Por ejemplo, el rango más alto asignado por Standard & Poor es AAA. Por otro lado el rango más alto asignado por AM Best es A++. De la misma manera Fitch, Moody's y Martin Weiss tienen su propio sistema de clasificación (Figura 10.2).

Para hacer las comparaciones entre las diferentes clasificaciones, yo uso organizaciones como LifeLink para que me ayuden a entender que compañías son mejores. LifeLink asigna a cada compañía un «marcador Comdex» con valor del 1 al 100 basados en la combinación de información de diferentes agencias de clasificación y de la compañía aseguradora. Para el establecimiento de contratos con grado de inversión, generalmente recomiendo compañías que tengan un valor asignado mínimo de 70 y yo personalmente elijo las que tengan un valor mínimo asignado de 90.

La tercera norma que yo uso para elegir una compañía de seguro es su solvencia. Creo que es necesario que una compañía aseguradora debe de mantener su liquidez, así como creo que es necesario para un individuo mantener su liquidez. En otras palabras, para minimizar el riesgo necesita haber suficiente efectivo o el equivalente de efectivo a la mano. Generalmente, una compañía de seguros va a tener mayor excedente de efectivo o un mayor radio de solvencia que otras instituciones financieras, como los bancos o las uniones de crédito. Si las cosas se ponen difíciles en la economía, prefiero que mi dinero esté fácilmente accesible en caso de que elija liquidar mis fondos. Recuerda, el tamaño de una compañía aseguradora no determina su fortaleza. Una compañía aseguradora puede ser muy grande y aún así tener un exceso en sus pasivos.

PARTES INVOLUCRADAS EN UN CONTRATO DE SEGURO

Es esencial entender los diferentes papeles que se involucran en cualquier póliza de seguro:

Figura 10.2	ESCALA DE CLASIFICACIÓN DE COMPAÑÍAS DE SEGUROS DE LA OFICINA GENERAL DE CONTABILIDAD DE ESTADOS UNIDOS (GAO, por sus siglas en inglés)				
CLASIFICACIÓN	BANDAS	A.M. BEST	STANDARD & POOR'S	MOODY'S	FITCH	WEISS
Seguras	1	A++, A+	AAA	Aaa	AAA	A+, A, A-
	2	A, A-	AA+, AA, AA-	Aa1, Aa2, Aa3	AA+, AA, AA-	B+, B, B-
Vulnerables	3	B++, B+, B, B-	A+, A, A-, BBB+, BBB, BBB-	A1, A2, A3 Baa1,Baa2,Baa3	A+, A, A- BBB+, BBB, BBB-	C+, C, C-
	4	C++, C+, C, C-	BB+, BB, BB- B+, B, B-	Ba1, Ba2, Ba3 B1, B2, B3	BB+, BB, BB- B+, B, B-	D+, D, D-
	5	D, E, F	CCC, (CC,C) , (D) , R	Caa, Ca, C	CCC+, CCC, CCC- DDD, DD, D	E+, E, E-, F

*De acuerdo al estudio de la GAO de 1994

- Asegurador: la compañía aseguradora
- Asegurado: un individuo o individuos bajo un contrato ligado a la vida.
- Beneficiario: usualmente la esposa o los niños del asegurado (algunas veces es una entidad como el negocio del asegurado o una organización de caridad) hacia quién la suma asegurada será pagada. Debe de estar determinado al momento de la aplicación que el beneficiario va a sufrir de una pérdida económica si el asegurado muere, a esto se le llama «interés asegurable» entre el asegurado y el beneficiario.
- Dueño: es el único que tiene el poder de hacer cambios en el contrato, como renombrar a los beneficiarios, cambiar el esquema de pagos, cambiar las opciones de suma asegurada o hacer retiros o préstamos del contrato. El dueño también posee todo el efectivo en la póliza, asumiendo todas las responsabilidades fiscales y difrutando todos los beneficios de una póliza propiamente estructurada con grado de inversión.
- Pagador de primas: quién de hecho paga las primas.

Una sola persona puede jugar múltiples partes; sin embargo, no pueden jugar más de cuatro partes diferentes.

USAR EL SEGURO DE VIDA COMO UN MULTIPLICADOR DE TU PATRIMONIO

Cuando la gente muere, usualmente dejan algunos bienes que fueron designados para mantenerlos si ellos hubieran vivido más tiempo. Esos bienes pueden incluir cuentas de banco, CDs, cuentas en el mercado de dinero, acciones, bonos, bienes raíces o efectivo acumulado en seguros de vida. El seguro de vida es el único activo que instantáneamente florece del efectivo que se utilizaba para beneficios en vida en una suma asegurada libre de impuestos. Por lo tanto, si es posible, es usualmente recomendable asegurar la vida del individuo en una relación que tenga más posibilidades de morir primero, así el dinero dejado en el contrato de seguro puede florecer y ser transferido al sobreviviente. El dinero obtenido como suma asegurada de una póliza de seguro tienen el efecto de reemplazar algo del dinero que fue utilizado como ingreso de retiro así que los esposos sobrevivientes pueden tener una fuente de retiro rejuvenecido para usar durante el resto de sus vidas.

Yo tengo muchas parejas como clientes, que han establecido contratos de seguro de vida con el propósito de mejorar su ingreso de retiro. El procedimiento que uso es reposicionar estratégicamente sus contribuciones a cuentas de IRA o 401(k) o sus distribuciones así como manejar la plusvalía en su casa actual (o de su casa anterior si la pareja la vende o busca una casa más pequeña) para mantener la liquidez, seguridad y tasa de retorno. Cuando es posible, establezco dos recipientes (pólizas de seguro), uno para cada uno, para colocar los activos reposicionados. Como resultado, minimizo sus activos y maximizo su ingreso neto disponible. Ellos disfrutan de una inversión sencilla de bajo mantenimiento compuesto principalmente de dos pólizas de seguro de vida.

Típicamente el esposo muere primero. Pudiera entonces haber un saldo de $200,000 en su recipiente al momento de su muerte, pero puede florecer a $500,000 por virtud de la suma asegurada del seguro de vida. Por lo tanto esta viuda recibe $500,000 libres de impuestos ¡en lugar de IRAs sujetos a impuestos con $200,000 o menos! Entonces le aconsejo que tome esos $500,000 de seguro de vida libre de impuestos y los mantenga libres de impuestos. Ella puede abrir un nuevo recipiente (abrir otra póliza de seguro) y en total cumplimiento con TAMRA usar un recipiente temporal. Ella puede empezar a retirar dinero de su nuevo recipiente cuando lo necesite. Entonces, cuando ella muera, el efectivo remanente en su cuenta va a florecer en tanto como $1 millón y va a ser transferido a sus hijos o fideicomiso familiar como un legado para las futuras generaciones. Esto es de mucho más beneficio que los IRAs estirados que sólo continúan posponiendo el pago de impuestos.

¿Qué pasa si alguien quiere tomar ventaja de la acumulación libre de impuestos y de un ingreso libre de impuestos, pero no califica para el seguro de vida? En ese caso, se hace necesario que use a la esposa como la asegurada. Se puede elegir un asegurado substituto, siempre y cuando se compruebe un interés asegurable entre el asegurado y el beneficiario. Por ejemplo, cuando tengo un cliente que quiere iniciar una póliza de seguro con propósitos de inversión, pero que no es asegurable por historial de salud o por edad, entonces tomamos prestada la vida de alguien más para asegurar. (Sin embargo, yo he sido capaz de asegurar clientes de hasta 90 años, incluso con historiales médicos que incluyen cáncer que fue tratado exitosamente, problemas del corazón y diabetes). Si se ha determinado que alguien no es asegurable, mi recomendación es que utilicen a su esposa, hijos o nietos como asegurados, en ese orden. Tú no necesitas ser el asegurado para ser el dueño de una póliza de seguro universal que provea ventajas de impuestos en el crecimiento y en el acceso a tu propio dinero.

SUMA ASEGURADA ESTABLE CONTRA UNA SUMA ASEGURADA EN INCREMENTO

El seguro de vida universal tiene una flexibilidad tremenda, no sólo en el pago de las primas sino también respecto al ajuste que se puede hacer en la suma asegurada para alcanzar los objetivos del dueño de la póliza —aún si esos objetivos cambian. El asegurado puede elegir tener ya sea una suma asegurada estable o una suma asegurada que se incremente. (Algunas veces esas dos alternativas son referidas como opción A y opción B). Vamos a usar la analogía del recipiente de nuevo para visualizar las diferencias entre estas dos opciones.

Yo recomiendo la opción de la suma asegurada estable si (1) el objetivo primario de establecer un contrato de seguro con grado de inversión es alcanzar la tasa de retorno más alta lo antes posible (acumular la mayor cantidad de efectivo posible en el período más corto para utilizar los beneficios en vida); y (2) si el objetivo secundario es obtener cobertura de un seguro de vida que es pagado con una pequeña porción de los intereses generados que de otra manera se hubieran ido por la ventana en forma de impuestos.

Por otro lado, usualmente yo recomiendo la opción de la suma asegurada que se incrementa si el objetivo principal es maximizar lo que dejas a tus herederos al momento de tu muerte y el objetivo secundario es acumular una cantidad de efectivo que puedas acceder.

¿Qué tal si tus objetivos cambian a la mitad de la vida de la póliza? ¡No hay problema! ¡Te puedes cambiar de una opción a otra con tan solo una pluma!

Bajo la opción de suma asegurada estable, el dueño elige mantener la suma asegurada estable mientras el recipiente crece. El recipiente crece en función de las nuevas primas pagadas y los intereses generados. Esto representa el efectivo de la póliza. A medida que el recipiente crece en efectivo, este dinero puede de hecho calificar como parte de la suma asegurada original requerida bajo los lineamientos de TEFRA/DEFRA. La cantidad real de seguro que la compañía aseguradora está en riesgo de pagar, es la diferencia entre el efectivo acumulado en la póliza y la suma asegurada original requerida. Al final, la diferencia entre el efectivo y la suma asegurada estable al momento de expedición de la póliza puede ser tan nominal ¡que la tasa neta de retorno está dentro del 1 por ciento de la tasa bruta de retorno, retroactiva al primer día de la póliza!

Por ejemplo, si un contrato de seguro para una persona del sexo masculino de 65 años, que está diseñado para colocar un total de $200,000 de primas ($40,000 al año por 5 años para estar en cumplimiento con TAMRA), lleva consigo una suma asegurada mínima (requerida por TEFRA/DEFRA) de $425,000 y en el décimo año ha acumulado $300,000 en efectivo, entonces el riesgo asegurado real pagado por la compañía es la diferencia entre $425,000 – $300,000, ó $125,000.

A pesar de que el costo por $1,000 de seguro de vida aumenta cada año a medida que la persona envejece, la cantidad de seguro real por el que la persona está pagando ¡va para abajo! Esta característica única resulta en una mejora a la tasa de retorno —tu dinero crece de manera más eficiente a medida que el costo de seguro se hace más pequeño. En el décimoquinto año, el efectivo en la póliza puede ser de $424,000 que si lo restas de la suma asegurada de $425,000, te quedan sólo $1,000 de seguro por el cual estás pagando a la edad alcanzada. Sin embargo, los lineamientos del IRS requieren que la suma asegurada se mantenga delante de la cantidad de efectivo en la póliza en cierto porcentaje (como, por ejemplo, un 5 por ciento hasta llegar a la edad de 90 años, entonces se puede reducir a 1 por ciento al año hasta llegar a los 95, punto en el que la cantidad de efectivo puede ser igual a la suma asegurada). Por lo que en la actualidad la suma asegurada en el décimoquinto año puede incrementarse de $424,000 a $446,250 (5 por ciento más). En el décimosegundo año, el efectivo pudo haber crecido a $600,000, punto en el cual la suma asegurada debe de haberse incrementado a $630,000 para seguir en cumplimiento. Esto puede continuar hasta la edad de 100 años, cuando el efectivo puede haber llegado a $1,800,000 que entonces equivaldría a la suma asegurada.

Por lo tanto, cuando se elija la opción de suma asegurada estable al inicio de la póliza, puede terminar teniendo una suma asegurada en incremento, sólo para mantenerse por encima del valor en efectivo que está creciendo dentro del contrato. Así que la terminología —suma asegurada estable o suma asegurada en incremento— puede resultar bastante confusa.

Si la opción de suma asegurada en incremento es elegida al inicio de la póliza, la llave en el recipiente debe ser más grande porque a medida que el asegurado envejece el costo de seguro por cada $1,000 aumenta. Esto es porque la base de los beneficios del seguro se mantiene en la cantidad original —$425,000 en este ejemplo. La ventaja de la opción de suma asegurada en incremento es que si el asegurado llegara a morir, los herederos reciben el efectivo acumulado en la póliza más la suma asegurada. Sin embargo, debido a los costos asociados con pagar por la misma cantidad de seguro, a medida que el asegurado envejece, el dinero acumulado no va a ser capaz de crecer con tanta rapidez. Los beneficios en vida como la cantidad de ingreso para el retiro libre de impuestos no van a generar tanto bajo la opción de suma asegurada en incremento a menos que se empiece a consumir la suma asegurada.

Bajo la opción de suma asegurada estable, un contrato de seguro para una persona del sexo masculino de 60 años que paga un total máximo de primas de $200,000 ($40,000 al año) durante los primeros 5 años, a la edad de 90 años (cuando es posible que muera) puede tener una acumulación de efectivo de $1,280,000 y una suma asegurada de $1,344,000. En contraste, él pudiera tener sólo $515,000 de efectivo acumulado y una suma asegurada de $1,025,000 bajo la opción de suma asegurada en incremento. Como regla general, a menos de que tengas la sospecha de que vas a morir pronto (dentro de los próximos 10 años), la opción de suma asegurada estable te va a generar mayor cantidad de efectivo y de suma asegurada (basándonos en la misma suma asegurada inicial y la misma cantidad de primas pagadas al contrato). Mi consejo en la mayoría de las circunstancias es empezar con la opción de suma asegurada estable. Entonces si los objetivos del dueño cambian, la opción de suma asegurada puede cambiar después.

¿Cuándo recomiendo la opción de suma asegurada en incremento? Vamos a asumir que estás asegurado por 1 millón de dólares y tienes $500,000 de efectivo en tu póliza que está creciendo aproximadamente a un 7 por ciento de interés anual, una vez que los costos de seguro ya han sido descontados. Entonces te diagnostican cáncer de piel y el doctor estima que te quedan de 3 a 7 años de vida. Esto puede cambiar tus objetivos originales de maximizar el retorno de tu inversión a maximizar la cantidad de dinero que dejarás a tus herederos. Si dejas la pó-liza sola, bajo la opción de suma asegurada estable, el 7 por ciento de interés anual ($35,000 o más por año) de crecimiento adicional, va a ser absorbido por el millón original que tienes como suma asegurada (porque el efectivo acumulado no ha crecido todavía a un punto en el que exceda la suma asegurada original). Para evitar esto, debo aconsejarte que consideres el cambiar a la opción de suma asegurada en incremento. Eso no significa que los $500,000 de efectivo van a ser sumados inmediatamente a la suma asegurada de $1 millón. Pero en el punto en el que la opción es cambiada, el seguro de vida real va a ser reducido a la diferencia entre la cantidad actual de efectivo acumulado y la suma asegurada original —$500,000 en este caso. Si tu mueres el año próximo, la suma asegurada pagada sería aún de $1 millón ($500,000 de efectivo acumulado y $500,000 de seguro de vida). Pero que tal si la predicción del doctor fue correcta y la muerte ocurre cinco años después. La suma asegurada creció un 7 por ciento cada año, acumulándose anualmente hasta llegar a la cantidad aproximada de $1,200,000. En otras palabras, tus beneficiarios recibirían entonces $200,000 adicionales libres de impuestos.

Por consiguiente, vemos que varios tipos de seguros de vida pueden ofrecer una tremenda flexibilidad. En un extremo del espectro, si tú quieres un contrato de seguro que te cueste lo mínimo, puede terminar siendo la forma menos cara a largo plazo para asegurarte durante toda tu vida. Siempre puedes cambiar tus objetivos y depositar dinero adicional al máximo permitido por la póliza si quieres tomar ventaja de la acumulación de efectivo favorecida en impuestos pagada por el seguro de vida permanente. En el otro extremo del espectro, si quieres utilizar un contrato de seguro de vida para acumular dinero en condiciones favorecidas en impuestos para usarlo después como un ingreso suplemental de jubilación, puedes llenar al máximo el contrato de acuerdo a tu propio plan. Tú también puedes estructurar una póliza de seguro de vida en cualquier lugar del espectro, dependiendo de dos objetivos (acumulación de efectivo favorecida en impuestos y suma asegurada). Sigue leyendo para que entiendas cómo tú, como dueño de un contrato de seguro con grado de inversión puede acceder su dinero acumulado libre de impuestos para usarlo como ingreso suplemental de retiro o para otros propósitos.

CONCEPTOS CUBIERTOS EN EL CAPÍTULO 10

- *Los contratos de seguros propiamente estructurados pueden ser utilizados para acumulación de capital favorecida en impuestos e ingreso para el retiro libre de impuestos, adicional a ello, provee una suma asegurada en caso de muerte libre de impuestos.*

- Para usar una póliza de seguro que permita la acumulación de efectivo con fines de acumulación de capital libre de impuestos, TEFRA y DEFRA dictan la cantidad mínima de suma asegurada que se debe establecer.

- Usa el enfoque de la puerta de atrás para diseñar un contrato de seguro que albergue la cantidad de capital que quieres transferir o reposicionar.

- El lineamiento de la prima única es el máximo total de primas que puedes pagar a un contrato de seguro de vida universal durante los primeros 11 años.

- El costo de seguro, que es lo que permite que la inversión califique dentro de la definición de seguro de vida y permanezca libre de impuestos, es un componente crítico para alcanzar los resultados más atractivos.

- Durante un período de 20 ó 30 años, un inversionista puede alcanzar una tasa neta de retorno del 7 al 8 por ciento en un seguro de vida que acredita una tasa del 8 al 9 por ciento de interés.

- No importa que tan avanzada sea tu edad, la llave del recipiente (el contrato de seguro de vida) puede ser diseñada para que deje salir el mismo porcentaje de tu interés.

- Una póliza de seguro de vida universal fija, estructurada correctamente para contener la cantidad total de capital invertido, tendrá al final un rendimiento mucho mejor que el de una anualidad, probando que fue financiada al máximo bajo los lineamientos del IRS.

- Para acumular la cantidad más alta de capital a la tasa más alta de retorno, debes tomar la cantidad mínima requerida de suma asegurada, entonces llenar el recipiente a su máximo nivel tan pronto sea posible.

- Establecer una póliza de seguro de vida que pueda alojar la cantidad de dinero que quieres acumular, puede permitir que seas apadrinado, si el Congreso cambia las leyes de impuestos y se pueda afectar.

- Puedes nutrir un contrato de seguro a través del tiempo con las primas mínimas hasta que el capital esperado llegue, como por ejemplo, una herencia.

- Un seguro de vida que se llena de dinero más rápido de lo que TAMRA permite hace que la póliza se convierta en un Contrato Modificado de Dotación (MEC por sus siglas en inglés), donde el dinero acumulado y la transferencia del mismo son libres de impuestos, pero el acceso al dinero recibe el tratamiento de LIFO (último dinero que entra, primer dinero que sale).

- Tú puedes cumplir con la prueba de los siete pagos de TAMRA con tan pocos como 4 ó 5 pagos anuales para llenar el pago de prima única en un contrato de seguro de vida universal.

- El dueño de una póliza puede depositar dinero en exceso de acuerdo a lo permitido por TAMRA y después «perfeccionar» el contrato dentro de los 60 días siguientes al aniversario de la póliza al solicitar un reembolso del exceso pagado.

- Un contrato de seguro de vida puede ser considerado como *grado de inversión* si es estructurado para funcionar como una inversión con una suma asegurada mínima bajo los parámetros de TEFRA/DEFRA.

- Las agencias utilizadas para medir la fuerza de las compañías de seguro son Standard & Poor's, AM Best, Fitch, Moody's y Weiss.

- Además del asegurador, hay otros cuatro roles involucrados en un seguro de vida: el asegurado, el dueño, el beneficiario y el que paga las primas.

- *El seguro de vida puede ser utilizado como un multiplicador de tu patrimonio*, que puede ser mucho más beneficioso que un IRA estirado que sólo pospone los impuestos.

- *No necesitas ser asegurable para ser el dueño de un seguro de vida* que provee ventajas fiscales en el crecimiento y acceso al dinero.

- Generalmente la opción de suma asegurada estable debe ser seleccionada si el objetivo primordial es alcanzar la tasa más alta de retorno posible y si se espera que el asegurado muera después de 10 años.

- Bajo la mayoría de las circunstancias, *es aconsejable empezar con la opción de suma asegurada estable.* Si se desea, esto se puede cambiar después.

- *Los seguros de vida poseen tremenda flexibilidad.* En un extremo del espectro, puedes pagar el mínimo requerido como una manera barata de asegurar tu vida por el resto de tu vida. En el otro extremo del espectro, puedes utilizarlos para acumular dinero en un ambiente favorecido en impuestos para usarlos como un ingreso suplemental de retiro.

CAPÍTULO 11

Cómo evitar tener que pagar impuestos en tu dinero de retiro

Olvida los atajos, toma el camino más inteligente para jubilarte

V AMOS A DEFINIR COMO un contrato de seguro de vida permite que el dueño acceda su dinero libre de impuestos. Básicamente, hay tres métodos por los cuales se puede tener acceso al dinero:

1. La manera triste.
2. La manera tonta.
3. La manera inteligente.

LA MANERA TRISTE

La manera triste es muriendo. Si estableces un contrato de seguro que puede alojar un total de primas de $100,000 bajo los lineamientos de TEFRA y DEFRA, la suma asegurada mínima puede ser de $1,250,000 si tienes 25 años; $765,000 si tienes 35 años; $482,000 si tienes 45; $310,000 si tienes 55 y $210,000 si tienes 65. Bajo los lineamientos de TAMRA, si pagas cerca del máximo permitido, aproximadamente un quinto del lineamiento de la prima única ($20,000 por año), tu estás protegido por el total de la suma asegurada en el minuto en que la prima mínima es pagada. Por lo tanto, si el asegurado muere un día después de pagar los $20,000 iniciales, el valor florecería inmediatamente a cualquiera que sea el valor de la suma asegurada. No sólo eso, pero además el dinero obtenido sería transferido libre de impuestos al beneficiario tal como se probó en la Sección 101 del Código de Ingresos Internos. Esa es una tasa fenomenal de retorno, pero viene a costa de un precio muy caro. Desde luego que yo no te recomiendo que accedas tu dinero de la manera triste, pero tener esa protección te da una tremenda tranquilidad mental al saber que tus beneficiarios tendrán alimento en caso de tu muerte.

Yo nunca he visto a una viuda rechazar el cheque de un seguro de vida, ya sea que éste sea de $10,000 o de $1 millón. Si un patrón llega y dice a sus empleados: «Como su patrón quiero ofrecerles seguro de vida gratis; ¿qué tanto les gustaría tener?». Mi respuesta sería: «¡Lo mas que se pueda!». Así sucede cuando estructuras un contrato de seguro de vida con grado de inversión. Aún cuando tomas la suma asegurada mínima requerida bajo los lineamientos del IRS, puedes tomar también tanto como ellos te den si ello no va a terminar costándote algo en el análisis final.

Algunas veces la gente no puede comprender esta perspectiva y dice: «Bueno, en realidad me gustan los resultados proyectados de la inversión en el contrato de seguro que me está proponiendo; parece ser que va a tener mejor rendimiento que mis CDs, cuentas en el mercado de dinero y fondos de inversión. Pero en realidad yo no necesito más seguros de vida». Si pudiera les contestaría: «Bueno, no hay problema, si considera que en efecto es una inversión superior a cualquier otra que pudiera llevar a cabo y lo que no quiere es el seguro, no se preocupe, después de que se expida la póliza me puede poner a mí de beneficiario», al escuchar esto ellos se darían cuenta de lo que están rechazando. En otras palabras, *no te obsesiones con lo que es, enfócate en lo que hace.*

EMPEZAR CON LA MANERA TONTA Y TERMINAR CON LA MANERA INTELIGENTE

La segunda y tercera forma de acceder tu dinero son la manera tonta y la manera inteligente. Para entender la diferencia, voy a explicarte las opciones y la mecánica utilizando las siguientes suposiciones: tienes 60 años y te estás preparando para el retiro y diseñas una póliza de seguro lo suficientemente grande para colocar en ella hasta $500,000 en primas, bajo los lineamientos de TEFRA/DEFRA. Llegaste a este tamaño de recipiente porque quieres reposicionar $200,000 de fondos netos de IRAs y 401(k)s durante un período de 5 años, utilizando una conversión estratégica o una transferencia de un estatus calificado a uno no calificado para disminuir los impuestos hasta en un 50 por ciento. Planeas además, reposicionar $200,000 de plusvalía de tu casa ya que planeas comprar una casa más pequeña para tu retiro. Separas la plusvalía porque quieres incrementar la liquidez, seguridad y tasa de retorno además de disfrutar de beneficios fiscales que te ayuden a compensar los impuestos derivados de las trasnferencias y retiros de tus IRAs y 401(k)s. También vas a reposicionar $100,000 de CDs que tienes a un 3 por ciento de interés, que en realidad es sólo un 2 por ciento después del pago de impuestos. La suma asegurada mínima requerida bajo los lineamientos de TEFRA/DEFRA sería de $1,274,612 para un recipiente que permita una colocación máxima de $500,000. Vamos a asumir que transfieres $100,000 en la póliza de seguro de vida cada año por 5 años para cumplir con los lineamientos de TAMRA al reposicionar estratégicamente los activos previamente mencionados.

Si fueras a recibir el equivalente a una tasa bruta promedio de interés de 7.75 por ciento en tu dinero, después de descontar los cargos por gastos y mortalidad (la llave en el recipiente), puedes tener un saldo de $557,328 al final del quinto año. El recipiente se puede desbordar y crecer más allá del tamaño permitido por TEFRA/DEFRA. Después de llenarlo hasta el tope con $500,000, si no lo tocamos por 35 años, a la edad de 100 años puede tener un valor de $6,680,000 asumiendo que se acredite una tasa bruta de interés del 7.75 por ciento. El IRS está conforme con ello —el crecimiento del dinero dentro del recipiente puede hacerlo libre de impuestos y por mucho exceder el valor básico.

Dado que hiciste esto para obtener un ingreso de retiro libre de impuestos, vamos a decir que a la edad de 65 años (después de que la póliza ha sido llenada al máximo) dejas el dinero ahí para que crezca por otros 5 años hasta que tienes 70 años. Entonces decides empezar a hacer retiros de tu póliza para obtener un ingreso suplementario a tu pensión y a tu Seguro Social. A ese punto, tu recipiente va a haber crecido a $770,000. Si la tasa neta de retorno (después de que la llave dejó salir su porción de gastos) es de un 7 por ciento, podrías en teoría, retirar $50,000 al año sin que agotes el capital. Ahora, la ventaja de los contratos de seguro con grado de inversión respecto a las anualidades, es que cuando retiras el dinero de la póliza, éste recibe el tratamiento fiscal FIFO (primer dinero que entra, primer dinero que sale) en lugar del tratamiento LIFO. Bajo el tratamiento fiscal FIFO, el primer dinero que entró en tu póliza, es considerado por el IRS como que es el primer dinero que estás retirando de la inversión. Por lo tanto, si el dueño de la póliza elige retirar dinero del contrato de seguro, es libre de impuestos hasta llegar a la cantidad básica (en este caso $500,000). A un ritmo de retiro de $50,000 al año, los impuestos se pueden evitar durante los primeros 10 años (10 x $50,000). En este ejemplo, durante los primeros años de tu jubilación, tu ingreso es completamente libre de impuestos.

Un término que es sinónimo de retiro de dinero de una póliza de seguro es rescate parcial. Si el dueño de una póliza quiere cancelar su póliza de seguro, el asegurado y el dueño abandonan todos sus beneficios, y la compañía aseguradora liquida todo el efectivo contenido en la póliza menos los cargos de rescate aplicables. Los cargos de rescate usualmente aplican durante los primeros años de un contrato de seguro. Si una persona elige retirar sólo una parte de su efectivo acumulado en lugar de la totalidad de éste, ese retiro es clasificado como rescate parcial —incurriendo entonces sólo en cargos de rescate limitados, dependiendo del contrato. En ese caso, sólo una porción del contrato y sus beneficios son accedidos— la suma asegurada puede ser ajustada y reducida en proporción directa a la cantidad del retiro parcial (cosa que no debería de preocupar si la suma asegurada fue desde un principio un objetivo secundario de la creación de la póliza). Si los retiros son realizados en cantidades similares a los intereses netos generados, el efectivo acumulado en la póliza debe permanecer bastante consistente por varios años. Sin embargo, la suma asegurada se ajustaría y se reduciría debido a dichos retiros. Ver el ejemplo en la Figura 11.1.

Un rescate parcial reduce permanentemente el tamaño del contrato de seguro. Por lo que si el dueño de la póliza quiere reinvertir más dinero más adelante en el contrato, no va a tener la misma latitud que tenía originalmente. Otro problema es que una vez que el dueño ha retirado la totalidad de la cantidad básica (10 años de $50,000 en este ejemplo), los retiros futuros están sujetos a impuestos. Esto es debido al tratamiento fiscal de FIFO, toda la cantidad básica se retira libre de impuestos y el remanente es considerado por el IRS como tu ganancia. Esa ganancia sería sujeta a impuestos cuando empezaras a realizarla. Por lo tanto en este ejemplo, empezando el undécimo año, el siguiente retiro de $50,000 es sujeto a impuestos. Esta sería definitivamente una manera muy tonta de continuar retirando tu dinero.

LA MANERA INTELIGENTE

La manera inteligente del dueño para acceder su dinero es cambiando de «retiro» a «préstamo». Es simplemente un cambio de vocabulario. Recuerda, el dinero de un préstamo no es considerado ingreso ganado, ingreso pasivo o ingreso de inversión por el IRS —por lo tanto, ¡es libre de impuestos! Vamos a ver como la provisión de un préstamo libre de impuestos trabaja con una póliza de seguro al estudiar la Figura 11.1.

El dueño en este ejemplo aún tiene $770,000 de efectivo acumulado en su póliza al momento en que convierte su ingreso a través de un retiro en ingreso a través de un préstamo, por la cantidad de $50,000 (vigésimo año, edad 80 años) para preservar el tratamiento

Figura 11.1   ACCESO LIBRE DE IMPUESTOS A TRAVÉS DE RETIROS Y PRÉSTAMOS

Edad	Año	Desembolso Anual en Primas	Retiros Anuales	Cantidad Anual de Préstamo (a)	Pago Anual de Préstamo (b)	Intereses Cargados al Préstamo (c)	Saldo Total del Préstamo	Intereses Generados en el Préstamo (d)	Costo Neto del Préstamo (c)-(d)	Valor Acumulado	Valor de Rescate	Suma Asegurada
61	1	100,000	0	0	0	0	0	0	0	93,500	60,360	1,274,612
62	2	100,000	0	0	0	0	0	0	0	195,219	134,038	1,274,612
63	3	100,000	0	0	0	0	0	0	0	305,880	244,698	1,274,612
64	4	100,000	0	0	0	0	0	0	0	426,268	365,086	1,274,612
65	5	100,000	0	0	0	0	0	0	0	557,238	496,057	1,274,612
66	6	0	0	0	0	0	0	0	0	593,107	534,985	1,274,612
67	7	0	0	0	0	0	0	0	0	632,128	577,065	1,274,612
68	8	0	0	0	0	0	0	0	0	674,580	622,576	1,274,612
69	9	0	0	0	0	0	0	0	0	720,763	671,818	1,274,612
70	10	0	0	0	0	0	0	0	0	771,006	728,179	1,274,612
71	11	0	50,000	0	0	0	0	0	0	769,428	734,160	1,224,587
72	12	0	50,000	0	0	0	0	0	0	767,768	739,579	1,174,562
73	13	0	50,000	0	0	0	0	0	0	766,113	744,522	1,124,537
74	14	0	50,000	0	0	0	0	0	0	764,690	749,217	1,074,512
75	15	0	50,000	0	0	0	0	0	0	763,344	753,509	1,024,487
76	16	0	50,000	0	0	0	0	0	0	762,975	758,297	974,462
77	17	0	50,000	0	0	0	0	0	0	763,252	763,252	924,437
78	18	0	50,000	0	0	0	0	0	0	764,226	764,226	874,412
79	19	0	50,000	0	0	0	0	0	0	766,286	766,286	824,387
80	20	0	50,000	0	0	0	0	0	0	770,222	769,964	808,475
81	21	0	0	50,000	0	1,508	51,765	1,508	0	825,859	774,094	815,386
82	22	0	0	50,000	0	3,053	104,818	3,053	0	883,006	778,187	822,338
83	23	0	0	50,000	0	4,645	159,463	4,645	0	941,663	782,200	829,283
84	24	0	0	50,000	0	6,284	215,747	6,284	0	1,001,824	786,077	836,169
85	25	0	0	50,000	0	7,972	273,719	7,972	0	1,063,629	789,910	843,092
86	26	0	0	50,000	0	9,712	333,431	9,712	0	1,127,114	793,683	850,039
87	27	0	0	50,000	0	11,503	394,934	11,503	0	1,192,063	797,129	856,732
88	28	0	0	50,000	0	13,348	458,282	13,348	0	1,258,420	800,138	863,059
89	29	0	0	50,000	0	15,248	523,530	15,248	0	1,326,116	802,586	868,892
90	30	0	0	50,000	0	17,206	590,736	17,206	0	1,395,424	804,688	874,459
91	31	0	0	50,000	0	19,222	659,958	19,222	0	1,466,389	806,431	879,751
92	32	0	0	50,000	0	21,299	731,257	21,299	0	1,539,990	808,733	870,332
93	33	0	0	50,000	0	23,438	804,694	23,438	0	1,616,639	811,945	860,444
94	34	0	0	50,000	0	25,641	880,335	25,641	0	1,696,838	816,503	850,439
95	35	0	0	50,000	0	27,910	958,245	27,910	0	1,781,189	822,944	840,756
96	36	0	0	50,000	0	30,247	1,038,493	30,247	0	1,869,841	831,348	831,348
97	37	0	0	50,000	0	32,655	1,121,147	32,655	0	1,961,436	840,289	840,289
98	38	0	0	50,000	0	35,134	1,206,282	35,134	0	2,056,087	849,805	849,805
99	39	0	0	50,000	0	37,688	1,293,970	37,688	0	2,153,908	859,937	859,937
100	40	0	0	50,000	0	40,319	1,384,289	40,319	0	2,255,019	870,730	870,730

favorecido en impuestos. En esencia, ya no está haciendo retiros por $50,000 de su cantidad básica similares a la cantidad de intereses generados, por lo que el saldo del efectivo sigue creciendo y acumulándose a la tasa neta de retorno (de 7 por ciento en este ejemplo). En lugar de que el efectivo en la cuenta se mantenga constante en $770,000 como de alguna manera lo hacía cuando retiraba $50,000 cada año, los $770,000 se incrementan a más de $825,000 al siguiente año.

¿Si tú tuvieras $770,000 en un certificado de depósito en un banco, no estaría el banco dispuesto a prestarte el equivalente a los intereses anuales que genera tu dinero? Por supuesto que sí, por la garantía que tienen en tu depósito de $770,000. De la misma manera, la compañía de seguro está dispuesta a prestarte el equivalente a los intereses que estás obteniendo y que ya no estás retirando.

Mira lo que pasa del vigésimo al vigésimo segundo año (edad de 80 a 82 años) en la Figura 11.1 En una porción de la Figura 11.1 tu tienes un saldo inicial de $770,000 que creció $55,637 al año para cerrar el año con un saldo final libre de impuestos de $825,859. En el otro de la figura tienes un saldo de $50,000 sobre el préstamo que pediste. Lo bueno de los préstamos dentro de los seguros de vida, es que no se vencen ni tienen que pagarse durante la vida del asegurado. En otras palabras, está abierto hasta que el asegurado muera. Cuando el asegurado muere, el saldo del préstamo se descuenta de la suma asegurada automáticamente. Pero el interés acreditado en el lado del libro mayor en donde se encuentra el efectivo acumulado puede reponer una parte o incluso la totalidad de la reducción de la suma asegurada.

Hasta donde a la compañía aseguradora le concierne, el dueño aún posee sólo $774,094 en efectivo. Esto es porque el saldo final de $825,859 menos el saldo del préstamo de $51,765 más los intereses llega a casi la misma cantidad de $770,000 que él tendría si habría sacado el dinero de la manera tonta (retiros). La manera inteligente de mantener el ingreso del dueño, pero que siga calificando como libre de impuestos. El siguiente año la acumulación de efectivo va a crecer a aproximadamente $883,000. Si se piden prestados otros $50,000, el saldo de su préstamo se va a acumular a $104,818, lo que aún resulta en un saldo neto de $778,187. Después de 10 años de utilizar los présamos libres de impuestos, esta persona tiene $1,395,424 en la sección de efectivo del libro mayor y un saldo de su préstamo de $590,736 (10 años de $50,000 más los intereses). El saldo neto es ahora de $804, 688 y él ha disfrutado de 10 años adicionales de ingreso para su retiro totalmente libre de impuestos. Él puede continuar con este procedimiento hasta que muera, siempre y cuando exista una suma asegurada lo suficientemente alta para cubrir el saldo de los préstamos. Por consiguiente, un evento sujeto a impuestos puede ser permanentemente evitado si la póliza tiene al menos el dinero suficiente al momento de la muerte, para mantener la póliza vigente al cubrir los costos de mortalidad.

PRÉSTAMOS PREFERENTES PARA INGRESO DE RETIRO

Hay algunas características que hacen que los préstamos libres de impuestos usados como ingreso de retiro sean muy atractivos. Para que un préstamo sea construído como un verdadero préstamo (y por lo tanto no sujeto a impuestos), una tasa de interés razonable debe de ser cargada al préstamo por la compañía aseguradora. Interés «razonable» puede ser un 8 por ciento, un 6 por ciento e incluso un 4 por ciento. Vamos a decir que la compañía aseguradora carga el 6 por ciento sobre el saldo del préstamo. Ese interés es no deducible porque el dueño estaría recibiendo intereses libres de impuestos en el dinero que no se retiró. El dueño de la póliza obtiene su interés regular en el cuerpo de $770,000. Hay también una cantidad igual al total de préstamos recibidos que es asimismo el interés generado. Las compañías aseguradoras que yo recomiendo están obligadas contractualmente a pagar el 4 por ciento de interés sobre ese dinero si el interés cargado en el saldo del préstamo es del 6 por ciento. En otras palabras, hay un 2 por ciento neto de diferencia entre el interés cargado en el préstamo y el interés acreditado en el efectivo acumulado que sirve como garantía del préstamo —una tasa muy atractiva.

Las compañías aseguradoras que yo recomiendo tienen una clasificación especial de préstamos que ellos llaman *préstamos preferidos*. Los préstamos preferentes fueron creados especialmente para ingreso de retiro. El asegurado, dependiendo de su edad, puede calificar para préstamos preferentes tan pronto como a los primeros años del comienzo de la póliza. Los préstamos preferentes pueden ser totalmente «sin expansión». Usualmente cuando el asegurado está calificado para utilizar la provisión de préstamos preferentes, está restringido a préstamos preferentes de no más del 10 por ciento del efectivo acumulado por cierto período de tiempo. En el ejemplo que hemos estado usando, el dueño de la póliza puede tomar préstamos sin expansión de hasta $77,000 (10 por ciento de $770,000) cada año, digamos por, los primeros 10 años de jubilación, a partir de entonces el número de préstamos sería ilimitado. Con los préstamos (sin expansión) preferentes, la compañía aseguradora acredita el mismo interés en el efectivo utilizado como garantía del préstamo que el interés que carga por el préstamo. Esto resulta en un costo neto de cero por ciento, como se muestra en la Figura 11.1.

Tengo clientes que han disfrutado ingreso libre de impuestos de sus recipientes por años, utilizando retiros hasta agotar la cantidad básica y préstamos sin expansión de ahí en adelante. Algunos de los registros contables de sus pólizas reflejan varios millones de dólares como deuda por concepto de préstamos. Sin embargo, con un manejo apropiado, el efectivo acumulado que están utilizando como garantía para los préstamos anuales (y que está creciendo con intereses) ha excedido al saldo del préstamo con un márgen muy confortable. Ellos adoran en absoluto tener un flujo de efectivo que no tienen que reportar en ninguna parte en la forma 1040 de sus declaraciones de impuestos.

Hay otra razón de por qué el uso de los préstamos como ingreso de retiro es la forma inteligente de acceder tu dinero de un contrato de seguro. Asume que una pareja toma de un contrato de seguro $50,000 de ingreso libre de impuestos cada año durante 10 años. Ahora vamos a decir que heredaron un dinero o decidieron comprar una casa más pequeña y obtuvieron $500,000 de ganancia capital libre de impuestos en su residencia personal. Bajo cualquier circunstancia, si ellos tienen $500,000 en efectivo y no saben que hacer con él, esta pareja tiene un recipiente apadrinado del cual todavía pueden hacer uso. Siempre y cuando ellos usen la provisión de préstamos en lugar de retiros, hay campo para volver a depositar tanto como $500,000 en la póliza de seguro. Esto pudiera ser considerado como pago a los préstamos obtenidos. Habiendo restablecido el contrato con dinero nuevo, ellos tienen entonces la oportunidad de volver a utilizar su contrato de seguro tal y como lo habían estado utilizando, para ventajas libres de impuestos adicionales en la acumulación y retiro de su dinero.

Vamos a suponer que después de llenar el recipiente, la pareja deja crecer el dinero por un período de 10 años hasta llegar a un saldo de $1,100,000 y ahora quieren acceder la mayor cantidad de dinero posible. Ellos pueden liquidar la totalidad de su póliza, pero esa sería la manera tonta de hacerlo porque entonces estarían abandonando el beneficio de la suma asegurada y estarían detonando un evento sujeto a impuestos. A una tasa de impuestos del 33.3 por ciento, ellos deberían $220,000 en $600,000 de ganancias por encima de su cantidad básica de $500,000 (porque es sujeto a impuestos como ingreso ordinario). Por lo tanto, después de retirar su $1,100,000 ellos tendrían una cantidad neta final de $900,000.

Usualmente, la manera inteligente de acceder la cantidad máxima de dinero es a través de un préstamo del 90 al 94 por ciento del efectivo, sin tener que abandonar inmediatamente la suma asegurada. Esta pareja puede obtener hasta $1 millón libre de impuestos. Los $100,000 remanentes (que habrían perdido en impuestos si hubieran liquidado la póliza) puede cubrir el costo del seguro por varios meses antes de que sean requeridos pagos adicionales para mantener la poliza en vigor y evitar un evento sujeto a impuestos. Acceder el dinero de esta manera al menos pospone la detonación de un evento sujeto a impuestos y sería bueno que la muerte del asegurado ocurriera en el ínter. La suma asegurada, después de que se le ha descontado el préstamo y los intereses, puede aún dejar una cantidad sustancial de dinero a los beneficiarios —dinero que habrían perdido si hubieran accedido su dinero de la manera tonta.

¿QUÉ PIENSAN LOS QUE RECIBEN NUESTROS IMPUESTOS DE ESTO?

Espero que para este momento ya esté claro como el dinero puede ser accedido libre de impuestos de un contrato de seguro y por qué se le cataloga como libre de impuestos. Cuando la gente aprende esto, algunas veces comentan: «Bueno, tan pronto como el IRS o el Congreso se enteren de esto, ¡van a detener esta tremenda evasión!». El hecho es que esto no es considerado una evasión. El IRS y el Congreso están conscientes de que existen estos vehículos y estrategias que permiten una acumulación de efectivo libre de impuestos y un acceso libre de impuestos. De hecho, muchos miembros del Congreso tienen este tipo de pólizas. Dudo que ellos tengan la visión tan corta como para cambiar la ley y lastimar a los futuros jubilados que están tratando de prepararse para la última etapa de su vida.

No obstante, yo no puedo predecir lo que el Congreso puede hacer para alterar el tratamiento fiscal del dinero que se acumula dentro de una póliza de seguro de vida y del acceso al mismo. Pero prefiero abordar el barco hacia mi retiro con un chaleco salvavidas que es posible que me mantenga a flote mientras es retado por las corrientes de las leyes federales actuales a abordar con una cámara de llanta como los IRAs y 401(k)s que yo sé que van a perder aire (al pagar impuestos) tan pronto como la válvula sea abierta. Mi confianza también radica en uno de los grandes cabilderos en los Estados Unidos: la industria de seguros. El Congreso tiene que ser lo suficientemente listo para darse cuenta de que si cambia las reglas en relación a la acumulación y acceso de dinero libre de impuestos de las pólizas de seguros, se estaría disparando a sí mismo en el pie. Probablemente todos esos impuestos que esperan recuperar se les irían después en beneficios de Seguro Social y asistencia pública —para la misma gente a la que le cobraron impuestos. Estoy convencido que un contrato de seguro con grado de inversión propiamente estructurado y propiamente utilizado son los mejores vehículos de retiro al proporcionar liquidez, seguridad y tasas de retorno favorecidas en impuestos. Y en caso de que los congresistas que reciben nuestros impuestos hagan algo estúpido en el camino, yo me estoy preparando llenando de dinero la mayoría de los recipientes que pueda pagar, con la esperanza de que si algo cambia en la ley, mis recipientes sean apadrinados por las leyes anteriores. Yo creo que sería conveniente que todos hicieran lo mismo.

LOS SEGUROS COMPARADOS CON OTRAS INVERSIONES

Vamos a ver la situación de una pareja de 30 años, Mario y Leticia Astutos. Ellos ahorraron sistemáticamente por 35 años $6,000 anuales en un contrato de seguro que cubre la vida de Mario. Ellos eligieron esta opción entre las inversiones alternativas que tenían como fondos de inversión, IRAs/401(k)s, bonos municipales o anualidades (Figura 11.2). Los Astutos pueden pagar esta inversión por que están reposicionando dinero que antes contribuian a sus IRAs y 401(k) para prepararse para su retiro. Los Astutos mantienen sus deducciones altas durante esos años de contribución al mantener un saldo en su hipoteca tan alto como les es posible, por lo que han liberado $500 al mes al usar una hipoteca de interés solamente en lugar de una hipoteca amortizada a 15 ó 30 años. Por consiguiente, asumimos que los Astutos están obteniendo indirectamente los mismos beneficios de impuestos que pudieran obtener en las contribuciones a un plan calificado.

Las inversiones alternativas que estoy ilustrando, a pesar de que pueden estar favorecidas fiscalmente hasta la edad de 65 años, no son tan atractivas como el potencial después de impuestos que tiene un contrato de seguro de vida, como se muestra en el lado derecho de la Figura 11.2. En este ejemplo, las inversiones alternativas no han tenido un rendimiento tan bueno como el del contrato de seguro a la edad de 65 años, como se ilustra, con su valor después de impuestos en el año 35. Hay además una diferencia aún más dramática en el ingreso de retiro que comienza después de 35 años de acumulación. Nota que tan rápido un bono municipal o una anualidad se evaporan (cuando se vuelven negativos, indicado en negrillas), comparado con los retiros o préstamos libres de impuestos de $64,000 que podemos tomar del contrato de seguro hasta agotar gradualmente el dinero hasta los 100 años.

(Hemos instruído al software calcular el promedio máximo de retiros y/o préstamos requeridos para gradualmente terminar con el efectivo acumulado en la póliza hasta llegar a los 100 años. Retiros de $50,000 a $60,000 en vez de $64,000 pueden prevenir el agotar el dinero y puede incluso resultar en un continuo crecimiento a pesar de los retiros y préstamos tomados.) Los IRAs/401(k)s y los fondos de inversión también se acaban mucho antes de llegar a la expectativa de vida de 85 años, como se muestra en la línea del año 55. Ellos están en el hoyo con $573,168 y $475,307 a la edad de 85 años. Esto sucede por que se requeriría un ingreso sujeto a impuestos de aproximadamente $96,000 ($8,000 al mes) para que fuera el equivalente a un ingreso libre de impuestos de $64,000 en una tasa de impuestos del 34 por ciento. En otras palabras, basados en la necesidad de un ingreso neto disponible de $64,000 al año, los Astutos habrían vivido más tiempo que su dinero si hubieran utilizado las inversiones alternativas, basados en los números analizados anteriormente.

Por otro lado, a la edad de 85 años, el contrato de seguro sigue generando un ingreso neto disponible de $64,000, mientras que en la póliza se mantiene un efectivo acumulado de $698,490. El contrato de seguro está acreditando una tasa bruta de retorno del 7.75 por ciento que provee $64,000 de ingreso de retiro veinte años más que lo que arroja un fondo de inversión invertido a un 10 por ciento. ¡Eso equivale a $1,344,000 más ($64,000/año x 21 años) de recursos para la jubilación! Si Mario Astuto muriera a la edad de 85 años, los $698,490 en el contrato de seguro, inmediatamente incrementaría en una transferencia de $816,199 libres de impuestos a su esposa Leticia, o a sus herederos.

Otra forma de mirar este ejemplo es estudiando los resultados a la edad de 100 años del asegurado (septuagésimo año). Cuando el contrato de seguro apenas se ha acabado, el fondo de inversión está negativo con $2,902,242 y los IRAs/401(k)s están negativos $3,592,441 (basados en la misma tasa de interés acreditada del contrato de seguro). Por lo tanto, a la edad de 65 años (trigésimo quinto año), el contrato de seguro tiene un valor de $881,289 versus los fondos de inversión que tienen un valor después de impuestos de $640,523, resultando en una diferencia de $240,766. Pero la diferencia significativa es $2,902,242, que en realidad representa que tanto rendimiento adicional tuvo el contrato de seguro respecto a los fondos de inversión durante un período de 70 años, hasta llegar a la edad de 100 años del asegurado, ¡basados en un ingreso de retiro disponible de $64,000 al año! Y no olvides considerar la transferencia libre de impuestos de la suma asegurada en la última columna del extremo derecho de la Figura 11.2, si acaso ocurriera la muerte del asegurado en cualquier momento de su retiro, comparado con cualquiera de las otras inversiones alternativas.

Por favor observa que en la Figura 11.3 varias de las inversiones alternativas ilustradas con las consideraciones normales de impuestos y cuotas tendrían que acreditar tasas de retorno desde el 8.22 por ciento (si fueran bonos municipales) hasta el 13.43 por ciento (si fueran fondos de inversión), para igualar los valores alcanzados por un contrato de seguro acreditando 7.75 por ciento. Si el fondo de inversión en este ejemplo, obtuviera un resultado del 12 por ciento, aún estaría con $234,428 en el hoyo al final de 70 años, cuando el contrato de seguro, acreditando sólo el 7.75 por ciento finalmente fue reducido a $38,426.

Algunos proponentes de los fondos de inversión podrían decir: «Bueno, un buen fondo de inversión puede resultar en un promedio de rendimiento del 15 por ciento». (Y si así fuera, una póliza de vida universal indexada, hubiera obtenido del 10 al 12 por ciento de rendimiento en el mismo período). Algunas inversiones tienen mejor rendimiento durante las fases de contribución y acumulación, pero más importante, otras pueden generar mucho más durante la fase de distribución, así como también durante la fase de transferencia, cuando la muerte finalmente ocurre. Vehículos de inversión con gran crecimiento pueden resultar ser inferiores a otras inversiones, cuando se considera el efecto de los impuestos. Recuerda, elige instrumentos financieros que te van a generar o proveer la mayor cantidad de dinero en el momento de tu vida en el que más lo necesites.

Una de las razones por las que probablemente el seguro de vida sea la mejor alternativa en la mayoría de las circunstancias, es que durante la fase de transferencia, cualquier cantidad que haya quedado en la póliza florece a una cantidad mucho mayor y es transferida libre de impuestos a los herederos. Otras inversiones no florecen al momento de la transferencia, sólo transfieren el valor contenido en la cuenta y pueden ser sujetos a impuestos —especialmente cuentas calificadas en las cuales los herederos terminan pagando impuestos sobre la renta y posiblemente también impuestos sobre el patrimonio.

Seguramente viste este ejemplo y te dijistes a ti mismo: «¡Pero yo voy a necesitar más de $64,000 de ingreso de retiro al año debido a los incrementos en el costo de vida!». No te preocupes, siempre y cuando mantengas la disciplina de ahorrar un porcentaje de tu ingreso cada año, a medida que tu ingreso aumenta tus recursos para la jubilación también aumentan. Cuando llenas uno de tus recipientes (contratos de seguro) hasta el máximo permitido por los lineamientos del IRS, siempre puedes empezar uno nuevo. Por esta razón, yo personalmente tengo muchos recipientes asegurándome a mí mismo, a mi esposa y a todos mis hijos. Recuerda que lo que importa no es con cuanto empiezas, sino con cuanto terminas, pero ¡empieza a hacer algo ahora!

Sólo espero que puedas ver que puede ser de mucho más ventaja tener un tratamiento fiscal favorecido en la cosecha de nuestras inversiones que sólo un tratamiento fiscal favorecido en el dinero de la semilla. Simplemente pon las cosas de esta manera, si tienes $1 millón acumulado a tu retiro y estás generando el 10 por ciento, en teoría puedes tomar $100,000 de ingreso al año sin que termines con el capital. Si los $100,000 no son categorizados como ingreso generado, ingreso pasivo o ingreso de inversión, pero en vez de ello es el interés de un capital o es dinero de un préstamo, es libre de impuestos. Pero si necesitas $100,000 al año para vivir como jubilado y tienes $1 millón atrapado en IRAs, 401(k)s o en otras inversiones que aún tienen que ser gravadas, en una tasa de impuestos del 33.3 por ciento, tu necesitarás retirar $150,000 al año y pagar impuestos por $50,000 para obtener un neto de $100,000. Retirando $150,000 al año va a agotar tus ahorros de $1 millón de dólares en ¡once o doce años! Posiblemente todavía no

Figura 11.2

COMPARACIÓN DE UNA PÓLIZA DE SEGURO DE VIDA UNIVERSAL INDEXADA VERSUS VARIAS ALTERNATIVAS FINANCIERAS

Cliente del Sexo 30 Masculino Años	Pago Neto Inicial $6,000	Un Fondo Municipal con un Rendimiento del 5.00%	Una Anualidad con un Rendimiento del 6.25%	IRAs y 401(k)s con un Rendimiento del 7.75%	Fondos de Inversión con un Rendimiento del 10.0%	Una Póliza de Seguro de Vida Universal Indexada con una Tasa de Interés del 7.75%		Tasa de Impuestos del 34.00%
		VALORES DESPUÉS DE IMPUESTOS				UNA POLIZA DE SEGURO DE VIDA UNIVERSAL INDEXADA		
		[1]	[2]	[3]	[4]	[5]	[6] Valor Acumulado al Final del Año	[7] Valor de Rescate al Final del Año	[8]
Edad del Cliente	Año	Pago Neto	Un Bono Municipal	Una Anualidad	IRAs y 401(ks)s	Fondos de Inversión			Suma Asegurada
31	1	6,000	5,988	6,033	6,054	6,029	5,331	2,155	635,176
32	2	6,000	12,212	12,242	12,344	12,407	11,064	4,712	635,176
33	3	6,000	18,681	18,636	18,888	19,152	17,230	10,879	635,176
34	4	6,000	25,407	25,225	25,703	26,287	23,859	17,507	635,176
35	5	6,000	32,398	32,018	32,808	33,835	31,012	24,660	635,176
36	6	6,000	39,665	39,028	40,223	41,818	38,731	32,697	635,176
37	7	6,000	47,219	46,263	47,969	50,262	47,062	41,345	635,176
38	8	6,000	55,072	53,738	56,069	59,194	56,051	50,652	635,176
39	9	6,000	63,235	61,462	64,549	68,641	65,751	60,670	635,176
40	10	6,000	71,720	69,451	73,434	78,635	76,219	71,773	635,176
41	11	6,000	80,541	77,717	82,753	89,205	87,977	84,166	635,176
42	12	6,000	89,710	86,276	92,535	100,386	100,611	97,435	635,176
43	13	6,000	99,241	95,141	102,813	112,212	114,182	111,641	635,176
44	14	6,000	109,148	104,329	113,622	124,722	128,764	126,858	635,176
45	15	6,000	119,447	113,856	124,997	137,953	144,440	143,170	635,176
46	16	6,000	130,153	123,741	136,979	151,949	161,284	160,649	635,176
47	17	6,000	141,281	134,002	149,609	166,754	179,375	179,375	635,176
48	18	6,000	152,850	144,658	162,933	182,413	198,819	198,819	635,176
49	19	6,000	164,875	155,730	176,998	198,976	219,718	219,718	635,176
50	20	6,000	177,375	167,240	191,857	216,496	242,183	242,183	635,176
51	21	6,000	190,369	179,209	207,563	235,028	266,336	266,336	635,176
52	22	6,000	203,876	191,662	224,177	254,630	292,330	292,330	635,176
53	23	6,000	217,916	204,625	241,761	275,364	320,316	320,316	635,176
54	24	6,000	232,511	218,123	260,382	297,296	350,457	350,457	635,176
55	25	6,000	247,683	232,184	280,113	320,494	382,943	382,943	635,176
56	26	6,000	263,454	246,838	301,030	345,032	417,972	417,972	635,176
57	27	6,000	279,848	262,115	323,216	370,986	455,771	455,771	665,426
58	28	6,000	296,890	278,047	346,758	398,440	496,454	496,454	704,964
59	29	6,000	314,604	294,669	371,752	427,479	540,207	540,207	745,486
60	30	6,000	333,019	312,017	398,297	458,195	587,275	587,275	786,949
61	31	6,000	352,160	355,864	469,449	490,685	637,924	637,924	829,301
62	32	6,000	372,058	377,083	503,711	525,051	692,351	692,351	886,209
63	33	6,000	392,742	399,296	540,209	561,402	750,842	750,842	946,061
64	34	6,000	414,243	422,556	579,100	599,852	813,709	813,709	1,008,999
65	35	6,000	436,593	446,917	620,548	640,523	881,289	881,289	1,075,173

Cargo por ventas en pagos a la columna [1]
BM = 4.00%, AN = 4.00%, IRA = 5.00%, FI = 5.00%
Cuota de manejo de cuenta reflejado en las columnas [2], [3], [4] y [5]
BM = 1.00%, AN = 1.00%, IRA = .75%, FI = 7.5%

Las cuentas con impuestos diferidos son accedidas: Sujetas a impuestos en los retiros de la columna [1]
Impuestos adicionales en los retiros realizados antes de los 59 años y medio: 10.00%

*Esta ilustración asume valores no garantizados mostrados en la continuidad de todos los años.
Los resultados reales pueden ser más a menos favorables.
El formato y diseño fue creado a través del uso del software InsMark®

COMPARACIÓN DE UNA PÓLIZA DE SEGURO DE VIDA UNIVERSAL INDEXADA VERSUS VARIAS ALTERNATIVAS FINANCIERAS

Figura 11.3 (cont.)

Cliente del Sexo Masculino	30 Años	Pago Neto Inicial $6,000	Un Fondo Municipal con un Rendimiento del 5.00%	Una Anualidad con un Rendimiento del 6.25%	IRAs y 401(k)s con un Rendimiento del 7.75%	Fondos de Inversión con un Rendimiento del 10.0%	Una Póliza de Seguro de Vida Universal Indexada con una Tasa de Interés del 7.75%		Tasa de Impuestos del 34.00%
		VALORES DESPUÉS DE IMPUESTOS					UNA PÓLIZA DE SEGURO DE VIDA UNIVERSAL INDEXADA		
		[1]	[2]	[3]	[4]	[5]	[6] Valor Acumulado al Final del Año	[7] Valor de Rescate al Final del Año	[8]
Edad del Cliente	Año	Pago Neto	Un Bono Municipal	Una Anualidad	IRAs y 401(ks)s	Fondos de Inversión			Suma Asegurada
66	36	-64,000	387,310	399,077	590,277	609,817	878,901	878,901	1,054,682
67	37	-64,000	336,081	348,755	557,800	577,338	942,069	876,149	1,055,143
68	38	-64,000	282,828	295,823	523,123	542,983	1,006,691	872,873	1,054,078
69	39	-64,000	227,472	240,145	486,038	506,645	1,072,768	869,016	1,051,387
70	40	-64,000	169,929	182,176	446,379	468,207	1,140,304	864,520	1,046,968
71	41	-64,000	110,114	122,222	403,967	427,550	1,209,302	859,324	1,040,720
72	42	-64,000	47,935	60,215	358,610	384,545	1,279,987	853,590	1,019,988
73	43	-64,000	-16,868	-4,021	310,105	339,057	1,352,454	847,345	996,115
74	44	-64,000	-84,912	-72,272	258,233	290,941	1,426,829	840,646	969,061
75	45	-64,000	-156,357	-144,790	203,132	240,047	1,503,263	833,575	938,804
76	46	-64,000	-231,375	-221,839	145,507	186,214	1,581,990	826,291	905,390
77	47	-64,000	-310,144	-303,704	85,241	129,272	1,662,319	818,029	901,145
78	48	-64,000	-392,851	-390,685	22,214	69,041	1,744,203	808,664	895,875
79	49	-64,000	-479,694	-483,103	-45,024	5,332	1,827,588	798,063	889,443
80	50	-64,000	-570,878	-581,297	-117,474	-62,540	1,912,400	786,069	881,689
81	51	-64,000	-666,622	-685,628	-195,538	-134,891	1,998,532	772,492	872,418
82	52	-64,000	-767,153	-796,480	-279,652	-212,018	2,085,878	757,136	861,430
83	53	-64,000	-872,711	-914,260	-370,285	-294,235	2,174,312	739,788	848,504
84	54	-64,000	-983,547	-1,038,401	-467,942	-381,879	2,263,691	720,212	833,396
85	55	-64,000	-1,099,924	-1,172,364	-573,168	-475,307	2,354,194	698,490	816,199
86	56	-64,000	-1,222,120	-1,313,636	-686,548	-574,901	2,445,742	674,447	796,734
87	57	-64,000	-1,350,426	-1,463,739	-808,716	-681,069	2,537,708	647,354	774,239
88	58	-64,000	-1,485,147	-1,623,222	-940,351	-794,243	2,629,816	616,831	748,322
89	59	-64,000	-1,626,605	-1,792,674	-1,082,188	-914,887	2,721,761	582,466	718,554
90	60	-64,000	-1,775,135	-1,972,716	-1,235,018	-1,043,494	2,813,929	544,536	685,232
91	61	-64,000	-1,931,092	-2,164,011	-1,399,692	-1,180,588	2,906,209	502,814	648,125
92	62	-64,000	-2,094,846	-2,367,261	-1,577,128	-1,326,731	3,000,312	458,896	578,908
93	63	-64,000	-2,266,789	-2,583,215	-1,768,315	-1,482,519	3,096,747	413,168	506,071
94	64	-64,000	-2,447,328	-2,812,666	-1,974,320	-1,648,590	3,196,133	366,126	430,049
95	65	-64,000	-2,636,894	-3,056,458	-2,196,289	-1,825,621	3,299,231	318,404	351,396
96	66	-64,000	-2,835,939	-3,315,486	-2,435,462	-2,014,335	3,405,890	269,719	269,719
97	67	-64,000	-3,044,936	-3,590,704	-2,693,170	-2,215,506	3,513,215	217,039	217,039
98	68	-64,000	-3,264,383	-3,883,123	-2,970,851	-2,429,953	3,621,030	160,049	160,049
99	69	-64,000	-3,494,802	-4,193,818	-3,270,052	-2,658,554	3,729,892	99,161	99,161
100	70	-64,000	-3,736,742	-4,523,932	-3,592,441	-2,902,242	3,844,000	38,426	38,426

Cargo por ventas en pagos a la columna [1]
BM = 4.00%, AN = 4.00%, IRA = 5.00%, FI = 5.00%
Cuota de manejo de cuenta reflejado en las columnas [2], [3], [4] y [5]
BM = 1.00%, AN = 1.00%, IRA = .75%, FI = 7.5%

Las cuentas con impuestos diferidos son accedidas: Sujetas a impuestos en los retiros de la columna [1]
Impuestos adicionales en los retiros realizados antes de los 59 años y medio: 10.00%

*Esta ilustración asume valores no garantizados mostrados en la continuidad de todos los años.
Los resultados reales pueden ser más a menos favorables.

Figura 11.3

Hombre de 30 años	Pago Inicial $6,000	Tasa de Interés de una Póliza de Seguro de Vida Indexado 7.75%	Tasa de Impuestos 34.00%

Inversión	Tasa de Interés	Póliza de Seguro de Vida Indexado	
Un Bono Municipal	9.08%	Valor Acumulado	$3,844,000
Un Bono Municipal	8.22%	Valor de Rescate	$38,426
Un Bono Municipal	8.22%	Suma Asegurada	$38,426
Una Anualidad	10.19%	Valor Acumulado	$3,844,000
Una Anualidad	9.49%	Valor de Rescate	$38,426
Una Anualidad	9.49%	Suma Asegurada	$38,426
IRAs/401(k)s	9.94%	Valor Acumulado	$3,844,000
IRAs/401(k)s	9.24%	Valor de Rescate	$38,426
IRAs/401(k)s	9.24%	Suma Asegurada	$38,426
Fondo de Inversión	13.43%	Valor Acumulado	$3,844,000
Fondo de Inversión	12.13%	Valor de Rescate	$38,426
Fondo de Inversión	12.13%	Suma Asegurada	$38,426

Consideraciones de impuestos sobre la renta

1.- Un Certificado de Depósito — Los intereses son sujetos a impuestos a medida que se generan
2.- Un Fondo Municipal — El interés está exento de impuestos
3.- Una Anualidad — El interés es diferido en impuestos. (Los valores asumen los impuestos que son valorados sólo en el año mostrado.)
4.- Un Fondo de Inversión — Los intereses son sujetos a impuestos a medida que se generan
5.- Una póliza de Seguro de Vida Indexado:
    a.- La suma asegurada, incluyendo el efectivo acumulado son libres de impuestos.
    b.- Los préstamos son libres de impuestos todo el tiempo en que la póliza esté vigente.
    c.- Los retiros y otro flujo de efectivo no de préstamos hasta el valor (sin violar la sección. 7702) están libres de impuestos sobre la renta al ser considerado un retorno de las primas.
    d.- Los valores de efectivo mostrados asumen una combinación favorable de b y/o c.

El formato y diseño fue creado a través del uso del software InsMark®

vas a estar muerto para esas fechas, pero eso sí, ¡estarás muerto de coraje por la crisis financiera que vas a tener!

VARIOS TIPOS DE CONTRATOS DE SEGURO DE VIDA

Entonces, ¿qué tipo de seguro de vida que te permita acumular efectivo debes elegir? Generalmente, hay cinco tipos que cumplen ésta característica y que han estado en el mercado durante la última década: vida total, vida variable y tres clases de vida universal —fijo, variable e indexado en acciones. El entender cada uno de ellos te ayudará a elegir.

Seguro de Vida Total

El seguro de vida total también es conocido como permanente o tradicional para acumulación de efectivo. Ofrecer sumas aseguradas garantizadas, acumulación de efectivo, primas fijas y posiblemente dividendos. La forma más básica de este tipo de póliza es vida «ordinaria» o vida «derecha». Nuevas pólizas de vida total han reducido sus costos debido a la actualización de las tablas de mortalidad. Desde luego, hay un crecimiento con impuestos diferidos en la acumulación de efectivo. El dueño de la póliza puede acceder su dinero a través de retiros o préstamos. Los dividendos de una póliza de vida total son libres de impuestos. El retorno proyectado en este tipo de pólizas está basado en la actuación a largo plazo de una inversión de activos.

Seguro de Vida Variable

El seguro de vida variable, igual que el seguro de vida universal, tiene una suma asegurada creada por un seguro de vida temporal con una inversión líquida en un fondo separado. El asegurado puede elegir el vehículo de inversión que va a ser utilizado para la acumulación de efectivo, y los valores dependen del rendimiento obtenido en las inversiones elegidas. La prima a pagar es una cantidad específica basada en la edad del asegurado y la suma asegurada de la póliza. Las opciones de inversión pueden incluir:

- Fondos en el mercado de dinero.
- Cuentas garantizadas o fijas.
- Fondos en títulos de gobierno.
- Bonos corporativos.
- Fondos de retornos totales.
- Fondos de crecimiento.

Dado que los objetivos de los inversionistas cambian, ellos pueden cambiar sus inversiones por otros. Personalmente, *yo no recomiendo que el dueño de una casa invierta la plusvalía de su casa en contratos de seguro de vida variable.* Los consultores financieros nunca deben aconsejar que la plusvalía de una casa se invierta en productos variables. Para manejar la plusvalía de manera segura, debes de seleccionar contratos de seguro más estables o fijos que contengan garantías.

Seguro de Vida Universal

El seguro de vida universal fue creado con la flexibilidad en la mente. Tanto el pago de las primas como la cantidad de suma asegurada pueden variar, dentro de ciertos límites, para cubrir las necesidades del cliente. Dentro de este tipo de seguro, a medida que el dueño de la póliza paga las primas, una porción es usada para pagar el costo de puro seguro temporal. La diferencia es depositada en un fondo separado que paga intereses. Si la prima pagada no es suficiente para cubrir los costos del seguro temporal, el faltante es entonces tomado del fondo. El dueño de la póliza puede elegir pagar primas más altas o más bajas, sujeto a ciertos límites, y puede incluso elegir dejar de pagar las primas sin perder cobertura, si hay suficiente dinero en la porción de ahorros del contrato. El seguro de vida universal generalmente contiene bajos costos de mortalidad debido a la actualización de las tasas de mortalidad. Desde luego, la misma ventaja de crecimiento de efectivo favorecido en impuestos es inherente al seguro de vida universal tal como lo es en el seguro de vida total. El seguro de vida universal típicamente acredita una tasa de interés competitiva al efectivo de la póliza. El dinero acumulado en la cuenta, puede ser accedido libre de impuestos a través de un retiro o de un préstamo. El total de dinero en la póliza y los rendimientos acumulados pueden ser transferidos libres de impuestos a los herederos.

Seguro de Vida Universal Fijo

De los tres tipos de seguro de vida universal, el que es fijo es el que tiene el enfoque más conservador. Es el menos intensivo en cuestión de manejo y es el que incurre en los costos más pequeños. El término «fijo» no significa que el interés que se acredita sobre el dinero de la póliza es fijo durante toda la vida del contrato. Significa que la tasa de interés que se acredita al dinero de la cuenta es la tasa obtenida por la inversión relativamente fija de la compañía aseguradora. Por ejemplo, una compañía aseguradora grande con una evaluación fuerte puede tener aproximadamente el 75 por ciento de sus activos invertidos en bonos de alto grado, 15 por ciento invertido en títulos respaldados por hipotecas y el 10 por ciento restante en una combinación de acciones, bienes raíces, efectivo e inversiones de corto plazo o préstamos de pólizas. Por lo tanto, si tú eres dueño de una póliza de seguro universal fijo, la compañía aseguradora va a acreditar tu interés basado en la cantidad que pueda pagar basada en el retorno de los activos invertidos.

Dependiendo de la compañía, una póliza de seguro de vida universal fija, generalmente va a generar una tasa de interés mínima garantizada, usualmente alrededor de un 4 por ciento. Yo sé de muy pocas compañías que han acreditado sólo la tasa garantizada. En cualquier momento en que una póliza de seguro de vida universal es comprada, la Asociación Nacional de Comisionados en Seguros (NAIC, por sus siglas en inglés), requiere que el dueño de la póliza firme una ilustración de la proyección de los beneficios de la póliza dependiendo de los pagos de primas que aproximadamente se harán a la póliza. La ilustración puede mostrar proyecciones basadas en tasas de interés que la compañía ha acreditado al momento en que la póliza fue expedida.

La ilustración también debe mostrar el peor escenario posible, que asume que sólo la tasa mínima garantizada se va a acreditar sobre el dinero contenido en la póliza desde el comienzo del contrato. También asume que los cargos máximos de mortalidad permitidos contractualmente por la compañía son valorados durante la vida de la póliza. El peor escenario podría ser un evento altamente improbable, pero sirve para mostrar al dueño del seguro de vida que es lo que pudiera suceder bajo esas circunstancias. Los gastos de mortalidad reales valorados son en general considerablemente más bajos que el máximo permitido y las pólizas usualmente van a tener un rendimiento mucho mejor que el interés mínimo garantizado.

Las compañías aseguradoras normalmente pueden pagar intereses más altos que los que pagan los bancos o las uniones de crédito porque sus inversiones de activos no tienen un ciclo de compra y venta rápido. Los seguros de vida universales fijos tienden a ser más estables, respondiendo lentamente a los cambios en el mercado. La Figura 11.4 contiene una gráfica de sectores de una compañía aseguradora típica con un marcador Comdex por encima de 90, de acuerdo a LifeLink. Observa los retornos históricos en los últimos 5 años de los activos invertidos. Este es un buen indicador de la tasa de retorno aproximada que los inversionistas pueden obtener con dicha compañía antes de que ésta descuente los gastos y el márgen de ganancia que las compañías deben mantener para operar exitosamente.

Seguro de Vida Universal Variable

El seguro de vida universal variable, combina la flexibilidad en el pago de las primas del seguro de vida universal con la flexibilidad en la inversión del seguro de vida variable. En adición a la habilidad de seleccionar de varias inversiones, como en el caso del seguro de vida variable, el dueño de la póliza puede elegir ajustar la prima más alta o más baja, dentro de los límites establecidos por la compañía aseguradora y las leyes de impuestos federales. El dueño de la póliza incluso puede elegir dejar de pagar algunas primas sin perder cobertura si hay dinero suficiente acumulado en la inversión.

Generalmente, todo el efectivo acumulado en la poliza, excepto la porción necesaria para cubrir los cargos por gastos y de mortalidad, son removidos de la sombrilla de la compañía aseguradora. Ese dinero es generalmente invertido en acciones comunes (ordinarias) por lo que con el seguro de vida universal variable no hay una tasa de retorno mínima garantizada, de hecho, si llegara a ocurrir una pérdida durante cierto tiempo y no hay suficiente dinero en la inversión, el dueño de la póliza tiene que hacer pagos adicionales de primas para mantener los cargos por gastos y mortalidad cubiertos —y tiene que continuar haciéndolo hasta que el efectivo de la póliza se haya recuperado. Debido a que los contratos de seguro variable son vulnerables a las caídas del mercado y quizá eso ocurra cuando tú más necesitas el dinero, *yo no recomiendo de que los dueños de casas inviertan la plusvalía de sus casas en un ambiente variable. Y vuelvo a enfatizar: los consultores financieros nunca deben de aconsejar que la plusvalía de una casa sea inver-*

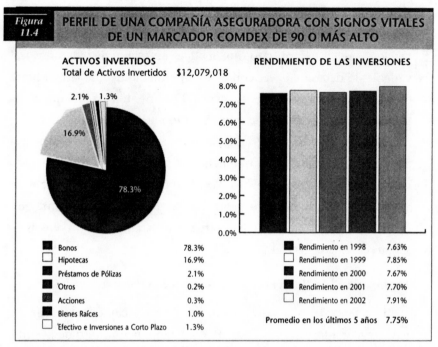

Figura 11.4 PERFIL DE UNA COMPAÑÍA ASEGURADORA CON SIGNOS VITALES DE UN MARCADOR COMDEX DE 90 O MÁS ALTO

ACTIVOS INVERTIDOS
Total de Activos Invertidos $12,079,018

RENDIMIENTO DE LAS INVERSIONES

Bonos	78.3%
Hipotecas	16.9%
Préstamos de Pólizas	2.1%
Otros	0.2%
Acciones	0.3%
Bienes Raíces	1.0%
Efectivo e Inversiones a Corto Plazo	1.3%

Rendimiento en 1998	7.63%
Rendimiento en 1999	7.85%
Rendimiento en 2000	7.67%
Rendimiento en 2001	7.70%
Rendimiento en 2002	7.91%
Promedio en los últimos 5 años	7.75%

* Comdex es una propiedad mixta de las evaluaciones de las compañias aseguradoras expedida por la corporación LifeLink. El formato y diseño ha sido creado a través del uso del software LifeLink Pro® (www.lifelinkpro.com)

tida en acciones comunes o en productos variables. Para manejar la plusvalía de manera segura, debes de seleccionar contratos de seguro fijos o más estables que contengan garantías.

Cuando hago una comparación de la tasa interna de retorno de la prima real pagada a un contrato de seguro, típicamente una póliza de seguro de vida universal variable debe de obtener una tasa bruta de aproximadamente un 3 por ciento mejor que la tasa interna de retorno de un contrato de seguro de vida universal fijo. Por ejemplo, si en una póliza de seguro de vida universal fijo yo pago una prima de $500 al mes durante 15 años y genera una tasa bruta de interés del 8 por ciento (resultando en una tasa neta de retorno del 7.5 por ciento), tendría un efectivo acumulado de $166,590. Durante el mismo período de quince años con una póliza de seguro de vida universal variable necesito obtener tanto como un 10.5 de interés para cerrar con una tasa neta de retorno del 7.5 por ciento y terminar con los mismos $166,590. Esto es porque la administración de cuotas es mucho más cara en un contrato variable que en un contrato fijo. Si eliges un seguro de vida universal variable, lo debes de hacer con el entendimiento de que la tasa bruta de retorno esperada va a ser al menos 3 por ciento más alta que el retorno que un seguro de vida universal fijo puede obtener.

El seguro de vida universal variable, puede ser una opción atractiva para inversionistas jóvenes que tienen 20, 30 o más años para experimentar un posible crecimiento. Yo no aliento a mis clientes de edad avanzada a utilizar este seguro de vida, ya que ellos generalmente buscan más estabilidad, característica que es inherente a los productos de seguro de vida universal fijo.

Seguro de Vida Universal Indexado en Acciones

El seguro de vida universal indexado en acciones, fue diseñado para ayudar a los inversionistas que quieren tener un piso de garantía sobre la mínima tasa a acreditarse sobre su dinero, pero que además quieren tener el potencial de participar indirectamente en el mercado cuando éste experimenta un crecimiento. La tasa de interés acreditado está ligada a algún índice, como puede ser el índice S&P 500. El índice S&P 500 es comunmente utilizado como un amplio indicador de resultados y está considerado como el punto de referencia más importante del comportamiento de la bolsa de valores de Estados Unidos. Este índice representa más del 70 por ciento del total de acciones domésticas en el mercado de valores. Su amplia diversificación equilibra las bajas o alzas extremas de cualquier acción. Es un índice de precio, por lo que no incluye dividendos.

A largo plazo, el índice S&P 500 ha tenido mejor rendimiento que los bonos de gobierno y los bonos corporativos, certificados de depósito y la tasa de inflación. El seguro de vida universal ligado al índice S&P 500 te permite gozar de los beneficios de los incrementos en el índice hasta un factor ajustable. Adicionalmente, tu dinero está protegido. Si el índice S&P 500 cae o se mantiene neutral, los valores en tu póliza están protegidos por una tasa de interés garantizada —usualmente entre un 1 y un 3 por ciento.

La mejor característica de este seguro, es que el dinero acumulado en el contrato de seguro nunca sale de la sombrilla protectora de la compañía aseguradora. El dueño de la póliza tiene permitido participar en las ganancias potenciales realizadas por el sólo hecho de tener su interés ligado al índice, pero esto no es catalogado como una inversión real en acciones. Por lo tanto, en esencia, el dueño de la póliza le está diciendo a la compañía aseguradora: «Ey, si el mercado está a la alza, déjame participar (en un porcentaje especificado) en cualquier resultado que tenga el índice S&P 500. Y a cambio de no participar al 100 por ciento en el mercado de valores y no obtener el total de la ganancia cuando ésta ocurra, cuando el S&P pierda dinero, no me dejes perder —¡dame al menos el 1, 2 ó 3 por ciento de interés!».

El seguro de vida universal indexado frecuentemente lleva consigo cargos por gastos más altos que una póliza de seguro de vida universal fijo, pero menos altos que los que tienen una póliza de seguro de vida universal variable.

La Figura 11.5 ilustra un ejemplo con la comparación entre un seguro de vida universal fijo, uno variable y uno indexado en relación con sus tasas de interés acreditadas garantizadas. ¿Cuál es la tasa acreditada típica que pudieran obtener en un período de 20 años y algunas de las tasas acreditadas más altas obtenidas (basadas en historia real). Presta particular atención a la tasa de retorno que debe ser alcanzada en cada uno de los tres tipos de contratos para alcanzar el mismo resultado a largo plazo.

EN CUMPLIMIENTO CON EL CÓDIGO DE INGRESOS INTERNOS

Cuando un contrato de seguro de vida es estructurado para colocar en él una suma importante de dinero, como la plusvalía de una casa obtenida a través de un refinanciamiento, es importante estar en cumplimiento con el Código de Ingresos Interno. Cuando una persona cambia de una casa a otra y una nueva hipoteca es obtenida sobre la

Figura 11.5	UNA PÓLIZA DE SEGURO DE VIDA UNIVERSAL

Estructurada y Utilizada como
UNA ALTERNATIVA NO CALIFICADA DE PLANEACIÓN PARA EL RETIRO CON VENTAJAS FISCALES

Histórico de Tasas de Interés Acreditadas en los Últimos 20 Años

	Garantizadas	Las más Bajas	Promedio	Las más Altas	Tasa de Interés Requerida para Alcanzar los Mismos Valores Acumulados
Fijas	4%	5.75%	7.5%	13.75%	7.44%
Variables	Ninguna	<30%>	10%	35%	10.52%
Indexadas	3%	3%	8.2%	21%	8.20%
(Ligadas al índice S&P 500)			(60%)*		

nueva casa, no tenemos que preocuparnos sobre la deducibilidad del interés de la nueva hipoteca. Como expliqué en el capítulo 2, los intereses de una hipoteca calificada son deducibles en la adquisición de una nueva casa en una deuda de hasta un millón de dólares. Lo único que necesitamos hacer es cumplir con los lineamientos de TEFRA/DEFRA y TAMRA a medida que llenamos el contrato de seguro utilizando la plusvalía de nuestra casa anterior (para evitar que el contrato sea clasificado como MEC). En el capítulo 2 cité las Secciones 163(h) del Código de Ingresos Internos y Regulaciones Temporales 1.163-8T(m)(3), que indica que los intereses de una residencia calificada se permiten como deducción sin importar de que manera dicho interés va a ser asignado. Esta sección del código debe aliviar al contribuyente al poder deducir los intereses de una deuda incurrida al separar la plusvalía de su casa (hasta $100,000) cuando obtiene un préstamo sobre su casa actual y utiliza el dinero del préstamo para cualquier propósito, incluyendo invertirlo en un contrato de seguro.

En contraste, en la Sección 264(a)(2) del Código de Ingresos Internos se estipula que ninguna deducción debe ser permitida por «cualquier cantidad pagada o acumulada a raíz de una deuda incurrida o continuada para comprar un contrato de seguro de vida de pago único, de dotación o de anualidad». La Sección 264(b) cita: «Para los propósitos de la subsección (a)(2) un contrato debe ser tratado como un contrato de pago único —(1) Si todas las primas del contrato son sustancialmente pagadas en un período de 4 años a partir de la fecha en que el contrato es comprado, o (2) si la cantidad depositada con la aseguradora representa el pago de un numero sustancioso de futuras primas del contrato».

No es muy claro como la Sección 264 se relaciona con un contrato de seguro de vida universal versus un contrato de seguro de vida de pago único. Sin embargo, para estar seguro, yo recomiendo que un contribuyente que quiera deducir los gastos de intereses de un refinanciamiento sobre su casa actual, del cual obtuvieron una suma de dinero en efectivo la cual invirtieron en un contrato de seguro (Aunque la Sección 163 pueda permitir la deducción) evite que su seguro de vida sea clasificado o construído como un contrato de pago único. Esto se logra llenando su recipiente (depositando dinero en su póliza) no más rápido que lo que indique el programa de pagos máximos para estar en cumplimiento con TAMRA (que generalmente son 5 años con el seguro de vida universal y 7 años con el seguro de vida total). Debido a que el conjunto de circunstancias de una persona puede ser único, yo siempre recomiendo que cada persona busque asesoría legal y competente.

Yo creo que es mejor que un contrato de seguro de vida no sea llenado solamente con la plusvalía de la casa actual. Recuerda el utilizar contratos de seguro fijos o indexado en lugar de contratos variables cuando reposiciones la plusvalía de tu casa. Usualmente recomiendo que no más del 40 por ciento del total de primas pagados a un contrato de seguro provenga de la plusvalía de una casa obtenida a través de un refinanciamiento. El 60 por ciento restante debe de venir de otras fuentes, como contribuciones o distribuciones reposicionadas de IRAs y 401(k)s, o quizá de reposiciones de CDs, mercado de dinero y fondos de inversión. Este 60 por ciento diferencial puede también incluir la cantidad de ahorros anuales pensados para acumulación de capital.

Sin embargo, para volver a enfatizar, si una casa es vendida y una casa nueva es comprada, la plusvalía de la casa anterior puede ser utilizada libre de impuestos sobre ganancias capitales. En este caso, ese dinero puede ser utilizado para comprar un contrato de seguro usando una anualidad inmediata de pago único o algún otro fondo que cumpla con TAMRA. Los intereses de la hipoteca de la nueva casa pueden ser deducibles en hasta $1 millón de deuda como se estipula en la Sección 163. Esta sola estrategia a motivado a muchas parejas (que estaban debatiendo si debían vender su casa y mudarse a otro lugar) a vender sus casas, tomar la ganancia capital libre de impuestos y usar la plusvalía para generar un ingreso de retiro libre de impuestos mientras utilizan los intereses de la hipoteca de su nueva casa para deducirlos y compensar la deuda de impuestos a los que se hacen acreedores con las distribuciones de sus IRAs y 401(k)s. Por lo tanto, si estás buscando una buena excusa para vender tu casa y comprar una nueva, maximizar el manejo de tu plusvalía puede ser la mejor razón para no vacilar.

Estar en cumplimiento con las Secciones 164 y 264 del Código de Ingresos Internos puede ser de alguna manera algo complejo; sin embargo, un profesional entrenado que entienda estos parámetros y lineamientos puede estructurar una póliza de seguro de vida que esté en cumplimiento. No puedo dejar de enfatizar la importancia de buscar asesoría por parte de un consultor fiscal competente. Con una buena planeación y consejo adecuado, los seguros de vida modernos con opción de acumulación de efectivo pueden ser diseñados para almacenar dinero de manera segura y proveer una serie de beneficios en vida, así como beneficios en caso de muerte, libres de impuestos, al mismo tiempo que mantiene la liquidez, la seguridad y una atractiva tasa de retorno.

CONCEPTOS CUBIERTOS EN EL CAPÍTULO 11

- Cuando se estructura un contrato de seguro con propósitos de inversión, la suma asegurada puede proveer una tasa de retorno increíblemente alta al momento de la muerte —pero esa es la manera triste de acceder tu dinero.
- Las ventajas de los contratos de seguro con grado de inversión es que cuando retiras el dinero éste recibe el tratamiento fiscal

FIFO (primer dinero que entra, primer dinero que sale, por sus siglas en inglés) por lo que tus retiros son libres de impuestos hasta que terminas con la cantidad original de la póliza.

- La manera tonta de acceder el dinero en un contrato de seguro sería el continuar haciendo «retiros» de tu dinero una vez que has terminado con la cantidad original del contrato, porque esto detonaría estar sujetos a impuestos sin que haya necesidad de ello.
- La manera inteligente de acceder el dinero es simplemente hacer un cambio en el vocabulario, y en lugar de seguir haciendo «retiros» empezar a hacer «préstamos».
- El dinero obtenido de un préstamo no se considera ingreso generado, ingreso pasivo o ingreso de inversión.
- Las compañías aseguradoras te pueden prestar el equivalente a los intereses que tu inversión genera cada año para evitar que te cobren impuestos en la distribución de tu dinero.
- Los préstamos de las compañías aseguradoras pueden permanecer abiertos hasta el momento de la muerte, momento en el cual el saldo del préstamo es descontado de la suma asegurada automáticamente.
- Un evento sujeto a impuestos puede ser evitado permanentemente si una póliza de seguro de vida tiene suficiente dinero al momento de la muerte para mantener la póliza en vigor al cubrir los costos de mortalidad.
- Los préstamos preferentes fueron creados especialmente para ingreso de retiro.
- Los préstamos preferentes pueden ser totalmente «sin costo» o «sin extensión».
- Las compañías de seguros pueden acreditar el mismo interés en el efectivo usado como garantía para el préstamo, que el interés cobrado por el mismo.
- Dinero nuevo puede ser reinvertido en un contrato de seguro de vida que tiene un préstamo pendiente al simplemente «pagar el préstamo».

- Los contratos de seguro propiamente estructurados y propiamente utilizados pueden ser el mejor vehículo de jubilación al proveer liquidez, seguridad y tasas de retorno favorecidas en impuestos.

- Debido a que el efectivo utilizado como ingreso de retiro es accedido libre de impuestos, los contratos de seguro pueden tener rendimientos mucho mejores que las inversiones alternativas como IRAs, 401(k)s, anualidades y fondos de inversión.

- Una inversión sujeta a impuestos tendría que obtener un porcentaje promedio de retorno del 12 por ciento para alcanzar el ingreso neto generado por un contrato de seguro acreditando un promedio de sólo un 7 u 8 por ciento.

- En una tasa de impuestos del 33.3 por ciento, necesitarías tomar un 50 por ciento más de ingreso de retiro para obtener una cantidad neta similar a la que genera un vehículo libre de impuestos.

- En el mercado generalmente hay cinco tipos de seguro de vida con la característica de acumular efectivo: seguro de vida total, seguro de vida variable, y tres clases de seguro de vida universal —fijo, variable e indexado en acciones.

- El seguro de vida variable tiene una suma asegurada creada por un seguro temporal con una inversión en acciones comunes separada.

- El seguro de vida universal fue creado con la flexibilidad en mente —tanto las primas como la suma asegurada pueden variar.

- El seguro de vida universal fijo tiende a ser más estable, respondiendo lentamente a los cambios en el mercado.

- La plusvalía de una casa no debe ser invertida en contratos variables porque éstos son vulnerables a caídas en el mercado y a la pérdida del capital.

- El seguro de vida universal indexado en acciones fue diseñado para ayudar a los inversionistas a tener una garantía mínima para la tasa de retorno a acreditarse sobre su dinero y aún así, tener el potencial de participar indirectamente en el mercado.

- El seguro de vida universal indexado lleva consigo cargos por gastos ligeramente más caros que el seguro de vida universal fijo, pero más bajos que los de una póliza variable.

- Si te mudas de una casa a otra y obtienes una nueva hipoteca por tu nueva casa, no tienes que preocuparte sobre la deducibilidad de los intereses de esta nueva hipoteca, ya que se pueden deducir en deudas de hasta 1 millón de dólares.

- Un contribuyente que desea deducir intereses del refinanciamiento de su casa actual (y que invirtió el dinero obtenido en un contrato de seguro) debe evitar que su contrato de seguro sea clasificado como «contrato de seguro de prima única» para estar en cumplimiento con TAMRA.

- Utiliza contratos de seguros de vida fijos o indexados cuando vayas a reposicionar la plusvalía separada de tu hogar, en lugar de contratos de seguro de vida variables.

- Dado a que el conjunto de características de cada persona puede ser único, cada quién debe buscar asesoría legal y contable competente.

- Los seguros de vida modernos con opción de acumulación de efectivo pueden ser diseñados para almacenar dinero de manera segura y proveer una serie de beneficios en vida, así como beneficios libres de impuestos en caso de muerte, al mismo tiempo que mantiene la liquidez, la seguridad y una atractiva tasa de retorno.

CAPÍTULO 12

Dale nueva vida a tus bienes: desarrolla el P.L.A.N. apropiado

Como hacer que tu verdadera riqueza viva por siempre

UNA VEZ PASÉ UNA CANTIDAD CONSIDERABLE DE TIEMPO entrenando al consejo divisional de inversiones de una reconocida unión de crédito en algunas de las estrategias contenidas en este libro. Ellos me pidieron que diera un seminario para cerca de 300 de sus clientes. Seguido al seminario, el 83 por ciento de los asistentes querían ir a la unión de crédito para consejo y análisis respecto a su planeación para la jubilación. Casi me desmayo cuando me enteré después de que casi todos los clientes fueron dirigidos por la unión de crédito a utilizar certificados de depósito, IRAs y anualidades en la forma tradicional. Cuando le pregunté al presidente de la unión de crédito por qué habían atraído a sus clientes a aprender más sobre estrategias no convencionales para mejorar la riqueza solo para regresarlos a los planes de ahorros tradicionales, el me dijo: «Bueno, ojos que no ven, corazón que no siente —¡es demasiado problema tratar de educarlos!».

Yo creo lo contrario. Como he advertido antes, la peor forma de ignorancia es cuando rechazamos algo de lo que conocemos poco o nada al respecto. Mucha gente, incluyendo contadores públicos profesionales, abogados y consultores financieros, son con frecuencia culpables de prejuiciar conceptos poco conocidos como los contenidos en este libro. Yo he descubierto que cuando ellos se toman el tiempo de aprender los principios aquí contenidos, usualmente dan un giro de 180 grados y se hacen proponentes de estos conceptos una vez que los entienden mejor.

Les voy a contar la historia de una señora que toda su vida tuvo el sueño de tomar un crucero por el caribe. Ella escatimó en sus gastos meticulosamente y ahorró por largo tiempo hasta que llegó el tiempo para emprender su viaje. Ella sentía que apenas tenía dinero para la tarifa del crucero y quizá un poquito más. Empacó una de sus maletas con queso y galletas para comer durante el día así podía darse el lujo de no escatimar la última noche del crucero. Todos los días cuando todos sus compañeros de viaje disfrutaban de maravillosos platillos en el comedor, ella pasaba el tiempo en su cabina comiendo su queso y sus galletas. El crucero estuvo espectacular. Finalmente, llegó la última noche y ella se vistió de lo más elegante para ir a cenar con el resto de los invitados. Ella recibió una invitación especial para sentarse en la mesa del capitán. A medida que disfrutaba los deliciosos platillos, el capitán le preguntó: «¿Dónde ha estado usted durante todas nuestras cenas anteriores? No la he visto por aquí en toda la semana». Ella confesó que no tenía el dinero para poder ir a cenar durante toda la semana, por eso había elegido ir sólo el último día. Casi desmayado, el capitán le dijo: «O, mi querida y distinguida dama, siento mucho que no haya estado al tanto de ésto, pero la tarifa que pagó por su boleto incluía todos los alimentos. ¡Usted pudo haber estado cenando con nosotros todas las noches!».

Todos quienes queremos prepararnos para nuestro futuro viaje vamos a pagar la tarifa que seleccionemos basada en la experiencia que querramos tener. El viaje puede incluir todas las amenidades que querramos, están incluidas en el precio sólo falta que nos demos cuenta de ello. Yo he ayudado a cientos de clientes durante los últimos 30 años a reposicionar sus activos e implementar las estrategias contenidas en este libro, sin que tengan que incrementar su desembolso mensual ni un solo centavo. Como resultado, su activo neto ha mejorado.

ADMINISTRACIÓN FINANCIERA

En nuestro camino a la independencia financiera, puede ser para nuestro beneficio considerar la alegría de la administración que acompaña la prosperidad. La parábola de los talentos, encontrada en la Biblia en el evangelio de Mateo, capítulo 25, versículos del 14 al 30, ofrece una perspectiva muy valiosa sobre la administración individual.

La parábola es acerca de un hombre que deja a sus siervos parte de sus bienes. El primero recibió cinco talentos, el segundo dos y el tercero uno, está asignación la dio en base a su habilidad para manejar esos activos. El primero que recibió los cinco talentos, los cambió y los duplicó a diez. De la misma manera, el segundo que recibió dos ganó otros dos. Pero el sirviente que recibió uno tuvo miedo, fue y enterró en la tierra y escondió el talento. Cuando el amo de los sirvientes regresó y recibió una contabilidad de la administración de cada uno y dijo a los sirvientes que habían duplicado sus talentos: «Bien hecho, buenos y fieles siervos, sobre poco has sido fiel, sobre mucho te pondré; entra en el gozo de tu señor». Pero algunas de las palabras más duras usadas en la Biblia fueron para el siervo que escondió el talento y no lo multiplicó: «Siervo malo y perezoso, sabías que riego donde no sembré y que recojo donde no esparcí . . . por lo tanto . . . debías de haber dado mi dinero en inversión y al venir yo, hubiera recibido lo que es mío con interés».

En otras palabras, el siervo perezoso debió al menos haber puesto el dinero en intercambio (bancos, uniones de crédito, compañías aseguradoras, firmas de manejo de dinero, o incluso firmas con corredores en el mercado de valores) así para cuando el amo hubiera regresado hubiera recibido lo que pudiera (aunque al menos se haya mantenido a la par de la inflación) con interés (los intereses generados sobre el dinero del préstamo).

El amo de los siervos continuó diciendo: «Quitadle, pues, el talento y dadlo al que tiene diez talentos. Porque al que tiene le será dado, y tendrá más; y al que no tiene, aun lo que tiene le será quitado. Y al siervo inútil echadle en las tinieblas de afuera . . .».

Como todos sabemos, en la vida avanzamos o retrocedemos;

nosotros incrementamos nuestros talentos y habilidades o aquellos que tenemos se van a marchitar y morir. Realmente hay suficientes reservas para que cada ser humano tenga una vida abundante. La abundancia genera más abundancia. Es nuestra oportunidad de ser gente de provecho y de enseñar esos principios a otros.

EL PODER DE COMPARTIR

Yo tuve una experiencia que cambió mi vida hace algunos años cuando llevé a cabo una actividad para enseñar este principio a doscientos adolescentes en nuestra iglesia. Era el mes de octubre y la actividad tradicional había sido la de invitar a un orador motivacional y seguido a su mensaje, los jóvenes se reunirían a convivir por un momento y a consumir galletas y refrescos. El presupuesto destinado a la actividad era de $400. Inspirado por un amigo, decidí llamar a esta actividad especial «El proyecto de compartir».

Invité a una amiga a nuestra iglesia, quien tenía un niño que había sido tratado en el Centro Médico Primario para Niños en Salt Lake City por una enfermedad respiratoria. Ella trajo al niño que sólo podía respirar a través del tubo de una traqueotomía, y nos contó su historia. Ninguno de nosotros va a olvidar el testimonio de su vida. Después de que ella habló, discutimos la parábola de los talentos y le dimos a cada adolescente $2 en un sobre —dinero que había sido la ganancia de la venta de refrescos. El reto era ver que se podía hacer en seis semanas de los $400 que habían sido distribuidos ($2 para cada adolescente). El proyecto de compartir tenía que ser alcanzado además de sus actividades escolares y responsabilidades de trabajo. La regla era que no podían pedir donaciones; tenían que llevar a cabo una actividad o un servicio y los $2 serían usados como dinero para generar ganancia.

Bueno, uno de los jóvenes invirtió sus $2 en volantes para distribuir entre sus vecinos, ofreciendo sellar las rampas de cemento en sus cocheras para retrasar el astillamiento y la corrosión. Selló seis rampas durante 30 días y cobró $60 por cada una, obteniendo una ganancia total de $240.

Otro jóven también invirtió en volantes para anunciar sus servicios a sus vecinos. En ellos ofrecía sellar las llaves de sus medidores de gas con un cable anti destellos, así en caso de terremoto estarían seguros. También ofreció atar sus calentadores de agua a la pared o al piso para que estuvieran seguros en caso de terremoto. Varios vecinos aceptaron la oferta y el tuvo una ganancia de $180 de sus $2.

Nuestras dos hijas más grandes, de 15 y 16 años formaron una sociedad y con sus recursos unidos con $4 compraron gasolina y aceite para motosierras, consiguieron prestada una motosierra y obtuvieron permiso para cortar leña de los árboles caídos alrededor de nuestra cabaña. Mi esposa y yo ayudamos a supervisar su seguridad mientras ellas trabajaban durante varias horas para completar las órdenes de leña de los vecinos. Ellas no sólo obtuvieron el dinero suficiente como para comprarse otra motosierra sino que también cada una tuvo una ganancia de $160 a raíz del capital inicial de $4 —¡un incremento de cuarenta veces! Ellas estaban orgullosas de sus resultados y expresaron una gra-titud impresionante por la experiencia.

Algunos jovencitos y jovencitas hicieron cosas como hacer y vender docenas de pizzas. Otros cortaron el césped de sus vecinos y fumigaron. Una jovencita vendió chupones en el restaurant de cómida rápida donde trabajaba.

Todos los adolescentes estaban muy emocionados de lograr su éxito en nuestra reunión, seis semanas después. Muchos de ellos contaron sus historias y relataron el aprendizaje que tuvieron en el proceso. El retorno de la inversión fue notable. Más de $4,000 fueron generados en ganancia de los $400 en seis semanas —¡un incremento de más de diez veces!

Los jóvenes asistieron al evento para recaudar fondos del Centro Médico Primario para Niños, en donde hicieron su contribución de $4,000 al comprar árboles de navidad decorados donados por otras personas. Entonces cuando entregaron los árboles a ocho casas, cantaron canciones de navidad y visitaron a los habitantes por un par de horas, muchos amigos y recuerdos invaluables fueron creados ese día.

Hasta el día de hoy, a veces me encuentro con algunos de estos jóvenes quienes aún me expresan la alegría de esa experiencia. Todos tienen éxito en sus vidas, ya sea tener un negocio de jardinería o algún otro tipo de empresa, inspirados por las lecciones que aprendieron sobre multiplicar sus talentos y compartir con los demás.

EL PODER DE COMPARTIR EN CASA

Debido a que mi familia ha ganado mucho al aplicar los principios de riqueza poderosa, yo soy un proponente de esas estrategias. Permítanme compartir otra historia personal.

Para ayudar a nuestros seis hijos y sus cónyuges y a nuestros nietos a tener una mayor claridad, equilibrio, enfoque y confianza en cada aspecto de sus vidas, mi esposa y yo hemos iniciado una tradición de realizar un retiro familiar con un propósito dos veces al año. Como expliqué en el capítulo 1, la hoja de balance familiar está compuesta de bienes humanos, intelectuales, financieros y cívicos. Para poder ayudar a nuestros hijos a capitalizar cada una de las categorías de activos en su hoja de balanza familiar, hemos desarrollado un sistema que ayuda a lograr lo siguiente:

- Mejora la salud, la felicidad y el bienestar de cada individuo.
- Alienta el liderazgo familiar.
- Capta las virtudes familiares, los recuerdos y la sabiduría.
- Protege, optimiza y habilita los bienes intelectuales y financieros de la familia.

Hemos encontrado la mejor manera de lograr esto al crear un ambiente en donde esos activos puedan ser compartidos unos con otros. En el 2003, tuvimos un viaje familiar en Maui, Hawaii. Nuestros hijos supieron con un año de anticipación que el viaje se iba a llevar a cabo y cual era la agenda. El hospedaje fue cubierto por el «banco familiar», pero ellos eran los responsables de agendar los permisos en la escuela y en el trabajo y de llegar hasta ese lugar.

Nuestra familia ama bucear, pasear en bote, jugar golf, nadar, montar en bicicleta y caminar. Pero si tú le preguntas a cualquiera de nuestros hijos que es lo que más recuerdan de Hawaii 2003, no va a ser el haber buceado o el haber jugado golf, fue el tiempo que pasamos reunidos bajo un pabellón por varias horas hablando acerca de lo que realmente es importante en la vida. Todos ellos fueron asignados para dar un discurso así como también hacer un reporte por escrito (que es depositado en el archivo familiar), acerca de cómo ellos han logrado mejorar cada categoría de bienes (humanos, intelectuales, financieros y cívicos) en su vida personal (Figura 12.1) durante el año anterior. Se les pidió también que hicieran un «retiro» de cada categoría. Por ejemplo, nuestros hijos recién casados pidieron como consejo específico como podían comprar su primera casa sin dar pago inicial, mientras seguían todavía en el colegio o con un ingreso bajo. Eso representó un «retiro» de la porción intelectual de nuestro banco familiar.

Cada uno de nuestros hijos respondió a la pregunta: «Si estuviéramos sentados en este lugar de aquí a tres años, mirando hacia atrás, ¿qué es lo que te tiene que haber sucedido para sentirte feliz con el progreso obtenido? Dan Sullivan, un entrenador estratégico, es autor de esto y le llama la pregunta del factor de las relaciones. Todos ellos respondieron en pasado, como si ellos ya hubieran alcanzado sus metas. Inspirado por la idea de Lee Borrower, presidente de Empowered Wealth, también se les pidió a todos que escribieran y compartieran tres historias de «Me acuerdo cuando» que hayan sucedido en sus vidas. Lloramos de risa por horas con historias sobre experiencias que hasta ese momento habían sido contadas y recontadas, pero nadie las había tenido por escrito. Ahora se encuentran grabadas en nuestra historia familiar.

A los miembros de nuestra familia se les extendió la invitación para hacer un retiro financiero como parte de la administración del banco familiar, para que lo utilizaran como dinero como inversión para cualquier proyecto de su elección que les ayudara a multiplicar sus talentos. Ellos también identificaron que obra de caridad sería la que recibiera la ganancia. (Dar al menos el 10 por ciento a tu obra de caridad favorita, a alguna causa o a tu iglesia en uno de los principios más poderosos para la perpetuación de la verdadera riqueza.)

Esa noche, las bananas split se derritieron y ya no se pudieron comer, pero nadie estaba interesado en comer; todos estaban muy ocupados en amar y compartir. El vivir a través de la riqueza poderosa es simplemente un proceso de enseñar a los niños como amar, como aprender, como dar y como obtener. «Los retiros familiares con un propósito» son un método muy poderoso para enseñar y mejorar principios verdaderos.

Quizá te puedas sentir sorprendido después de aprender algunos de los conceptos y estrategias contenidas en este libro. Está bien. Yo estoy más preocupado en que tú entiendas por qué debes fomentar un P.L.A.N. más que el hecho de aprender todos los detalles de cómo fomentarlo. Por lo tanto, voy a hacer un retiro para «guiarte en reversa» a través de todas las aplicaciones de los conceptos contenidos en este libro. Un retiro es un lugar para meditar, estudiar y aprender. Por favor dale un espacio a mis palabras para identificar los mitos que he disipado y hacer un resumen de las estrategias financieras que has aprendido. Como ayuda, voy a dar ejemplos de cómo esas estrategias han funcionado para mí y para mis clientes.

MANEJO EXITOSO DE LA PLUSVALÍA

A continuación hay diez estrategias para el manejo de la plusvalía que he presentado en este libro. Las he listado al identificar el mito común y explicar la realidad asociada a cada uno de ellos.

1. Evita el error de los $25,000 que atrapa a millones de personas.
   Mito: La mejor forma de pagar una casa es enviar dinero adicional al principal de tu hipoteca.
   Realidad: Ningún método que requiera que envíes dinero adicional al principal de tu hipoteca es la manera más inteligente o efectiva en costo para pagar tu casa.
   Estrategia: Establece un fondo líquido para acumular los

Figura 12.1
LOS CUADRANTES DE LA RIQUEZA PODEROSA*

HUMANOS (Gente)
- Familia
- Valores
- Relaciones
- Salud
- Ética
- Moral
- Carácter
- Herencia
- Habilidades Únicas
- Virtudes
- Hábitos

INTELECTUALES (Sabiduría)
- Conocimiento
- Educación–formal
- Experiencias–buenas y malas
- Reputación
- Sistemas
- Métodos
- Alianzas
- Habilidades
- Talentos
- Ideas
- Tradiciones

EL SISTEMA DE LA RIQUEZA PODEROSA

FINANCIEROS (Cosas)
- Casa
- Efectivo
- Acciones
- Bonos
- Seguros
- Bienes Raíces

Elección y Control

CÍVICOS (Sociales)
- Impuestos
- Contribuciones a caridades, no sólo en forma de activos financieros, sino en activos humanos e intelectuales.
- Fundaciones Familiares

Tus posesiones financieras y materiales

CLARIDAD   EQUILBRIO   ENFOQUE   CONFIANZA

fondos requeridos para liquidar tu hipoteca, manteniendo flexibilidad, alcanzando ahorros en impuestos sustanciales y acumulando exceso de efectivo.

2. Evita riesgos caros. Ponte en una posición de actuar en vez de reaccionar a las condiciones del mercado sobre las cuales no tienes control.

   Mito: La plusvalía de una casa es líquida.

   Realidad: Cuando más la necesitas, es posible que no puedas obtenerla. La plusvalía de una casa usualmente no es líquida.

   Estrategia: Separa tanta plusvalía de tu propiedad como te sea posible y colócala en instrumentos financieros que mantengan la liquidez en caso de una emergencia al mismo tiempo que ofrezcan oportunidades de inversión conservadoras.

3. Separa casa y plusvalía para incrementar la seguridad. Las

propiedades con mucha plusvalía y saldos bajos en sus hipotecas, son las primeras en ser embargadas.

Mito: La plusvalía es una inversión segura.

Realidad: Una casa hipotecada al máximo ofrece la más alta seguridad al dueño de una casa.

Estrategia: Separa tanta plusvalía de tu casa como te sea posible para alcanzar la más alta seguridad de tu capital y reducir el riesgo de embargo.

4. La tasa de retorno de la plusvalía siempre es cero —no importa en que parte se encuentre ubicada tu casa.

    Mito: La plusvalía tiene tasa de retorno.

    Realidad: La plusvalía crece en función de la apreciación de bienes y raíces y de la reducción de la hipoteca; por lo tanto, la plusvalía no tiene tasa de retorno.

    Estrategia: Separa tanta plusvalía de tu casa como te sea posible para permitir que esos dólares sin trabajar generen una tasa de retorno.

5. Haz que el tío Sam sea tu mejor socio. Los intereses de tu hipoteca son tus amigos, no tus enemigos.

    Mito: Los intereses de una hipoteca son un gasto que se debe eliminar lo antes posible.

    Realidad: Eliminar el pago de intereses de tu hipoteca a través de los métodos tradicionales elimina a uno de tus mejores socios en la acumulación de riqueza y seguridad financiera.

    Estrategia: Usa la diferencia entre gastos de intereses preferentes y no preferentes para hacer que los intereses trabajen para ti no en contra tuya.

6. Usa la deuda para un apalancamiento positivo.

    Mito: Todas las deudas son indeseables.

    Realidad: Algunas deudas, cuando son manejadas inteligentemente, pueden ser deseables.

    Estrategia: Usa la deuda de manera inteligente como una

palanca con el propósito de manejar la plusvalía, conservándola y acumulándola en lugar de consumiéndola.

7. Entiende el costo de *no* pedir tu plusvalía prestada —compara los costos deducibles versus los costos no deducibles.

   Mito: Las hipotecas pequeñas, resultan en pagos pequeños, lo que significa costos pequeños.

   Realidad: Si consideras los costos de oportunidad, las hipotecas con radios de préstamo pequeños respecto al valor de la casa crean unos costos escondidos tremendos que incrementan el tiempo que necesitas para pagar una hipoteca.

   Estrategia: Elige incurrir en costos de empleo en lugar de costos de oportunidad no deducibles, ya que no tienes opción, o incurres en uno o incurres en otro.

8. Acelera el ritmo de crecimiento de tu riqueza al crear una riqueza hecha en casa.

   Mito: Obtener un préstamo a una tasa particular de interés, entonces, invertir a la misma tasa o a una tasa más baja, no ofrece un potencial de crecimiento o retorno.

   Realidad: Puedes obtener una tremenda ganancia —sin importar las tasas de interés relativas— al colocar tu dinero en inversiones favorecidas en impuestos y con un interés acumulable que generen una tasa de retorno más alta que el costo neto real de obtener ese dinero.

   Estrategias: Aprende a aplicar el principio fundamental que las instituciones financieras con grandes utilidades utilizan para acumular y crear riqueza —el arbitraje. Emplea tu plusvalía para generar una tasa de retorno más alta que el costo neto de haber separado esa plusvalía. Al hacerlo, vas a crear tremenda riqueza y vas a mejorar sustancialmente su activo neto.

9. Refinancia estratégicamente tu casa tan frecuentemente como te sea posible para incrementar tu activo neto y poner los dólares disponibles a trabajar.

   Mito: La plusvalía en tu casa mejora tu activo neto.

   Realidad: La plusvalía en tu casa de ninguna manera mejora tu activo neto. Sin embargo, si la separas de tu casa tiene la habilidad de incrementar dramáticamente tu activo neto en el tiempo.

Estrategia: Crea el escenario para incrementar sustancialmente tu activo neto. Refinancia tu casa con la máxima frecuencia que puedas para separar la plusvalía y acelerar el proceso de acumular los recursos para cubrir todas tus deudas.

10. Mantén alto el saldo de tu hipoteca para que vendas tu casa rápido y por un precio más alto.

Mito: La cantidad de plusvalía en tu casa no tiene nada que ver en que tan vendible es.

Realidad: Tu casa se puede vender más rápido y por un precio más alto si tiene un saldo alto de hipoteca (poca plusvalía) —en lugar de tener una hipoteca baja o no tener hipoteca (mucha plusvalía) —especialmente en mercados lentos de bienes raíces.

Estrategia: Siempre mantén una hipoteca alta —con flexibilidad— en tu casa para mantenerla vendible al precio más alto posible en el que quieras vender la propiedad.

Para tener mayor entendimiento de esos 10 conceptos, yo recomiendo que estudies mi primer libro: *Fortuna Perdida*. Ahora vamos a mirar un poco más detalladamente otros de los conceptos principales cubiertos en este libro.

PLANEACIÓN DE RETIRO EN BASE A LA PLUSVALÍA DE LA CASA

Por favor no te intimides por ninguno de los ejemplos citados hasta este momento. Tú puedes utilizar una planeación para el retiro favorecida en impuestos, como una alternativa a los IRAs y 401(k)s al simplemente establecer un contrato de seguro con grado de inversión con tan poco como 50 por ciento o $100 al mes. Un profesional de seguros propiamente entrenado en estas estrategias te puede ayudar a realizarlo. Recuerda, no es con cuanto empiezas lo que importa ¡sino con cuánto terminas! Asegúrate de estructurarlo correctamente para colocar la cantidad máxima permitida que puedas pagar con la suma asegurada mínima correspondiente. Recuerda que un contrato de seguro con fondos al máximo es el único vehículo de inversión que acumula dinero libre de impuestos, el acceso es libre de impuestos y florecen en valor libre de impuestos al momento de transferirse a los herederos. El mito común es que el seguro de vida es una inversión pobre. La realidad es que el seguro de vida es un lugar excelente para acumular y almacenar efectivo. Tu debes considerar ampliamente el manejar parte o la totalidad de tu plusvalía y reposicionar algo de las contribuciones o distribuciones de tus IRAs y 401(k)s en un contrato de seguro con grado de inversión para maximizar la liquidez, la seguridad, la tasa de retorno y los beneficios de impuestos.

EL PAGO DE MI CASA ES LA CONTRIBUCIÓN PARA MI RETIRO

Frecuentemente la gente mira el pago de mi casa y me dice: «¿Cómo puedes pagar eso?». Ellos no se dan cuenta de que yo no veo el pago de mi casa como un pago regular de casa —es mi jubilación y el mecanismo para aportar los fondos a mi inversión, mi método forzado de ahorro. Cuando aparto del dinero para el pago mensual de mi casa, este es dinero que de otra manera estaría pagando en un IRA, un 401(k) o algún otro fondo de retiro. En vez de obtener beneficios fiscales a través del uso de esos vehículos, puedo obtener deducciones de impuestos similares en el extremo inicial a través de mi hipoteca. Yo he aumentado los fondos de mi cuenta de retiro con varios cientos de miles de dólares de la plusvalía de mi casa cada vez que refinancio o vendo una casa. Mi fondo es extremadamente líquido en caso de que necesite tener acceso a él en una emergencia. Adicionalmente, mi fondo de retiro tiene el potencial de crecer a una cantidad mucho más alta de dinero (lo cual va a generar un ingreso neto disponible mucho mayor) que si estuviera arrastrando los pies haciendo contribuciones regulares en un plan de retiro tradicional.

Tú puedes hacer lo mismo al simplemente con cambiar la dirección de tus contribuciones (o la porción no igualada por tu patrón) de tu IRA o 401(k) hacia un contrato de seguro, o al usar los fondos para cubrir el pago neto más alto de tu casa incurrido al transferir la plusvalía (cuando haces un refinanciamiento o cuando vendes una casa). Al disfrutar en tus años de cosecha de condiciones favorecidas en impuestos, el ingreso de tu retiro puede ser 50 por ciento más alto que los planes tradicionales de retiro y puede otorgarte ese ingreso indefinidamente hasta que mueras, es entonces cuando se transfiere libre de impuestos a tus herederos. Ponte en una posición de retiro donde cuentes con el flujo más alto posible de ingreso neto disponible.

TRANSFERENCIAS ESTRATÉGICAS

Debes de evaluar periódicamente el reposicionar una porción o la totalidad de las contribuciones o distribuciones de tu plan calificado a un fondo privado de retiro no calificado. Esto va a reducir tus pasivos fiscales y te va a ayudar a alcanzar el ingreso neto disponible más alto en tus años de jubilación. Si te sientes atrapado en tus IRAs o 401(k)s, te puedes liberar y reducir sustancialmente, si no eliminar, impuestos que de otra forma tendrían que ser pagados. Voy a usar dos ejemplos.

Una pareja de 62 años vino conmigo a una consulta después de atender uno de los seminarios. Ellos estaban intrigados con los conceptos del manejo de la plusvalía, pero vacilaban ante la idea de hipotecar sus propiedades que ya estaban completamente pagadas. Ambos tenían beneficios de pensiones que maximizamos a través de traer el seguro de vida a escena al mismo tiempo que reposicionamos estratégicamente sus IRAS y 401(k)s suplementales. Ellos eligieron la opción de beneficios para no sobrevivientes, por lo que crearon un ingreso adicional de $500 al mes que no sabían que podían obtener. Ellos estaban dispuestos a pagar un mínimo de $160,000 en impuestos sobre sus IRAs y 401(k)s si ambos tomaban las distribuciones mínimas. Pero al acelerar el proceso y hacer transferencias estratégicas durante un período de cinco años, su deuda se redujo a $60,000.

Por pura curiosidad, esta pareja ultraconservadora me pidió que les preparara una ilustración sencilla de los beneficios que podrían obtener si separaran la plusvalía de su casa a través de una hipoteca. El resultado fue que al hacer la separación de la plusvalía, podían reducir su deuda fiscal a $20,000. También preguntaron que podía pasar si también refinanciaban su cabaña. Entonces su deuda federal de impuestos se redujo de nuevo a sólo $9,000. Ellos decidieron hipotecar ambas propiedades.

Tengo otra pareja de clientes que han utilizado esta estrategia exitosamente porque se han mantenido comprometidos con el plan. Durante los primeros cinco años de la conversión estratégica de sus cuentas calificadas a un estatus no calificado, ellos aguantaron el dolor del pago de impuestos en el extremo inicial. Sin haber hecho esta transferencia, iban hacia el pago inminente de $1.2 millones en impuestos al estar atados con los impuestos en las distribuciones desde los 70 años y medio hasta el resto de su vida. Al completar la transferencia en 5 años, ellos pagaron aproximadamente $500,000, parte de los cuales estuvieron en una tasa tan alta como el 38.2 por ciento. Sin embargo, ahora ya han gozado de varios años de ganancias considerables libres de impuestos y de un ingreso que no produce deuda en su devolución de impuestos. Cuando ellos mueran, van a dejar a sus herederos un ingreso libre de impuestos sustancialmente más alto (que incluso va a compensar los $500,000 que se pagaron de impuestos), que lo que hubieran dejado si hubieran mantenido su dinero en las cuentas calificadas.

¿Recuerda el ejemplo de Benjamín y Sara Liberados en el capítulo 5? Si estás en condiciones similares, tú también puedes vender tu casa y obtener una ganancia capital de hasta $500,000 libre de impuestos. En lugar de pagar en efectivo por dos condominios (sus moradas de invierno y de verano), Benjamín y Sara pagaron sólo el 20 por ciento de pago inicial ($100,000) y mantuvieron los $400,000 restantes para invertir (en un contrato de seguro). El costo neto después de impuestos de sus hipotecas al 6 por ciento de interés fue de sólo 4 por ciento, o $16,000 al año. Sin embargo, ellos tenían el potencial de ganar de $24,000 a $32,000 al año invirtiendo el dinero del 6 al 8 por ciento en condiciones libres de impuestos, resultando en una ganancia neta anual de $8,000 a $16,000. No sólo eso, pero durante el proceso de la transferencia para los IRAs y 401(k)s, las deducciones de impuestos pueden ayudar a compensar parte o la totalidad de los impuestos. Entonces, cuando la muerte finalmente ocurre, el dinero que queda en el contrato de seguro, florece y se transfiere libre de impuestos a los beneficiarios.

TOMAR VENTAJA DE TU PLUSVALÍA EN TU RETIRO

En la actualidad hay más de 20 millones de personas en los Estados Unidos mayores de 62 años que tienen sus casas completamente pagadas. Esto representa más de $2 trillones en plusvalía. Sin embargo, si fueras a entrevistar a la mayoría de ellos, dudo que estén seguros financieramente. De hecho, al menos 5 millones de esas personas o un cuarto de la totalidad de ellos, están viviendo por debajo del nivel de ingreso nacional de pobreza. Ellos son lo que yo llamo: «casa rica, dinero pobre». Seguramente conoces a alguien que cae en esta categoría o quizá tu mismo estés en esta categoría. Estás viviendo dentro de un activo totalmente pagado, pero te encuentras ¡con mucho mes al final del dinero!

Desafortunadamente, muchos de los dueños de casas de edad avanzada no pueden pagar las mensualidades de una hipoteca si quisieran. Su pensión del Seguro Social o algún otro ingreso de retiro con el que cuenten apenas si les alcanza para cubrir sus gastos mínimos para vivir. Las personas mayores jubiladas con pocos activos enfrentan serios problemas, especialmente cuando se dan cuenta que tienen que comprimir su estilo de vida para poder comprar medicinas.

Una encuesta realizada por el *New York Times* en 1998 indicó que sólo el 11 por ciento de la población mayor de 64 años vivían en comunidades de retiro, mientras que el 84 por ciento prefería seguir viviendo en sus propias casas. Las personas mayores no quieren ser una carga para sus hijos.

Mi consejo para la gente que se está preparando para el retiro es que deben mantener la llave que abra el valor de uno de sus activos más importantes —la plusvalía de su casa. Al final, esa gente tiene que obtener una línea de crédito sobre la plusvalía de su casa que va a ser buena por 5, 10 ó 15 años. Al hacerlo, van a tener la opción de simplemente hacer un cheque en caso de una emergencia y van a hacer uso de esa plusvalía durmiente.

En la última década, ha habido más oportunidades para retirados para convertir la plusvalía de su casa en un ingreso durante esta crítica etapa de su vida. Esas estrategias permiten a la gente obtener un ingreso vitalicio a través de la plusvalía de su hogar. La forma más común es a través de una hipoteca inversa.

ENTENDER LAS HIPOTECAS INVERSAS

Una hipoteca inversa es una manera fácil y segura con la que cuentan las personas mayores para convertir la plusvalía de su casa en una fuente de ingreso adicional para cubrir cualquier necesidad financiera. Una hipoteca inversa es un préstamo disponible para dueños de casas que tienen al menos 62 años de edad. Este préstamo convierte la plusvalía en efectivo sin un desembolso por costos de cierre. Por lo tanto, en lugar de que el dueño de la casa haga un pago a la compañía hipotecaria, ocurre de manera inversa. La compañía hipotecaria hace el pago al propietario basada en la edad combinada promedio de la pareja o en la edad del dueño en caso de estar solo. Los préstamos son ofrecidos a través de programas federales y prestamistas privados y puede ser acordado que la cantidad se reciba en una sola emisión (una suma fuerte de dinero), a través de pagos mensuales o a través de una línea de crédito. El dinero que la pareja recibe a través de una hipoteca inversa es libre de impuestos y nunca tienen que hacer un pago al préstamo. De hecho, el préstamo se vence sólo cuando el prestatario decide cambiarse permanentemente de casa, decide vender la casa o muere. El valor del préstamo con los intereses acumulados no debe exceder del valor de la casa. La hipoteca inversa es simplemente un derecho de retención, por lo tanto el dueño de la casa retiene la total propiedad de la casa y puede permanecer en ella por todo el tiempo que desee.

Si se toma una hipoteca inversa, yo siento que la mejor manera de pasar tu casa completamente pagada a tus herederos es tomar una porción del dinero recibido mensualmente y comprar un seguro de vida (opción *el segundo en morir*) barato. Este tipo de seguro de vida es menos caro que un seguro de vida normal porque cubre dos vidas y paga sólo una suma asegurada después de que ambos individuos han muerto. Por ejemplo, si una pareja de 80 años tiene una casa con valor de $200,000 ha tomado una hipoteca inversa que les genera un ingreso mensual de $790 y ambos mueren después de diez años, su hipoteca se va a haber acumulado a $145,491 (asumiendo un 8 por ciento de interés). Si su casa se apreció durante ese período a un 5 por ciento anual, para entonces tendría un valor de $329,400. Ellos pudieron haber usado una porción de su ingreso libre de impuestos mensual para comprar un seguro de vida con opción el segundo en morir con una suma asegurada de $150,000 por una prima mensual de $232. Por lo tanto sólo les queda un ingreso neto mensual libre de impuestos de $558. Los herederos entonces recibirían la opción de tomar los $150,000 del dinero libre de impuestos de la suma asegurada y liquidar el saldo de la hipoteca.

LO ÚLTIMO EN ARBITRAJE

Las personas mayores ya retiradas (con edades entre 75 y 90 años) frecuentemente me buscan para reposicionar activos de inversiones volátiles e inestables en inversiones estables y garantizadas. Muchas veces consigo para ellos tasas de retorno del 6 al 9 por ciento o mejor. Les voy a ilustrar como.

Vamos a asumir que una persona del sexo femenino de 80 años con una expectativa de vida de diez años tiene $1 millón. Su meta es alcanzar un ingreso estable, garantizado y con un retorno de al menos un 6 por ciento anual libre de impuestos. Si ella fuera a comprar una anualidad inmediata de pago único (opción sólo en vida) con una tasa de pago del 14 por ciento, estaría recibiendo un ingreso garantizado de por vida de $140,000 anuales. ¿Está esa tasa de pago en función en la bolsa de valores? Realmente no. Mira, si yo obtengo un préstamo de $1 millón de un banco y lo pago en 10 años el cero por ciento de interés, mi pago anual sería de $100,000 o un pago del 10 por ciento anual. Las compañías aseguradoras históricamente han acreditado entre el 6 y el 7 por ciento en las anualidades fijas. Por lo tanto, si la compañía aseguradora recibe un «préstamo» de $1 millón por parte del dueño de una anualidad y la compañía va a pagar todo el préstamo de vuelta en un período de 10 años digamos al 6.65 por ciento, va a requerir hacer un pago anual de capital e intereses de $140,000. Por lo tanto, a pesar de que $140,000 representa el 14 por ciento de $1 millón, la compañía aseguradora en realidad está acreditando sólo el 6.65 por ciento de interés. Sin embargo, con una anualidad de sólo en vida garantizada, si la mujer de 80 años (en este ejemplo) muere antes de los 10 años, los pagos de la anualidad se detienen y la compañía aseguradora se queda con el saldo restante del millón. Pero, si ella vive más de 10 años, la compañía aseguradora está contractualmente obligada a seguirle pagando $140,000 al año por todo el tiempo que ella viva.

El IRS le permite una exclusión del 78 por ciento durante los primeros 10 años, porque ellos consideran que el 78 por ciento de los $140,000 de ingreso es una devolución de la base de $1 millón. Por lo que ella sólo tendría que pagar impuestos sobre el 22 por ciento del ingreso anual (a su expectativa de vida) que serían $30,800. Asumiendo una tasa de impuestos del 39 por ciento, su deuda fiscal anual sería de $12,000. Al final su ingreso neto después de impuestos durante los primeros 10 años sería de $128,000. La tasa de retorno después de impuestos de una anualidad de sólo en vida puede ser muy atractiva.

La característica no tan atractiva de este tipo de anualidad es la renuncia a $1 millón si ocurre que ella muere pronto. A ella le gustaría reemplazar ese $1 millón al momento de su muerte, para preservar ese activo ya sea dejándolo a sus herederos o a su obra de caridad favorita. Frecuentemente las primas anuales de una póliza de seguro de vida para alguien de esa edad es el 5 por ciento de la suma asegurada. En nuestro caso real, nosotros aseguramos a una mujer de 80 años por

$1 millón con una prima anual de 38,000. Por lo tanto, después de pagar la prima por el seguro que va a sus activos del ingreso anual de $128,000, ella aún va a seguir disfrutando de un ingreso anual de $90,000. Eso es un 9 por ciento neto de retorno (Figura 12.2).

Recuerda que su meta era alcanzar un ingreso anual garantizado de $60,000 de su millón. En vez de ello, logramos conseguirle $90,000, que le va a permitir a ella donar el exceso de $30,000 a su obra de caridad favorita —ya que es dinero que no estaba recibiendo antes y que no necesitaba.

Yo he usado esta estrategia con clientes que han tenido historias médicas que les permiten tener altas tasas de pago en sus anualidades y una buena evaluación por parte de quienes expiden seguros de vida. Por ejemplo, una persona del sexo masculino de 77 años con una historia de cáncer, bloqueo de arterias y diabetes (todo lo cual fue tratado exitosamente) fue capaz de recibir una tasa de pago del 17.6 por ciento en su anualidad (aunada a una evaluación de edad de 85 años). Por $1 millón depositado en una anualidad, el recibe un ingreso anual garantizado de $176,000 por el resto de su vida. Después de la exclusión fiscal, su ingreso neto después de impuestos es de $147,000. Nosotros fuimos capaces de asegurar su vida por una prima anual de $40,000 por $1 millón de suma asegurada. Por lo tanto, ¡su ingreso neto es de $107,000 o una tasa de retorno del 10.7 por ciento!

Tú puedes estar pensando en este momento: «Pero, yo no tengo $1 millón para hacer ésto». Las matemáticas son las mismas, ya sea que tengas $100,000 ó $1 millón. Entonces ¿dónde puedes conseguir el dinero? El hombre de este ejemplo usó su propio dinero al principio. Entonces, cuando vio lo que podía lograr decidió usar el dinero flojo y disponible atrapado en su casa. Vendió su casa (que estaba completamente pagada) por $1.25 millones y compró una nueva del mismo precio, usando sólo $250,000 de la plusvalía de su casa anterior. Al hacer esto, estableció $1 millón de deuda de adquisición sobre su nueva casa con una nueva hipoteca. El interés de su nueva hipoteca era totalmente deducible de impuestos, por lo que, al 6 por ciento de interés, el costo neto de la hipoteca después de impuestos fue de sólo el 4 por ciento ó

$40,000 al año. Al depositar $1 millón de la plusvalía de su casa anterior, como se describió arriba, pudo generar un flujo adicional de $107,000 de ingreso neto anual. A raíz de esto, pudo hacer fácilmente los pagos de $40,000 de su hipoteca tomando dicha cantidad de sus $107,000, resultando en una ganancia neta de $67,000 —todo a raíz de poner a trabajar la plusvalía dormida que tenía en su casa anterior (y lo mejor de todo es que su esposa adoró totalmente la nueva casa). En caso de que no necesitara el dinero, él pudo haber utilizado parte para comprar una suma asegurada más grande. En este caso, más de $2.5 millones de seguro de vida pudieron haberse comprado al usar el flujo neto de efectivo anual. Entonces, cuando él muera, la hipoteca de $1 millón puede ser cubierta con el dinero del seguro y habría $1.5 millones adicionales, libres de impuestos, para ser transferidos a los herederos o a la obra de caridad favorita del asegurado.

DAR MÁS SIN RENUNCIAR A NADA

La estrategia de lo último en arbitraje ha sido usada para incrementar exitosamente en millones de dólares las donaciones a fundaciones de caridad sin que los donadores tengan que usar nada de su propio dinero. Yo trabajo con colegios y universidades en todo el país ayudando a sus alumnos solventes a dar más sin que tengan que renunciar a nada.

En mi trabajo con obras de caridad, he descubierto que cerca del 92 por ciento de donadores interesados, expresan su deseo de hacer una aportación mayor a alguna obra de caridad antes de morir. La realidad es que sólo el 6 por ciento realmente lo hace. ¿Por qué? Hay cuatro razones principales:

1. No saben como.
2. Temen que sus hijos se van a sentir desheredados.
3. Están indecisos sobre dar activos que sienten pueden necesitar después para cuidado médico.
4. No quieren sentir que los de la fundación de caridad están ansiosos de que se muera para obtener la donación.

INGRESO DE RETIRO / ESTRATEGIA DE CARIDAD

Una Anualidad Inmediata de Pago Única (SPIA, por sus siglas en inglés) Combinado con una Póliza de Seguro de Vida

Mujer, 80 años de edad (Expectativa Normal de Vida es de aproximadamente 10 años)

$1 Millón depositado en una SPIA = Tasa de Pago Garantizada del 14% de por vida

(Un préstamo de $1 millón al 6.65 por ciento de requiere de un pago anual de $140,000 para liquidarse en un período de 10 años.)

Esto resulta en un ingreso garantizado de por vida de:	$140,000	Anuales
Porción sujeta a impuestos después de la exclusión = $30,000x40% =	$<12,000>	Deuda en Impuestos
Ingreso Neto Anual después de impuestos	$128,000	
Seguro de Vida para el remplazo de activos ($1 Millón):	$<38,000>	Prima Anual
Ingreso Neto Consumible Anual	**$90,000** = 9.0% retorno neto	

Crear una situación Ganar / Ganar utilizando a un prestamista

¿Hay alguna manera de generar más flujo de efectivo sin usar tu propio dinero?

Ingreso Garantizado de una anualidad de $1 millón:	$140,000
Menos: Impuestos (si se deben por el individuo)	$<12,000>
Menos: Prima anual por $1 millón de seguro de vida:	$<38,000>
Resultado en ingreso neto anual al usar tu propio dinero:	**$90,000 (9.0%)**

Un préstamo puede ser obtenido a través de una institución financiera con términos favorables tales como:
- $1 millón a un 4% de interés anual
- El préstamo está abierto hasta la muerte
- Se liquida con el dinero de la suma asegurada
- Servido del pago anual de una SPIA   **[$50,000] Interés**

Ingreso Neto Anual para una fundación de caridad: $40,000 Regalo

Sin Requerir Ningún Desembolso por parte del Donador

A través de la cuidadosa utilización de anualidades de sólo en vida y/o seguro de vida en conjunto con dinero prestado (a una tasa de interés atractiva en donde el interés del préstamo es cubierto por el pago de la anualidad y va a ser finalmente pagado por el dinero de la suma asegurada), podemos reducir el espacio entre aquellos que quieren dar más pero que hasta ahora no lo han hecho.

El principio del arbitraje puede ser usado en esas situaciones, asegurando que las reservas son suficientes para cubrir los pagos anuales del préstamo. Se debe tener cuidado de asegurar que los intereses del préstamo van a ser cubiertos por el dinero resultante del pago neto de la anualidad y el pago de la prima del seguro que va a reemplazar los activos. Generalmente, esto sólo funciona con dueños de anualidades en el rango de edades de 75 a 90 años que también son asegurables. Persona menores a 75 años no califican para el radio de pagos necesitados a menos que se encuentren extremadamente enfermos, en cuyo caso no van a poder calificar para el seguro de vida. Muchas compañías aseguradoras aseguran a individuos de hasta 90 años que califican médicamente. Para un inversionista, que quiere alcanzar una tasa de retorno atractiva utilizando esta estrategia, puede organizar el ser el pagador de la prima, el receptor del pago de la anualidad y ser el beneficiario del seguro de vida de una persona de edad avanzada (como un miembro de la familia en donde se compruebe que hay un interés asegurable) y que califique con las suficientes reservas para llevar a cabo el arbitraje.

Cuando la situación correcta se encuentra, tres posibles estrategias de mejora del ingreso para caridades pueden ser implementadas:

1. Incrementar la estabilidad, seguridad y tasa de retorno del portafolio de los donadores, ofreciendo la oportunidad de contribuir el exceso alcanzado (después de cubrir sus necesidades) a obras de caridad.

2. Usar el arbitraje de manera segura (que a su vez puede ser asegurado) para generar una corriente fija de ingreso para caridades o proveer el beneficio de una suma asegurada grande sin que se requiera un desembolso por parte de los donadores.

3. Las fundaciones de caridad posiblemente pueden reposicionar algo de sus propios fondos usando a los donadores como los asegurados con el nombre de la fundación como el dueño o el

beneficiario de la anualidad y del seguro de vida para obtener un fabulos retorno garantizado.

De nuevo, para una explicación más detallada de las hipotecas inversas o del Plan para lo último en Arbitraje®, favor de hacer referencia a los capítulos 14 y 22 de *Missed Fortune*.[1]

LAS VENTAJAS DEL MANEJO DE LA PLUSVALÍA

Vamos a hacer resumen de las ventajas que se pueden lograr al manejar exitosamente la plusvalía de tu casa. Con un manejo apropiado de la plusvalía el propietario puede efectivamente:

- Incrementar la liquidez.
- Incrementar la seguridad.
- Obtener una tasa de retorno al poner a trabajar la plusvalía durmiente de su casa.
- Obtener ahorros fiscales a través de deducciones más altas.
- Eliminar deuda no preferida.
- Crear oportunidad para otras inversiones.
- Crear mayor movilidad de la propiedad (opciones de venta).
- Crear un fondo de emergencia.
- Establecer una estrategia privada de planeación para el retiro quizá superior a los planes calificados tradicionales.

Vamos a poner una prueba adicional a la plusvalía. Vamos a evaluarla respecto a los seis componentes de una buena planeación financiera (Figura 12.3):

1.   Manejo del flujo de efectivo.

---

1. Para mayor información sobre el Plan para lo último en Arbitraje(r), puedes contactar a Douglas Andrew en Estrategias para Mejora de la Riqueza y Oportunidades Creativas (WESCO, por sus siglas en inglés) vía e-mail (info@pfs-inc.org) o llamar gratis al 1-888-987-5665. O visitar www.missedfortune.com.

Figura 12.3 LOS SÉIS COMPONENTES DE UNA BUENA PLANEACIÓN FINANCIERA

• Manejo del flujo de efectivo
• Manejo de crédito
• Manejo de activos
• Manejo de riesgos
• Planeación fiscal
• Planeación del patrimonio

2.   Manejo de crédito.
3.   Manejo de bienes.
4.   Manejo de riesgos.
5.   Planeación fiscal.
6.   Planeación del patrimonio.

Manejo del Flujo de Efectivo

Un manejo exitoso de la plusvalía permite al dueño de una casa, emplear una cantidad grande de dinero con la opción de pagarla a plazos en cantidades que puedan ser cubiertas por su presupuesto mensual. El gasto adicional mensual por el pago de los intereses, si acaso lo hay, puede ser compensado al reposicionar flujo de efectivo. La mayoría de la gente toma el pago de su casa con mucha seriedad. El hacer que el pago de tu casa se convierta en la contribución para la inversión de tu retiro, te está disciplinando para una buena inversión a plazos. De otra manera, si tomas la opción de invertir cada mes en otros vehículos, posiblemente no seas tan fiel a separar una cantidad destinada a tus metas futuras. Esto provee un método de ahorros sistemáticos que pueden mejorar los resultados a largo plazo sin que tengas que incrementar el gasto.

Manejo de Crédito

Un manejo exitoso de la plusvalía te da la oportunidad de un buen manejo de crédito. Al tener efectivo líquido, no tienes que preocuparte en atrasarte en los pagos de tu hipoteca —puedes hacer uso de tu colchón de efectivo si la necesidad surge. Yo preferiría tener un pago de hipoteca ligeramente más alto, pero con un fondo de dinero por un lado a tener un pago más bajo, pero sin tener liquidez —especialmente si entro en una crisis financiera temporal y necesito mantener un buen crédito al hacer mis pagos a tiempo. Entonces, puedes proteger tu crédito y usar el rendimiento de tu plusvalía como una fuente de pago en caso de que tuvieras la necesidad.

Manejo de Activos

Controlar la plusvalía de tu casa es un buen manejo de activos. En este libro, yo he enfatizado la razón principal para hacerlo: incrementar la liquidez, seguridad y tasa de retorno. Una razón secundaria es que ganas un control total de tu dinero. Estableces un fondo de emergencia y también usas la estrategia como un cerco en contra de la inflación. También permite el establecimiento de una estrategia de ahorro para el retiro.

Manejo de Riesgos

Manejar apropiadamente la plusvalía de tu casa es también un buen manejo de riesgos, ya que estás manteniendo la posición más grandiosa en cuestión de su seguridad. El riesgo inicial aceptado por la compañía hipotecaria puede permanecer en el mismo radio en lugar de gradualmente irse transfiriendo hacia ti. Puedes también transferir el riesgo a una compañía aseguradora (especialistas en el manejo de riesgos) si empleas tu plusvalía en un contrato de seguro. El contrato de seguro puede mejorar tu ingreso y el activo de tu plusvalía haciéndolos beneficios en vida favorables en impuestos. También puede reemplazar el activo al momento de la muerte mientras permite un acceso líquido a los fondos, y puede estructurarse para suplementar tu ingreso en caso de que quedes discapacitado.

Planeación de Impuestos

El manejo exitoso de la plusvalía es grandioso para la planeación fiscal al ofrecer potencialmente una deducción de los intereses. Recuerda siempre consultar a tu asesor de impuestos, ya que la planeación fiscal está directamente relacionada con tu situación personal. Al hacerlo, se puede crear un plan que te permita hacer deducciones de impuestos en cumplimiento con el Código de Ingresos Internos, como se explicó anteriormente. Las ganancias con impuestos diferidos y el acceso libre de impuestos al dinero son otras características que puedes implementar a través del uso de un contrato de seguro de vida estructurado apropiadamente para funcionar como tu fondo de ahorro. También tienes el beneficio de obtener ventajas en impuestos en la suma asegurada al momento de tu muerte para pasarla libre de impuestos a tus herederos. A través de la compensación con los intereses de tu hipoteca, puedes evitar el pago innecesario de impuestos a través de la transferencia de fondos calificados.

Planeación del Patrimonio

El manejo exitoso de tu plusvalía es una herramienta excelente en la planeación de tu patrimonio porque lo multiplica, al mismo tiempo que evita la legalización de un testamento. Muy pocas veces mis clientes vienen a mí queriendo o incluso necesitando un seguro de vida. Pero cuando ven que pueden recibir los beneficios de un seguro de vida con dinero que de otra manera se iría en el pago de impuestos, quedan impactados. Nunca subestimes los méritos de tener una protección adecuada de seguro de vida.

LA PROTECCIÓN DE UN SEGURO DE VIDA ADECUADO

Tengo una clienta y amiga muy querida que perdió a su esposo en un desafortunado accidente. Al momento de su muerte, ellos tenían una familia con seis hijos, todos menores de diecinueve años. Los hijos continuaron siendo una gran fuerza para la mamá al mismo tiempo que ella les ayudaba a cubrir sus necesidades. Cuando el esposo murió, tenía una cuenta de 401(k) por medio de su empleo con un saldo de $63,000. Adicional a ello, tenía un contrato de seguro de vida con una suma asegurada de $1 millón que además tenía $40,000 de efectivo acumulado. Ambos planes fueron diseñados para acumular capital para gozar de beneficios en vida, a través de un ingreso para el retiro. La cuenta de 401(k) después de pagar impuestos, quedó con sólo $40,950. Por otro lado, los $40,000 de efectivo acumulado en el contrato de seguro florecieron a $1 millón que fue transferido a los beneficiarios libres de impuestos sobre la renta y libre de impuestos sobre el patrimonio. Si tú le preguntaras a ella, cual de los dos vehículos de planeación financiera apreció más —si el 401(k) de su esposo o el contrato de seguro— ¿cuál crees que sería su respuesta?

Yo he sido ampliamente bendecido en mi vida con una familia maravillosa. Tengo cuatro hermanas y un hermano, y todos somos muy unidos. Recuerdo el día en que me senté en la oficina de mi hermano y estaba terminando la aplicación de un seguro de vida para él. Él quería establecer un contrato de seguro con el propósito de utilizarlo para su retiro. Le aconsejé que hiciera la póliza lo suficientemente grande, no sólo para colocar la cantidad de dinero que quería ahorrar eventualmente para su retiro, sino también con el propósito de proteger a su familia en caso de que él muriera. Así lo hizo. Que poco sabía yo que lo que había diseñado para él como un vehículo de beneficios en vida se convertiría en pocos años en un vehículo de beneficios de muerte. Él murió en un accidente automovilístico. Perder a mi único hermano fue devastador emocionalmente. El era un maravilloso hermano, esposo, padre y abuelo. Me da cierto consuelo saber que mi cuñada puede continuar cumpliendo los sueños de la familia. Que tremenda tranquilidad para ella saber que durante ese momento tan crucial de su vida, una de las facetas más importantes de la vida económica de mi hermano estaba en orden.

«CONSERVA, EN VEZ DE CONSUMIR»

Si tuvieras que hacer un viaje por carretera, de Nueva York a Los Ángeles, te gustaría aumentar las posibilidades de tener una llegada segura y a tiempo con el uso de mapas y señales de tránsito. De la misma manera, tu viaje para llegar a una independencia financiera y una jubilación segura debe involucrar el uso de un mapa detallado para que no te pierdas. Si te emociona el hecho de usar la plusvalía para alcanzar todas las ventajas que he estado señalando, sólo déjame darte una advertencia. Es importante que procedas con un plan detallado y organizado para llegar a tu destino deseado. Ocasionalmente, he aprendido de la gente que atiende nuestros seminarios, que en lugar de establecer un plan detallado y conservador para acumular riqueza, ellos corren, obtienen su plusvalía prestada y se la gastan o la ponen en un riesgo innecesario a través de inversiones especulativas.

Cuando se hace un análisis de los riesgos versus el retorno, yo personalmente uso el contrato de seguro con dinero al máximo porque quiero el retorno más estable y seguro al mismo tiempo que minimizo los riesgos. Los retornos conservadores, favorecidos en impuestos pueden crear tremenda riqueza a lo largo del tiempo. No olvides el concepto más importante en relación al manejo exitoso de la plusvalía: conservar en vez de consumir. La meta es mejorar la liquidez, la seguridad y la tasa de retorno.

DALE NUEVA VIDA A TUS ACTIVOS: DESARROLLA UN P.L.A.N.

A través de la implementación inteligente de las estrategias para incremento de la riqueza, puedes estar en el camino para la acumulación de una tremenda riqueza financiera. El tiempo estará de tu lado para alcanzar tu independencia financiera. Este libro se ha enfocado principalmente en estrategias únicas para la creación de riqueza financiera. Espero sinceramente que el lector ¡no experimente la desgracia de tener una fortuna perdida! ¡No dejes que todos los mitos que hay sobre el dinero te desvíen del camino correcto!

Víctor Hugo dijo: «Hay algo más poderoso que todos los ejércitos en el mundo, ¡y eso es una idea a la que le llegó su hora!». Mi deseo más sincero es que tengas una transformación reveladora a medida que le des nueva vida a todos los activos que haya en tu hoja de balance familiar al desarrollar un P.L.A.N. de Fomentación de tus Bienes para una Vida Perpetua como se explicó en el capítulo 1. Te deseo una vida maravillosa, llena de abundancia y experiencias enriquecedoras. Que siempre esté en tí el esfuerzo de mejorar tus bienes humanos, intelectuales, financieros y cívicos para tu propio crecimiento y el de tu familia. Al hacerlo, tanto tú como ellos van a ganar una tremenda claridad, equilibrio, enfoque y confianza.

CONCEPTOS CUBIERTOS EN EL CAPÍTULO 12

- *Ojos que no ven, corazón que no siente.* La peor forma de ignorancia es rechazar algo de lo que sabemos poco o nada al respecto.
- *Nosotros avanzamos o retrocedemos.* Debemos incrementar nuestros talentos y habilidades o aquellos que tenemos se marchitarán y morirán.
- Hay suficientes reservas para que cada quién tenga una vida abundante.
- Capitaliza cada categoría de activos en la hoja de balance familiar al desarrollar un sistema que te ayude a hacer lo siguiente: mejorar la salud, la felicidad y el bienestar de cada individuo; alentar el liderazgo familiar, capturar las virtudes familiares, recuerdos y sabiduría; y que proteja, optimice y mejore los activos intelectuales y financieros de la familia.
- *Vida poderosa es simplemente un proceso de enseñar a los niños como amar, como aprender, como dar y como obtener.* «Los retiros familiares con un propósito» son un método poderoso para enseñar y mejorar principios verdaderos.
- Primero entiende *por qué* debes cultivar un P.L.A.N. (Fomentación de Bienes para una Vida Perpetua) antes de que quieras aprender *cómo* hacerlo.

- *Establece un fondo líquido* para acumular los fondos requeridos para liquidar tu hipoteca, mantener flexibilidad, alcanzar ahorros sustanciales en impuestos y acumular exceso de efectivo.

- Separa tanta plusvalía como te sea posible para incrementar la liquidez, seguridad, tasa de retorno y deducciones de impuestos.

- Usa la diferencia entre gastos de intereses preferentes y no preferentes para hacer que el interés trabaje para ti, no en contra tuya.

- Usa *la deuda de manera inteligente como una palanca positiva con el propósito de manejar tu plusvalía*, conservándola y acumulándola en lugar de consumiéndola.

- *Elige incurrir en costos de empleo deducibles en lugar de costos de oportunidad no deducibles.*

- Usa el *principio del arbitraje* al emplear la plusvalía obteniendo una tasa de retorno más alta que el costo neto de separar dicha plusvalía de la casa.

- *Refinancia tu casa tan frecuentemente como te sea posible* para acelerar el proceso de acumulación de recursos para cubrir todas tus deudas.

- Siempre mantén una hipoteca con un saldo alto —con flexibilidad— en tu casa como una característica para mantenerla vendible, especialmente en los mercados suaves.

- Un mito común es que el seguro de vida es una inversión pobre. La realidad es, *el seguro de vida es un lugar excelente para acumular efectivo.*

- *El pago de tu casa se puede convertir en tu contribución para el retiro.*

- Debes evaluar periódicamente y reposicionar parte o la totalidad de las contribuciones o distribuciones de tus planes calificados en fondos no calificados.

- *Puedes minimizar, incluso eliminar, el pago innecesario de impuestos.*

- *Evita estar en la situación de «casa rica, dinero pobre» en tus años de retiro.*
- Una hipoteca inversa es una manera fácil y segura que tienen las personas de edad avanzada para convertir la plusvalía de sus casa en una fuente adicional de ingreso para cubrir sus necesidades.
- Las personas mayores con solvencia económica, pueden frecuentemente garantizar retornos del 6 al 9 por ciento al usar anualidades inmediatas de pago único con opción de sólo en vida en conjunto con una póliza de seguro de vida para reemplazar sus activos.
- El Plan del Último Arbitraje® puede ser usado por personas mayores solventes para incrementar en millones de dólares sus donaciones a obras de caridad —sin que los donadores tengan que usar nada de su propio dinero.
- El manejo exitoso de plusvalía puede mejorar sustancialmente el manejo de efectivo, manejo de crédito, manejo de activos, manejo de riesgo, planeación fiscal y planeación del patrimonio.
- Nunca subestimes los méritos de tener un seguro de vida adecuado.
- Experimenta una transformación reveladora mientras le das nueva vida a todos los activos de la hoja de balance familiar. Desarrolla un P.L.A.N.

Para mayor información sobre cómo optimizar tus activos humanos, intelectuales, financieros y cívicos, visita www.missedfortune .com o www.empoweredwealth.com. Puedes contactar a Douglas Andrew vía e-mail a info@pfs-inc.org o llamar sin costo al 1-888-987-5665.

Para más información sobre estos conceptos . . .

Los principios de riqueza poderosa contenidos en este libro son explicados en el trabajo original más extenso de Douglas Andrew, *Missed Fortune*.

Si a ti te gustaría explorar y posiblemente implementar las estrategias contenidas en este libro, pero no estás seguro de cómo hacerlo, por favor busca un consejero financiero profesional.

Si este libro te lo obsequió o te lo recomendó un financiero profesional, elige buscar su consejo, como también el de tu consejero fiscal personal.

Si tú prefieres, nosotros te podemos referir a un profesional entrenado en las estrategias contenidas en este libro. Esta red de profesionales financieros es conocida como La Alianza Matríz de Acciones (TEAM, por sus siglas en inglés). Si tú quieres contactar o ser contactado por un miembro de TEAM en tu área, por favor llama a Paramount Financial Services, Inc. al teléfono sin costo 1-888-987-5665, mándanos un correo electrónico a info@psf-inc.org o contáctanos en nuestra página web www.missedfortune.com

Si tu eres un financiero profesional y te gustaría obtener información de cómo hacerte miembro certificado de TEAM te invitamos a que nos contacter a través de los medios antes mencionados.

Sobre el autor

Douglas R. Andrew tiene gran experiencia en el manejo de negocios, economía, contabilidad, gerontología (la relación de la economía con la edad), planeación financiera y del patrimonio y planeación avanzada en negocios e impuestos. Actualmente es el dueño y el presidente de Paramount Financial Services, Inc., una extensa firma de planeación personal y de negocio con varias divisiones.

Como estratega financiero y especialista en planes de retiro, Doug le muestra a la gente como acumular dinero en una base libre de impuestos para alcanzar el ingreso neto disponible de retiro más alto posible. Su firma, Paramount Financial, ayuda a la gente a manejar exitosamente la plusvalía para mejorar su liquidez, seguridad y tasa de retorno, así como para maximizar sus beneficios en impuestos. Doug también se especializa en ayudar a individuos de solvencia financiera en mejorar y perpetuar su riqueza. Douglas Andrew es miembro del consejo consultor de Empowered Wealth, LLC, una firma dedicada a optimizar no sólo los activos financieros, sino también los activos humanos, intelectuales y cívicos.

LaVergne, TN USA
05 July 2010
188383LV00002B/4/P